工程建设理论与实践丛书

城市轨道交通工程施工技术与管理

CHENGSHI GUIDAO JIAOTONG GONGCHENG
SHIGONG JISHU YU GUANLI

冯明艳 李 进 董明礼 许 凯 主编

华中科技大学出版社
http://press.hust.edu.cn
中国·武汉

内容简介

本书以城市轨道交通工程施工技术为主要分析对象，创造性地融入施工管理内容，主要分为7章：城市轨道交通概述、城市轨道交通车站施工、城市轨道交通区间施工、无砟轨道施工、无缝线路施工、城市轨道交通施工质量管理以及城市轨道交通施工安全管理。本书可为从事城市轨道交通的相关施工及管理人员提供指导。

图书在版编目(CIP)数据

城市轨道交通工程施工技术与管理/冯明艳等主编.--武汉：华中科技大学出版社，2024.9.
ISBN 978-7-5772-1280-7

Ⅰ.U239.5

中国国家版本馆CIP数据核字第2024ME9097号

城市轨道交通工程施工技术与管理　　冯明艳　李　进　董明礼　许　凯　主编
Chengshi Guidao Jiaotong Gongcheng Shigong Jishu yu Guanli

策划编辑：周永华
责任编辑：郭雨晨
封面设计：杨小勤
责任校对：王亚钦
责任监印：朱　玢
出版发行：华中科技大学出版社(中国·武汉)　　　电话：(027)81321913
　　　　　武汉市东湖新技术开发区华工科技园　　邮编：430223
录　　排：华中科技大学惠友文印中心
印　　刷：武汉科源印刷设计有限公司
开　　本：710mm×1000mm　1/16
印　　张：19.25
字　　数：346千字
版　　次：2024年9月第1版第1次印刷
定　　价：98.00元

本书若有印装质量问题，请向出版社营销中心调换
全国免费服务热线：400-6679-118　竭诚为您服务
版权所有　侵权必究

编委会

主　编　冯明艳　重庆铁路投资集团有限公司
　　　　　李　进　中铁十局集团城市轨道交通工程有限公司
　　　　　董明礼　深圳地铁建设集团有限公司
　　　　　许　凯　中国水利水电第七工程局有限公司

副主编　王思宇　中铁十九局集团有限公司

编　委　薛　龙　中铁二局第六工程有限公司
　　　　　沈月荣　中国铁路设计集团有限公司

前　言

城市轨道交通是城市交通综合体系的重要组成部分，不仅方便了市民出行，而且为城市现代化管理提供了支撑。根据中国城市轨道交通协会发布的《城市轨道交通2022年度统计和分析报告》，截至2022年底，中国大陆地区共有55个城市开通城市轨道交通运营线路308条，运营线路总长度10287.45 km。其中，地铁运营线路8008.17 km，占比77.84％；其他制式城市轨道交通运营线路2279.28 km，占比22.16％。根据现有数据推算，"十四五"期末城市轨道交通运营线路规模将接近13000 km，运营城市有望超过60座，城市轨道交通运营规模持续扩大，在公共交通中发挥的骨干作用更加明显。

随着国家对城市轨道交通投入力度的加大，各省、市相继大力建设城市轨道交通，对专业人才的需求越来越大，对施工技术和施工质量的要求也越来越高。加上城市轨道工程施工规模较大，涉及范围广，环境复杂，存在众多的安全隐患，对施工安全管理水平提出了较高的要求。

对此，本书以城市轨道交通工程施工技术为主要分析对象，融入施工管理内容，主要分为7章：城市轨道交通概述、城市轨道交通车站施工、城市轨道交通区间施工、无砟轨道施工、无缝线路施工、城市轨道交通施工质量管理以及城市轨道交通施工安全管理。本书可为从事城市轨道交通的相关施工及管理人员提供指导。

本书引用了大量相关专业文献和资料，在此对相关文献的作者表示感谢。限于编者的理论水平和实践经验，书中难免存在疏漏和不妥之处，恳请广大读者批评指正。

目 录

第1章 城市轨道交通概述 (1)
1.1 城市轨道交通的特点、分类及城市轨道交通系统的组成 (1)
1.2 世界城市轨道交通的发展历程 (8)
1.3 我国城市轨道交通的发展历程 (19)

第2章 城市轨道交通车站施工 (26)
2.1 车站施工主要方法 (26)
2.2 车站围护结构施工 (30)
2.3 加固工程 (49)
2.4 基坑降水与基坑排水 (59)
2.5 车站主体结构施工 (64)
2.6 预制装配式车站施工 (89)

第3章 城市轨道交通区间施工 (116)
3.1 浅埋暗挖法 (116)
3.2 盾构法 (139)
3.3 沉管法 (173)
3.4 区间高架桥施工 (184)

第4章 无砟轨道施工 (196)
4.1 无砟轨道的类型和特点 (196)
4.2 无砟轨道的施工 (198)

第5章 无缝线路施工 (211)
5.1 无缝线路的构造及特点 (211)
5.2 无缝线路长钢轨的焊接 (215)
5.3 无缝线路的铺设 (219)
5.4 无缝线路的应力放散与调整 (222)
5.5 特殊地段的无缝线路 (231)

第6章 城市轨道交通施工质量管理 (235)
6.1 施工质量控制计划 (235)
6.2 施工质量控制策略 (241)
6.3 施工质量保证措施 (255)

第7章 城市轨道交通施工安全管理……………………………………（258）
　　7.1 车站施工安全管理 ……………………………………………（258）
　　7.2 隧道施工安全管理 ……………………………………………（268）
　　7.3 盾构法施工安全管理 …………………………………………（280）
参考文献……………………………………………………………（295）
后记…………………………………………………………………（299）

第1章 城市轨道交通概述

1.1 城市轨道交通的特点、分类及城市轨道交通系统的组成

1.1.1 城市轨道交通的特点

随着城市交通的快速发展,城市轨道交通近年来发展迅速,建设与发展城市轨道交通系统已成为世界各国解决城市交通问题的首选方案。究其原因,关键在于城市轨道交通具有传统的地面常规交通所没有的特点,具体表现在以下几个方面。

1. 运输能力强

由于城市轨道交通高密度运转,列车行车时间间隔短,行车速度快,列车编组辆数多,因此城市轨道交通具有较强的运输能力,单向高峰每小时运输可达到6万~8万人次。地铁可达到3万~6万人次,甚至可达到8万人次;轻轨可达到1万~3万人次;有轨电车可达到1万人次。根据有关资料,地铁每千米线路年客运量可达100万人次,最高可达1200万人次,如莫斯科地铁、东京地铁、北京地铁等。城市轨道交通也能在短时间内输送较大的客流。据统计,在早高峰时,地铁1小时能运输全日客流的17%~20%,3小时能运输全日客流的31%。

2. 准时、速达

城市轨道交通在专用行车道上运行(地下或高架),是全天候的交通工具,尤其是在上下班高峰时段,地面交通拥挤不堪时,列车能按运行图运行,具有准时性。

由于城市轨道交通采用先进的电动车组动力牵引方式,在专用的行车轨道上运行,具有先进的自动控制系统及可靠的安全保障措施,因此车辆有较高的运行速度和较高的启、制动加速度。同时,列车停站时间短,上下车迅速方

便，而且方便换乘，从而能使乘客较快地到达目的地，缩短了出行时间。目前地铁列车旅行速度基本可达 30~45 km/h，最高运行速度一般在 80 km/h 以上，有的甚至能达到 120 km/h。

3. 舒适、安全

城市轨道车辆具有较好的运行特性。同时，其车站装有引导装置、自动售票机等直接为乘客服务的设备，使城市轨道交通具有较好的乘车条件，具有舒适性。

城市轨道交通拥有先进的通信信号设备，因此极少发生交通事故，安全性较高。

4. 占地少、污染少、能耗低

大城市地面拥挤、土地费用昂贵，而城市轨道交通对地下和地上空间进行了充分的开发利用，不占用地面街道，因而能有效缓解汽车保有量增加而造成的道路拥挤、堵塞现象，有利于城市空间的合理利用，有利于缓解大城市中心区过于拥挤的状态，进而提高了土地利用价值，并能改善城市景观。

城市轨道交通采用电气牵引，具有运量大、速度快的特点，不会产生废气污染，可以称为"绿色交通"。这非常符合国家提倡的低碳生活。同时，线路和车辆采用了各种降噪措施，因此一般不会对城市环境产生严重的噪声污染。

城市轨道交通是大运量客运系统，采用了多项高新技术，对能源的适应性也相当强。

但是城市轨道交通也存在一定的局限性，如建设费用高、建设难度大、建设周期长、技术含量高、运营成本高、经济效益有限等。城市轨道交通是一个庞大的系统工程，涉及土建（装修）、机械、电气、供电、通信、信号等多种技术，具有设备多，范围广，技术含量高，系统性、严密性、联动性要求高等特点。城市轨道交通土建工程大而多，建设周期长，涉及的资金投入一般是每千米 4 亿~6 亿元。同时，土建工程一般是永久性结构（地下隧道、高架桥等），建成以后线路走向和路网结构不宜调整，因此对城市轨道交通的线路选择及路网规划要求较高，难度较大。

1.1.2 城市轨道交通的分类

由于城市轨道交通发展迅速，不同地区、国家、城市的发展存在差异，因此城市轨道交通呈现多种类型，并且技术指标差异较大。目前，世界各国评价标准不一，尚无统一的分类标准。按照不同标准，城市轨道交通可以划分为不同的类型。例如：按线路架设方式划分，可分为地下铁道、地面铁道和高架铁道；按服务区域划分，可分为市郊铁路、市内铁路和城际快速铁路。

目前，人们习惯按照运能范围、车辆类型及主要技术特征划分城市轨道交通，具体可分为有轨电车、地下铁道（以下简称地铁）、轻轨、独轨、城市铁路、磁悬浮、新交通系统。

1. 有轨电车

有轨电车是使用电力牵引、轮轨导向、1~3辆编组运行在城市路面线路上的低运量轨道交通系统。

有轨电车一般设在城市中心，具有上下车方便、造价低、建设容易的优点。有轨电车一般采用直流电动机驱动，多与汽车和行人共用街道路权，受路口红绿灯的控制，因此有轨电车受干扰多、速度慢、正点率低、噪声大、安全程度低，极易与地面道路车辆发生冲突而引起道路交通堵塞，故很多城市的有轨电车已被取消或改良为轻轨。

2. 地铁

地铁泛指轴重相对较重（轴重60 kg/m以上）、高峰时单向客运量为每小时3万~7万人次的大容量轨道交通系统。

地铁是城市快速轨道交通的先驱，是由电力牵引，采用轮轨导向，轴重相对较重，具有一定规模运量，按运行图行车，车辆编组运行在地下隧道内或根据城市的具体条件运行在地面或高架线路上的快速轨道交通系统。地铁最高速度可达120 km/h，4~10节编组，车辆运行最小间隔时间可低于1.5 min。地铁的驱动方式有直流电动机、交流电动机、直线电动机等。地铁运量大、速度快、安全、准时、节省能源、不污染环境、节省城市用地，但其建设成本高，建设周期长，适用于出行距离较长、客运需求较大的城市中心区域。一般认为，人口超过三百万的大城市应该考虑修建地铁。

3. 轻轨

轻轨是在有轨电车的基础上改造发展起来的城市轨道交通。轻轨是反映在轨道上的荷载相对于铁路和地铁较轻的一种交通系统。轻轨是个比较广泛的概念，公共交通国际联会（Union Internationale des Transports Publics，简称UITP）给出的解释为：轻轨是一种使用电力牵引，介于标准有轨电车和快速交通系统（包括地铁和城市铁路）之间，用于城市旅客运输的轨道交通系统。

轻轨原来的定义是采用轻型轨道的城市交通系统。轻轨最早使用的是轻型钢轨，现在已采用与地铁相同质量的钢轨，所以目前国内外都以客运量或车辆轴重的大小来区分地铁和轻轨。一般来说，轻轨是指运量或车辆轴重（60 kg/m以下）稍小于地铁的快速轨道交通。在我国《城市轨道交通工程项目建设标准》（建标 104—2008）中，把每小时单向客流量为1万～3万人次的轨道交通定义为中运量轨道交通，即轻轨。

4. 独轨

独轨交通又称为"单轨交通"，是指通过单一轨道梁支撑车厢并提供导向作用而运行的轨道交通系统。它与传统的钢轮钢轨运输系统完全不同，其最大特点是车体比承载轨道要宽。独轨通常分为跨座式独轨和悬挂式独轨两种类型。独轨的车辆采用橡胶轮，由电气牵引，最高速度可达80 km/h，旅行速度为30～35 km/h，列车以4～6节编组，单向运送能力为每小时1万～2.5万人次。中国应用独轨的城市有重庆、上海等。

5. 城市铁路

城市铁路是指建在城市内部或内外接合部，线路设施与干线铁路基本相同，服务对象以城市公共交通客流，即短途、通勤旅客为主的轨道交通系统。城市铁路的概念范围正在不断扩大，包括了城际间直达的高速铁路，如北京至天津的"京津快轨"。

城市铁路通常分为城市快速铁路和市郊铁路。城市快速铁路是指运营在城市中心，包括城市近郊地区的轨道系统，采用电气化线路，与地面交通的相交处大多采用立体交叉。市郊铁路是指建在城市郊区，把市区与郊区，尤其是与远郊联系起来的铁路。市郊铁路一般和干线铁路设有联络线，设施与干线铁路相同，线路大多建在地面，部分建在地下或高架上。其运行特点接近干线铁路，只是服务对象不同。

市郊铁路是城市铁路的主要形式。市郊铁路是伴随着城市规模的扩大、卫星城的建设而发展起来的，通常使用电力牵引，列车编组多为4～10节，最高速度可达100～120 km/h。市郊铁路运能与地铁运能相同，但站距较地铁长，运行速度超过地铁。目前重庆市正在建设市郊铁路东环线和西环线,此线路将串联重庆1h经济圈。

6. 磁悬浮

磁悬浮是一种在高速运行时非轮轨黏着转动、用直线电动机驱动列车运行、悬浮于地面的新型轨道交通系统。它克服了传统列车机械噪声和磨损等问题,不受轮轨黏着速度理论极限的限制,速度可达500 km/h。当磁悬浮列车低速运行时,车轮会放下来,以车轮行驶,因此磁悬浮列车保留了轨道、道岔和车辆转向架及悬挂等许多传统机车车辆的特点。磁悬浮列车从悬浮机理上可分为常导吸型和超导斥型,是利用常导磁铁或超导磁铁产生的吸力或斥力使车辆浮起,用以上复合技术产生导向力,用直线电动机产生牵引动力的高速、安全、舒适、节能、环保、维护简单、占地少的新一代交通运输工具。

7. 新交通系统

新交通系统是一个模糊的概念,不同国家和城市对其有不同的理解,还没有统一和严格的定义。从广义上说,新交通系统是所有现代化新型公共交通方式的总称。狭义上的新交通系统则定义为由电气牵引,具有特殊导向,计算机控制,自动驾驶的胶轮车辆、单车或数辆编组运行在专用轨道梁上的中小运量轨道运输系统。

在新交通系统中,车辆可实现无人驾驶,在线路上自动运行,车站无人管理,完全由中央控制室的计算机集中控制,自动化水平高。新交通系统与独轨交通系统有许多相同之处,最大的区别在于该系统除有走行轨外,还设有导向轨,故新交通系统也称为"自动导向轨道交通"。新交通系统的导向系统可分为中央导向方式和侧面导向方式,每种方式又可分为单用型和两用型。单用型是指车辆只能在导轨上运行;两用型则指车辆既可以在导轨上运行,又可以在一般道路上行驶。

1.1.3 城市轨道交通系统的组成

城市轨道交通系统包括线路、车辆、供电、通信及信号、运营调度、自动售检票、客运服务、安全保障等诸多专业,各专业又分别包含机械、电气、控制、自动化、计算机等多项工种。这些专业和工种必须有效联动,才能确保城市轨道交通系统的正常运营。而各专业在城市轨道交通系统中，又发挥着不可替代的作用。例如，列车是运送乘客的载具，但必须行驶在已铺设完成的轨道线路上；列车行驶依靠的是供电专业提供的电源；为保证列车行驶安全，必须有畅通可靠的通信系统和准确无误的信号系统作为保障；乘客进出站、购票、上下列车都需要客运人员提供车站服务等。

由此可见，只有城市轨道交通系统涉及的各专业都能确保各自工作正常，才能使城市轨道交通发挥作用。按照城市轨道交通工作目标和服务对象的不同，可以将城市轨道交通涉及的专业分为设备保障和运营管理两大类。

1. 设备保障

设备保障的主要工作目标是为运营管理提供设备和技术保障。各专业利用技术先进、性能可靠、操作简便的专业设备，为城市轨道交通实现安全运送乘客的目标提供可靠的物质保障。设备保障主要包括以下内容。

（1）线路工程。

城市轨道交通采用的是电力驱动的轮轨系统，所有线路既是列车运行的支撑，也是轨道电路的组成部分，所以线路专业可以称为整个乘客运送系统的基础。在城市轨道交通系统中，一般将隧道、桥梁、车站建筑、监护等纳入线路工程的子系统。

（2）车辆。

作为运送乘客的载具，车辆的性能直接决定了运送乘客目标的实现质量。乘客的旅途安全有赖于列车的安全运行；列车行进速度直接决定了乘客是否能够准点到达；车厢载客量、车厢硬件设备则决定了乘客出行过程的舒适度。

（3）通信系统。

通信系统的任务是建立一个实现系统内指挥调度及公务通话和业务联系的通道。例如，为乘客提供运营信息、为公安部门提供视频和无线资源、为消防管理部门提供无线资源等。有线通信和无线通信是通信系统的两个子系统。

（4）信号系统。

信号是信息的表现形式，信息是信号的具体内容，可以认为信号是信息传递的一种手段。城市轨道交通通过信号系统实现行车指挥和列车运行现代化，保证列车运行的安全，提高运输效率。此外，信号系统还需要利用信号将运营信息告知乘客，实现客流组织和完成运送乘客的任务。

(5) 供电系统。

电力是保证城市轨道交通正常运行的能源,由国家电网供电。供电系统不仅为城市轨道交通电动列车提供牵引用电,还为照明、通风、空调、电梯、防灾报警、通信、信号等运营服务设施提供电能。安全可靠又经济合理的供电系统是城市轨道交通正常运营的重要保障和前提,因此必须保证城市轨道交通供电系统正常运行,以免危及相关人员生命安全或造成重大财产损失。

(6) 车站机电设备。

车站机电设备包括车站自身的硬件设备系统和为乘客提供服务的设备系统两大类。属于硬件设备系统的有车站火灾自动报警系统、车站环境与设备监控系统、车站给排水系统、车站低压配电及照明系统等;属于设备系统的有车站通风系统、车站空调系统、自动售检票系统、自动扶梯系统、站台屏蔽系统等。车站机电设备的完好率将直接决定车站的安全程度和乘客旅行的舒适、方便、安全程度。因此,车站机电设备虽然不直接决定城市轨道交通的运营质量,但能充分体现城市轨道交通的服务质量,应给予充分重视。

2. 运营管理

运营管理的工作目标是为乘客提供安全、快捷、准点、方便和尽可能舒适的出行工具,所以,凡直接涉及乘客出行的专业和工种,均应纳入运营管理范围。

(1) 行车管理。

行车管理主要负责对系统内所有列车的运行管理。城市轨道交通列车的运行是按运行图进行调度的,所以编制运行图、下达行车命令、突发事件时的行车调整、有关行车组织的即时命令发布等均是行车管理系统的工作职责。

主要工种包括运营调度员、设备调度员、车站值班员、电动列车驾驶员等。主要工种的岗位和主要职责如下。

① 运营调度员、设备调度员一般集中在线路调度中心,负责全线的行车指挥。

② 车站值班员的岗位在车站,负责按运行图或调度命令,对途经车站的列车进行正常行车操作或调整,对车站客流进行组织或疏导。

③ 电动列车驾驶员的岗位在列车上,除了负责驾驶列车运送乘客,还要通过列车广播、车厢显示屏等平台为乘客提供服务。当列车突发故障时,电动列车驾驶员还要承担安全疏导乘客的任务。

(2) 客运管理。

客运管理是对乘客运送全过程的管理,是直接面向乘客的重要服务系统。

系统服务对象是广大乘客,专业宗旨是"为乘客提供优质服务",专业评价标准是"乘客满意度"。

客运管理又包含两个重要的子系统,即客流组织和客运服务。前者主要是组织乘客有序流动,后者是为乘客提供优质服务,站务员是服务提供者,其岗位在车站。

理论上,站务员是乘客出行过程中唯一能接触到的城市轨道交通工作人员,因此乘客会通过站务员的言行举止对轨道交通运营企业的工作质量进行评判。随着城市轨道交通各系统自动化技术的不断提高,目前已实现了乘客"自助式出行"的目标,也就是乘客可以依靠车站提供的各类信息指示,在"无人服务"的情况下自主完成出行。

(3) 乘务管理。

城市轨道交通列车乘务员处于城市轨道交通运营的第一线,肩负着行车安全的主要责任。因此,合理安排乘务员作息时间、制定值乘方案、分配人员、教育培训及安全监督就显得尤为重要。这些管理制度和措施的制定不仅要与实际运营相结合,而且要有一定的科学依据作为保障,做到在实现高效的同时能够确保运营的安全。

(4) 票务管理。

制定票价等运营政策,对车票制作、车票出售、入站检票、出站检票、补票、罚款等营运信息进行有效的管理是票务管理的主要工作内容。只有通过安全、可靠和完备的自动售检票系统才能有效地实施票务的清分和结算。所以,票务管理也是票务收入和结算的基础。

另外,在城市轨道交通系统的管理中,安全运营始终是第一要务。广大乘客的生命安全、设备的安全运行、突发事件时的人员疏散和事故处理,以及反恐、防恐的措施制定和实施都属于安全管理的工作范畴。从工作性质分,安全管理分为乘客和员工的人身安全管理,运行和服务设备设施的安全管理和突发事件时的应急处置三方面内容。

1.2 世界城市轨道交通的发展历程

本节主要介绍国外比较有代表性的城市轨道交通系统,包括伦敦、巴黎、东京和纽约的城市轨道交通系统。

1.2.1 伦敦

伦敦城市轨道交通系统规模庞大，历史悠久。其地铁系统是欧洲规模最大、世界建成最早的，首条线路于1863年1月10日便建成通车。除久负盛名的地铁外，伦敦的城市轨道交通系统还包括码头区轻轨、横贯铁路、地上铁、有轨电车以及由国家铁路运营的市郊铁路。截至2019年底，总共有11条地铁线路投入运营；码头区轻轨有7条线路；横贯铁路开通了1条线路，贯穿伦敦市区并连接伦敦郊区与市中心；地上铁共有6条线路；有轨电车共有4条线路。

伦敦地铁服务于大伦敦地区及其周边地区，是世界上最早建成的地铁。为应对人口快速增长所导致的严重交通问题，早在19世纪，律师查尔斯·皮尔逊提出了修建地下铁路穿城而过的想法，但由于资金等问题，直到1860年伦敦才开始修建线路。线路均采用明挖法修建，并被称为"大都会铁路"，从帕丁顿到法灵顿街，全长约6 km。后来这段线路成为环线、汉默史密斯及城市线以及大都会线的一部分。线路在1863年1月10日正式通车运行，运营时借用了大北方铁路公司的蒸汽机车和车辆。尽管常有乘客被浓烟熏得晕过去，但通车首年即运送950万人次，翌年更跃升至1200万人次，足见其成功。此后，线路埋深加大，修建时隧道截面被挖成近似圆形，"Tube"（地铁）的绰号便由此而来。在1890年前后，蒸汽机车逐步被替换为电力机车。尽管地铁被称为"underground"，但事实上伦敦只有45%的线路位于地下，其他大部分线路（尤其是在伦敦外围区域）均位于地面以上。早期的地铁线路由多家私营铁路企业运营，后来才统一由伦敦交通局下辖的伦敦地铁有限公司运营。

伦敦地铁的运营方式独具一格，特别是共线运营，其共轨方式与规模特点都比较突出。在共轨的线路规模上，共轨区段里程约68 km，涉及的共轨线路有6条，共轨车站约70座，占车站总数的26%。在共轨的组合方式上，不仅地铁线路与市郊铁路或地上铁共轨，而且地铁线路与有轨电车线路间也存在共轨运行区段。这样设计，从乘客的角度来看，减少了换乘走行距离和时间，提高了换乘效率，极大地满足了不同方向的换乘需求；从地铁运营者的角度来看，缓解了换乘车站的换乘压力。伦敦地铁高水平的线路共轨运行运营组织，对运输计划编制水平、列车运行安全保障技术以及轨道列车信号等的升级改造提出更高的要求。

码头区轻轨线是1987年开通的一条全自动化轨道交通线路，最早是为了振兴因货运量锐减而衰败的码头区而规划的。

大伦敦地区的市域快轨系统主要包括地上铁、横贯铁路以及由19家私营运营公司运营的部分国家铁路线路,其中地上铁是2007年启用的通勤铁路系统,它为大伦敦地区以及邻近的赫特福德郡提供通勤服务。线路全长167 km,共计9条线、112座车站。该系统的部分线路属国家铁路网,但由伦敦交通局授权控制管理。自2016年起,该线网由爱瑞发铁路公司获得授权进行管理。另一条通勤铁路是横贯铁路。这是一条贯穿伦敦市区、连接伦敦郊区与市中心的城市铁路,西起雷丁,途经希思罗机场,东西贯穿整个伦敦城,东达申菲尔德和埃比伍德。随着2019年12月雷丁的延伸线建成通车,横贯铁路至此开始运营。除地上铁和横贯铁路外,大伦敦地区的市域快速轨道系统还包括国家铁路网授权19家私营企业运营的线路,其里程超过3000 km,超过70%的线路位于伦敦中心城区以外的地区,线网密度颇高,并且在不同的交通圈形成不同的站点密度及站间距。在伦敦中心区内部,市域快速轨道交通站点密集,站间距较短;离中心区越远,则站间距越大,适应了大都市不同交通圈的不同交通特征,以及出行的多样化需求。

有轨电车系统在2000年投入运营,服务于伦敦南部克罗伊登地区。和大多数西方国家大城市相似,伦敦的有轨电车也曾占据公共交通出行的半壁江山。但在1935年,由于其便利性远不及柴油驱动的公共汽车与私家车,发展遭遇困境,并在1952年被全部拆除。直至1994年,议会才批准修建克罗伊登有轨电车。有轨电车使用低地板车辆,并利用部分既有的国家铁路线路,在城市道路上,有轨电车与道路交通共有路权。与下述的法国法兰西岛有轨电车多条线路独立运营不同,有轨电车虽有4条线路,但在部分路段共轨运营。

1.2.2 巴黎

此处提及的巴黎城市轨道交通系统,指的是巴黎市区及其所属的法兰西岛大区的城市轨道交通系统,包括在巴黎市区及近郊运行的地铁、连接巴黎市中心和法兰西岛大区的区域快线及远郊铁路、近郊省份的有轨电车。

1. 地铁

早在1865年,巴黎市政府即与西部铁路公司签订了关于修建内环线铁路的协议,但修建城市地铁线路的计划一波三折。由于1900年万国博览会及第二届夏季奥运会的临近，1895年，巴黎市政府最终同意修建一条地铁线路，这便是后来的巴黎地铁1号线。该线路于1898年11月动工，在1900年7月19日正式投入运营。受到客流持续攀升的鼓舞，巴黎市政府加快了地铁修建的步伐，并在1910年实现了早期地铁网的通车运营，比原定计划提前了一年多。到1935年，共有十余条线路投入运营，巴黎市区地铁网初步成型。此后数十年内巴黎并没有再新建地铁线路，直到1988年，由于1977年通车的区域快线A线已不堪重负，巴黎独立公交公司（Régie Autonome des Transports Parisiens，简称RATP）遂向政府提议在塞纳河右岸修建一条与区域快线A、D线平行的全自动的新地铁线，即新14号线。该线首期从玛德莱娜发车，到弗朗索瓦·密特朗图书馆，于1992年动工，于1997年6月开始试运营，于1997年10月15日正式通车。此后该线路在两端分别延长至圣拉扎尔站和奥运站。

与早期的地铁系统相似，巴黎地铁的站距普遍较短，最短仅有465 m，平均站距也仅为548 m，一方面方便了乘客的出行，另一方面也增加了列车运行时间，同时也对列车的启动和制动性能提出了更高要求，因此巴黎早在20世纪50年代即着手开展将部分既有线路改造为胶轮地铁的工作，已改造的线路有1、4、6、11号线。

2. 区域快线及远郊铁路

巴黎区域快线及远郊铁路的前身是法国各大铁路公司在19世纪于巴黎城门外修建的铁路，包括小环线、国玺线等线路。为应对郊区面积不断扩大的局面，早在20世纪20年代，相关部门便着手拟定区域地铁的实验性计划，但直到1961年才开始修建巴黎西北的拉德芳斯与民族广场之间的连接线，这段地下连接线与既有的万塞讷线及西部的线路连接组成现在看到的区域快线A线。万塞讷以东的线路早在1969年就以"区域地铁"的名称投入运营，而完整的A线在1977年年底才对公众开放。在A线取得巨大成功后，B、C、D线也逐步以完整的线路投入运营。

A线的成功从另一个角度来看无疑加大了其本身的负担。因此除上面所述通过修建地铁新14号线缓解巴黎市区客流压力外，E线的修建也同时被提上了议程。由于施工进度缓慢，原本预计于1998年通车的线路押后至1999年通车。该线通车时始于巴黎市区的奥斯曼圣拉扎尔车站，终于东部的谢尔古奈及马恩河畔维利耶尔－莱普莱西特勒维斯（Villiers—sur—Marne—Le Plessis—Trévise），后于2003年年底延长至图尔南（Tournan）。由于种种原因，原本将

E 线向西延长的计划拖延。由法国国营铁路公司（Société nationale des chemins de fer français，简称 SNCF）运营的远郊铁路的发展历程与区域快线相仿，其线路大多与 SNCF 的既有线路一脉相承，并一直以远郊铁路的名称运营，以巴黎市内六大火车站及巴黎西北的拉德芳斯为始发站。

巴黎区域快线及远郊铁路有着独特的运营模式。由于支线众多，开行的列车不仅有复杂的长短交路之分，还有快慢车之分，SNCF 开发了一个独特的编码系统，并在之后于 RATP 所属区段也加以推广。该系统将每条线路上方向不同、停站不同的列车班次用四个字母组成的单词予以命名，部分线路上还会在其后加注两位编号，便于拼读记忆以及辨认行车方向。

3. 有轨电车

在 1930 年以前，有轨电车一直是巴黎及其近郊的一种重要的交通方式，但由于其本身的问题以及汽车快速发展所带来的竞争，迫于舆论与政治的双重压力，绝大多数的有轨电车线路从 1930 年开始陆续遭到拆除。但此后伴随着道路交通的一些严重问题以及爆发的第一次石油危机令法国政府重新开始审视有轨电车的发展。经过多年的研究讨论，1992 年首条电车线路终于在巴黎北部的塞纳－圣但尼省（Seine－Saint－Denis）动工建设，并在同年通车运营。此即有轨电车 1 号线（T1），由 RATP 运营。1993 年，RATP 在一条原有的工业铁路的基础上开始修建有轨电车 2 号线（T2），在 1997 年开通运营，也同样大获成功。此后，有轨电车建设在法兰西岛大区逐步展开。最新开通的线路是有轨电车 11 号线（T11），这条线路是有轨电车北部切向线计划中的一部分，该线路第一期在 2017 年 7 月 1 日通车，是法兰西岛大区首条有轨电车快线，全长约 11 km。全线设 7 座车站，连接巴黎北部的塞纳河畔埃皮奈（Epinay－sur－Seine）、维尔塔纳斯（Villetaneuse）、布尔歇（Le Bourget）等地，平均站距达到 2150 m，由 SNCF 运营，采用与 4 号线相同的铁路－电车制式。未来线路将继续向东西两端延伸，预计于 2027 年实现全线通车。

截至 2019 年底，法兰西岛有轨电车共有 10 条线路投入运营。尽管线路制式各不相同，但整个电车系统发挥了相当大的作用。它作为地铁、区域快线、远郊铁路网络的连接与延伸线路，极大地便利了郊区旅客的出行，同时弥补了区域快线、远郊铁路网络在郊区路段站距较长的缺点。

尽管在建设过程中遭遇重重阻力，且建设周期漫长，但总体而言，法兰西岛的轨道交通系统仍然是相当成功的。它大幅减少了整个大区内汽车的使用，缓解了交通拥堵，极大地便利了通勤人员的出行，同时带动了巴黎周边的发展。但是，由于部分设施建设时间较早，已经出现了相当程度的老化现象，故障时有发生。同时，在社会治安环境逐渐恶化的情况下，乘车安全问题也应予以高度关注。

1.2.3 东京

东京实指"东京都市圈"，包含东京都以及周围的神奈川县、群马县、栃木县、埼玉县、茨城县以及千叶县。东京的轨道交通网是东京都市圈公共交通的重要组成部分，是最主要的交通出行方式。它有高度发达的地铁系统以及市域快速轨道交通系统，主要由地铁、日本铁路公司（Japan Railways，简称JR，其前身为日本国有铁道）及各私铁公司经营的市域快速轨道、单轨、自动导向交通、有轨电车组成。其中，单轨、自动导向交通以及有轨电车属于中低运量系统。以下对地铁、市域快速轨道中低运量系统进行介绍。

1. 地铁

东京地铁实际上由两家运营商共同负责13条线路的运营，分别是东京地下铁株式会社和东京都交通局，其中由东京都交通局运营的线路又称为都营地下铁。东京地下铁9条，都营地下铁4条，所有线路总长304.1 km。东京地铁平均每天的客流量超过800万人次，但是这仅占整个铁路网日客流量的22%。

在地铁进入东京以前，东京市区最主要的公共交通方式是于1903年开通的有轨电车。但由于经济的高速发展，有轨电车客运能力有限，时常人满为患，高峰期候车时间长达1 h甚至更多，有轨电车极端拥挤。1914年，日本实业家早川德次赴欧洲考察，对伦敦等地的地铁系统印象深刻，遂要在东京修筑地铁。此后经历重重困难，最终在早川德次的主导下，东京真正意义上的首条地铁在1927年12月30日建成通车。线路从上野站到浅草站，全长2.2 km，当时由早川德次发起的东京地下铁株式会社运营，而早川德次也因此被誉为东京地铁之父。随后在1938年，当时的另一家运营公司——东京高速铁道株式会社开通了该公司的地铁线，从青山六丁目（今表参道）至虎之门，并在1939年延伸至新桥站。但两个新桥站之间的换乘需要出站，最终经过协商，两段线路经过新桥站贯通运营。这两段地铁线现在都是银座线的一部分，而这两家运营公司数年后合并为帝都高速度交通营团。由于战争带来的社会动荡，日本一直到1954年才开通新的地铁线路——丸之内线，该线路从池袋到御茶之水，随后相继延伸至淡路町、东京、西银座（今银座）等，最终至新宿。而都营地下铁也在1960年诞生，奠定了如今两大运营商运营地铁的格局。

自1960年起，东京地铁迎来大建设时代。与此同时，第二次世界大战后的日本经济快速腾飞，经历了第二次城市化时期，大量人口涌入东京都市圈，住宅也相应延伸至市区以外，通勤需求增长迅速，日本国有铁道在1956年的运输量超过20亿人次，最拥挤的一小时拥塞程度逼近300%，市郊的私铁稍好一些，但拥塞程度仍超过200%，且逐年增加。此外，私铁公司始终不放弃将线路延伸至山手线内的计划。鉴于此，私铁线与地铁线的贯通运营被提上了日程。此后新建设的日比谷线、浅草线、荻洼线均具备了贯通运营的技术条件，同时京成电铁等私铁公司也配合两家地铁公司进行改造。1960年，都营地下铁浅草线与京成线开始贯通运营，效果显著。乘客不必在换乘节点换乘，而是直接抵达市中心，缓解了山手线上各站的拥挤状况，与私铁的贯通运营也成了东京地铁的一大特色。

2. 市域快速轨道

在东京都市圈，市域快速轨道交通的线路与运营商众多，线路包括山手线（环线）、京王线、东京急行电铁田园都市线等，运营商包括JR东日本、小田急电铁、京滨急行电铁（京急）、京成电铁等。东京的市域快速轨道交通运营方式灵活多样，除上述的贯通运营外，还有开行快慢车、长短交路套跑、支路运营等方式，极大地提高了运营效率，缩短了通勤时间。

东日本旅客铁道株式会社（以下简称JR东日本）运营着东京都市圈规模最大的市域快速轨道网，其运营线路有包括山手线、中央本线、总武本线、常磐线、湘南新宿线在内的37条线路。这些线路在当时既有客运功能，又有货运功能。而现在最重要的一条线路——山手线，一开始由JR负责建设。此后，经过多次调整，现在的山手线池袋至日暮里区间（当时称为"丰岛支线"）于1903年通车，1903—1909年，涉谷至品川段才逐步通车，并实现全线电气化。中央线的建设也在逐步推进，在1889年开通了新宿—八王子线路，并在此后缓步向市中心推进，分六次开通。1919年，中央线延伸至东京站，开始与现在的山手线共同呈α形贯通运营。由于中央线沿线修建了住宅，中央线也开始致力于发展以通勤为主体的城市交通运输，但在客流高峰期会变得相当拥挤，因此建设了特快线。1925年,上野—东京段开通,山手线成环运营,行车间隔为4 min。此后其他线路相继通车,通勤铁路网初步形成。第二次世界大战后,城市化进程加快,近郊区域的铁路被称为"通勤地狱",线路的拥挤率超过240%,总武本线更高达312%,即便更换新型电车也无济于事。针对这一状况,日本国有铁道启动了"通勤五方面作战",总结起来主要有以下几点:第一,增加投资以满足运输需求;第二,分离与主干线运输竞争的通勤运输线;第三,必要时开展贯通运营。"通勤五方面作战"效果卓著,运输能力大幅提升,拥挤率也得到一定控制。

总体而言,私铁公司发展时间较早,几乎与日本国有铁道同时发展,有些曾涉足其他行业,如小田急电铁前身是鬼怒川水利电气株式会社,成立之初是水力发电的供应商,此后才投身铁路事业。不同私铁公司的线路之间的技术参数不尽相同,仅轨距就有1435 mm、1372 mm、1067 mm等多种尺寸,因此在后期的相互贯通运营上,大都经历了一段复杂的改造历程。私铁公司的发展也颇为复杂,经历了多次合并与分立。但无论其历程如何曲折,其投入的铁路建设无一不是瞄准旺盛的通勤、旅游需求,并在建设的初期即实现了线路的电气化,使得高速运输成为可能。在1920—1935年的第一次城市化进程中,东京都市圈的轨道网络骨架已基本完成建设。1927—1940年开通的线路里程达到468 km,截至1940年,线路总长已达到994.7 km。第二次世界大战后,各家私铁公司继续开通新线路,并将原有的单线铁路复线化,同时提高线路的运输能力。而另一项重要举措是开始与地铁的贯通运营。为此,多家私铁公司比照地铁进行供电、轨距、信号等方面的改造。此外,随着航空业的快速发展,空铁联运也逐渐受到重视,京成电铁、京滨急行电铁两家公司围绕成田、羽田两座机场开通了机场线路,既有机场快线,又有普通的市郊线路,与JR的机场线形成竞争态势。

东京市域快速轨道交通网除了具备通勤功能,可以满足通勤需求,另一个重要的功能在于引导东京都市圈的开发,通过线路建设带动周边地区发展,即所谓TOD(transit-oriented development)模式,其中最具代表性的是多摩卫星城以及东京急行电铁田园都市线,两者分别属于国有卫星城开发与民营卫星城开发。这两者均通过修建市域快速轨道来带动周边区域发展,但相比之下多摩卫星城铁路修建进度滞后。东京急行电铁田园都市线的规模是日本第二次世界大战后私铁的城郊开发与轨道一体建设案例中最大的,东京急行电铁从土地所有者手中收购了该区域20%~30%的土地,在成为土地所有者的同时,组织运作土地区划建设行会,推动了区域的计划性开发。

3. 中低运量系统

在东京都市圈范围内,中低运量系统包括单轨、自动导向交通以及有轨电车。

服务于城市交通的单轨线包括东京单轨电车羽田机场线、多摩都市单轨线、湘南单轨江之岛线以及千叶都市单轨1、2号线,其余单轨线并不为城市轨道交通服务,故在此不予列举。东京的首条单轨线实际上是上野动物园单轨线,而首条服务于城市轨道交通的单轨线则是1964年通车的东京单轨电车羽田机场线。该线从山手线上的滨松町出发,到达羽田机场2号客运大楼,线路全长17.8 km,共设有11座车站,并开行快慢车。该线同时还是世界上首条投入商业运营的单轨线。

自动导向交通线路包括东京临海新交通临海线、日暮里—舍人线、山万尤加利丘线、金泽海岸线、西武铁道山口线以及埼玉新都市交通伊奈线。东京最早装备自动导向系统的线路是由地产商山万株式会社为开发尤加利丘而修建的山万尤加利丘线,由山万株式会社的铁道事业部直接负责运营,以方便居住在尤加利丘卫星城的居民出行。最新的一条自动导向交通线路是东京都交通局运营的日暮里—舍人线,线路从日暮里出发,到达见沼代亲水公园,全长9.7 km,设站13座,于2008年通车。

有轨电车线目前只有都电荒川线以及东京急行电铁世田谷线,其中都电荒川线也是东京中心区在20世纪60年代拆除有轨电车后仅存的一条有轨电车线。随着《道路交通法》的修订,汽车被允许驶入路面的有轨电车轨道内,使有轨电车速度大为下降,加之当时东京奥运会召开在即,急需扩宽道路,因此逐渐废除东京市区内的有轨电车与无轨电车,只剩下无法用地铁或公交替代的都电荒川线,都电荒川线得以摆脱被拆除的命运。

总而言之,东京都市圈的轨道交通网络高度发达,其市域快速轨道交通的发展与运营模式尤其值得借鉴学习。毫不夸张地说,东京是一座完全生活在轨道上的城市,其对东京城市结构影响之深远令人深思。虽然地铁网存在缺乏规划所导致的一些问题,但东京轨道交通形式之多样、路网之密集、运营组织之灵活以及市场竞争所带来的活跃性仍使之在轨道交通史上占有重要的地位,其发展经验值得借鉴。

1.2.4 纽约

纽约的轨道交通系统主要包括纽约地铁、纽新航港局过哈德逊河捷运、连接纽约几座机场的机场铁路以及通勤铁路。在纽约（尤其是曼哈顿），轨道交通是最主要的出行方式，而纽约的轨道交通系统是整个北美洲规模最大、历史最悠久的交通系统。以下将选取纽约最具代表性与参考价值的两大系统——纽约地铁和通勤铁路进行简要介绍。

1. 纽约地铁

准确来讲，纽约地铁应称作"纽约市地铁"。它属于纽约市交通运输管理局下辖的机构——大都会交通局。纽约地铁是全球唯一一个24 h运营的地铁系统，首条线路建成于1904年。线路总长度接近400 km，有多达36条的固定线路，25条路线。

一般认为，纽约首条地铁于1904年通车，这段线路如今是第九大道线的一部分，但最早尝试利用地下空间发展轨道交通可追溯到1869年由阿尔弗雷德·伊利·比奇开发的比奇气动交通。这种轨道交通方式极为罕见，它利用隧道内的压力差驱动车辆前进。但遗憾的是，由于公众失去兴趣等种种原因，该线路只运营了短短数年，便在1873年被迫关闭。1888年袭击纽约的大风雪促使当局开始严肃讨论修建地铁的事宜。修建计划在1894年获得通过，并在1900年正式开工，线路于1904年10月开通运营，首日客流量即达到15万人次。该线路一开通即由两家私营的运营公司负责运作，分别是布鲁克林捷运公司（Brooklyn－Manhattan Transit Corporation, 简称BMT，即现在的布鲁克林－曼哈顿运输股份有限公司）以及跨区捷运公司（Interborough Rapid Transit Company, 简称IRT）。

以上两家运营企业运营了绝大多数的地铁线路。1932年，为与上述两家公司抗衡，纽约市设立独立地铁系统（independent subway system，简称IND）。但由于资金问题，该公司运营范围仅局限于城市核心区域。最终，纽约市在1940年收购了这两家私营的运营公司，结束了相互竞争的局面，同时原属不同公司的线路之间开始建设连接线，这也奠定了如今纽约地铁跨线运营的基础。但由于车辆选型、车站结构以及线路平面设计上的差异，IND系统并不能与另外两个系统的线路相互连接，相互联通与跨线运营只能发生在另外两家公司的线路之间。

与世界上绝大多数的地铁系统不同，纽约地铁列车常有跨线运营或越行的现象。纽约地铁的线路和路线存在区别，是两个不同的概念。"线路"一词描述的是固定的线路设施，包括单条或多条轨道，而列车运行的"路线"往往会跨越多条线路。两者最明显的区分方法在于命名方式的差异，线路均采用特定的名称，如牙买加线（Jamaica Line）、拿苏街线（Nassau Street Line）等，但路线则全部采取单个的字母或数字命名，如"D""3"等，再以不同颜色加以区分，其中路线的代号还会标注在列车的醒目位置。路线还有快慢车之分。另一个与世界上绝大多数地铁系统有区别的地方在于纽约地铁属于线路富余型，大部分线路是3~4线平行布置的，只有少数线路采用双线形式。另外，三座车站之间至少有一处设置配线（渡线、折返线或存车线），且绝大多数采用双向道岔。这样的线路设计为采取包括大站快车在内的多种多样的行车方式提供了保障，一定程度上缩短了旅客的旅行时间，同时也最大限度地减弱某条线路故障所引起的综合网络效应。

2. 通勤铁路

通勤铁路指市域快速轨道交通，是全美最大的通勤铁路系统，为纽约州、新泽西州以及康涅狄格州三州区域的通勤者提供通勤服务，部分线路更是全天24 h不间断服务。通勤铁路由大都会交通局与新泽西交通局运营，其中大都会交通局运营位于长岛的长岛铁路以及位于哈德逊河谷与康涅狄格州的大都会北方铁路。新泽西交通局运营位于哈德逊河对岸上新泽西州范围内的铁路网。整个市域快速轨道网络总长2159 km，工作日平均客流量约为48万人次。相比地铁而言，通勤铁路线路较长，服务范围更广，如纽约长岛铁路主线长达152 km，大都会北方铁路的线路长度也为50~150 km，且车站的布设灵活，在郊区站间距较大（5~6 km），到市区后缩短至1~3 km。此外，通勤铁路与其他交通方式的衔接较好，在各大枢纽可换乘其他交通方式前往目的地。纽约将城市中心作为市域快速轨道与城际铁路的终点站，并将两者进行衔接。在纽约有两座主要的火车站，大中央总站以及宾夕法尼亚车站。这两座车站均位于纽约市中心闹市区，且全部为地下车站，大中央总站更是全球最大的火车站。每天在大中央总站与宾夕法尼亚车站乘降的通勤旅客超过20万人次，且无须出站即可换乘多条地铁线乃至城际铁路线，实现了市域快速轨道与市区地铁线路的无缝衔接。乘客还可以通过长岛铁路上的牙买加站换乘前往肯尼迪国际机场的机场铁路。

1.3 我国城市轨道交通的发展历程

1.3.1 概述

我国的城市轨道交通虽起步较晚,但发展迅速。北京于1969年开始试运营第一条地铁,之后天津于1984年建成长7.4 km的地铁。20世纪80年代以前,在进行地铁的规划与建设时,除了考虑需具备实现城市客运的功能,更要考虑满足战备的要求。20世纪80年代以后,以上海地铁1号线、北京地铁复八线、北京地铁1号线改造、广州地铁1号线建设为标志,我国真正开始建设以交通为目的的地铁项目。由于修建成本高昂、关键设备全靠进口而国产化率低等问题,1995年《国务院办公厅关于暂停审批城市地下快速轨道交通项目的通知》(国办发〔1995〕60号)宣布除北京、广州两个在建地铁项目和上海地铁二号线项目外,暂停审批城市地下快速轨道项目,并要求做好发展规划和国产化工作。从1997年底开始,国家计划委员会(现为国家发展和改革委员会)研究城市轨道设备国产化实施方案,提出将深圳地铁1号线、上海地铁3号线、广州地铁2号线作为国产化依托项目,并于1998年批复3个项目立项。2002年10月中旬,国务院办公会议又决定,冻结各城市地铁立项。2005年至今,随着国家积极财政政策的实施,国家从建设资金上给予有力支持,并通过技术引进和国际先进制造企业与国内企业的合作,实现了城市轨道交通车辆、设备本地化,使城市轨道交通建设造价大大降低。此后,国家批准了深圳、上海、广州、重庆、武汉、南京、杭州、成都、哈尔滨等十多个城市轨道交通项目开工建设,并投入40亿元国债资金予以支持,我国轨道交通建设进入高速发展期。特别是从2009年开始,我国的轨道交通事业发展迅猛。截至2022年底,我国已有55座城市的轨道交通系统投入运营,运营线路308条,运营线路总长度10287.45 km。其中,地铁运营线路8008.17 km,占比77.84%;其他制式城市轨道交通运营线路2279.28 km,占比22.16%,2022年新增城市轨道交通运营线路长度1080.63 km,部分城市的地铁已成网络运营。然而我国的轨道交通事业仍存在诸多亟待完善的问题,如我国的城市轨道交通以地铁为主,部分城市有轻轨、单轨以及磁悬浮等其他制式，制式与运营模式较单一，较难满足广大人民群众日益增长的出行需求，尤其与城市的发展不相匹配。

下文将以北京、上海、广州及深圳四座城市为例，简要介绍我国城市轨道交通的发展。

1.3.2　北京

北京地铁是我国最早开始运营的地铁系统，其首条线路建成于1969年。2022年，北京市轨道交通路网运营线路达27条，总里程797.3 km，车站共470座，由北京地铁运营有限公司、北京京港地铁有限公司、北京京城地铁有限公司和北京市轨道交通运营管理有限公司运营。机场线由北京京城地铁有限公司运营，燕房线由北京市轨道交通运营管理有限公司运营，4号线、大兴线、14号线、16号线和17号线由北京京港地铁有限公司运营，其余线路均由北京地铁运营有限公司运营。4号线也是第一条采用公私合营模式建设和运营的轨道交通线路。北京京港地铁有限公司也是在北京市加大基础设施投资体制改革力度的历史条件下，由北京市基础设施投资有限公司、北京首都创业集团有限公司和香港铁路有限公司共同出资组建的。

参考莫斯科地铁在莫斯科保卫战中用作防空洞与军事指挥所的经验，中国共产党北京市委员会在1953年制定了《改建与扩建北京市规划草案》，其中首次提出要把修建地下铁道作为"平战结合"的防御手段。1965年1月，成立了北京地下铁道建设领导小组。1965年2月4日，毛泽东在北京地下铁道建设方案的报告上批示："精心设计，精心施工，在建设过程中一定会有不少错误、失败，随时注意改正。"确定了北京地铁"适应军事上的需要，兼顾城市交通"的建设方针。1965年7月1日，北京地铁一期工程开工。线路全部采用明挖回填法，并拆除部分北京城墙。全长23.6 km的北京地铁一期工程于1969年10月1日建成通车，从此结束了中国没有地铁的历史。但线路通车后，一直没有对外开放，事故频发，只得将运营权交由军方。直到1981年，经验收合格，试运营长达十年之久的北京地铁一期工程才对外开放。

北京地铁2号线为环线，全长16.1 km，于1971年3月开工，1984年9月建成，但起初并未以两条线的形式投入运营，而仅视为一期和二期工程。到1987年，一期、二期工程才分成1、2号线运营。2号线沿北京城墙而建，"复八线"实为1号线的延长线，全长约12 km，于1989年7月动工，1999年9月

28日通车运营。地铁13号线于1999年12月开工，全长约40 km，花费3年多时间实现了全线贯通试运营。连接通州和北京市区的八通线全长18.95 km，于2001年12月开工，花费2年时间投入运营。线路全部为高架线，随着一条条新线的落成，地铁运营线路也在迅速延伸，从1987年的40 km、1999年的54 km，迅速上升为2003年的114 km。

以举办2008年北京夏季奥运会为契机，北京轨道交通迎来大发展。2007年地铁5号线开通试运营，2008年，10号线一期、机场线、奥运支线（8号线）开通试运营。2017年12月30日，北京地铁燕房线开通主线工程，这是北京市第19条建成运营的城市轨道交通线路，为中国首条自主研发的全自动运行地铁线路，全长14.4 km。2019年12月20日，燕房线实现最高等级全自动运行，列车全过程无须人工操作。2021年，燕房线实现无人值守的全自动运营。

1.3.3　上海

上海的城市轨道交通规划始于1956年，到1958年完成了以人民广场为枢纽，由三条直径线以及一条环线构成的地铁规划方案并开始建设，但后来由于技术和资金问题项目一度中断。这期间于1964年、1965年、1973年对地下铁路网进行局部调整。1986年结合居民出行调查以及城市发展中出现的问题与需要，编制了由四条直径线、一条半径线、一条环线、一条半环线以及一条浦东线共八条线路组成的地铁网络。1993年5月28日，上海地铁首条线路——1号线投入试运营。1994年底，上海地铁1号线投入正式运营，上海市地铁总公司随即成立，负责1号线运营和其他线路的建设。2000年4月19日，上海申通地铁集团有限公司成立。2004年底，上海轨道交通1号线北延伸段通车；2005年底，4号线"C"字型通车；2006年底，3号线北延伸段和2号线西延伸段通车；2007年底，轨道交通6号线、8号线一期、9号线一期、1号线北延伸段二期、4号线修复段"三线两段"建成通车；2009年底，轨道交通7、8号线二期、9号线二期、11号线建成通车；2010年世界博览会前，轨道交通2号线西延伸段、2号线东延伸段、10号线建成通车。

上海轨道交通用了不到20年的时间走过了西方发达国家100年的发展历程，国际地铁联盟（Community of Metros，简称CoMET）称其"创造了世界地铁建设史上的奇迹"。

2021年12月30日，上海轨道交通14号线、18号线一期北段[御桥站（不含）—长江南路站]开通运营。14号线是我国首条全线以绿色三星级标准设计和建设的轨道交通线路，通过采用一系列绿色低碳技术，达到安全、节能、节水、节材、高品质室内环境的目标要求，并首次开通14号线8节编组大容量全自动驾驶系统。如此一来，上海地铁拥有了5条全自动驾驶线路（10、14、15、18号线，浦江线）。18号线一期北段有18座车站，其中9座车站可与12条线路形成换乘。同时，龙阳路站作为中国首个五线换乘地铁车站（含磁浮线），可实现2、7、16、18号线及磁浮线换乘。另外，18号线的地铁口还首次开进学校和医院。其中，复旦大学站是1号出入口，直接设置在校园内，成为上海首个地铁延伸至校内的出入口；江浦路站则直接连通新华医院的儿科综合楼，就医患者可乘坐地铁从车站直接到达门诊大厅。

上海地铁的运营方式相比于其他城市呈现出多样化的特征，为适应不同客流需求，特别是对于长大线路，多条线路采取了大小交路结合的运营组织模式，16号线在高峰时段开行大站车、直达车。此外，上海地铁也采用共线运营的方式，如3、4号线虹桥路—宝山路区间共轨运营的做法属全国首例。采用共轨运营能够减少基础设施投资，但对单线运输能力来说有比较大的影响。

1.3.4 广州

广州地铁是我国内地继北京、天津、上海后运营的第四个地铁系统，也是目前全国线路长度排名第三的地铁系统。截至2022年底，广州开通运营地铁线路16条、有轨电车2条，地铁通车里程621 km[含APM(automated people mover)线，广佛线、7号线的佛山段]，地铁站点数285座（换乘站计一次），在建地铁10条、有轨电车1条。除广佛地铁由广东广佛轨道交通有限公司运营外，其余车站与线路均由广州地铁集团有限公司负责运营。

早在1960年，时任广东省省长的陈郁已提出要在广州兴建地铁，并在数年后提出修建地铁的"9号计划"。但是由于遇上了资金问题和技术困难，以及建设的难度太大，再加上1974年陈郁省长的病逝，地铁工程屡屡受阻。到20世纪80年代，广州地铁的建设筹备工作才真正得以落实，并开启了中法联合设计地铁的项目。但首条线路的建设押后到1993年，即现在的1号线。这条线路在国内首次采用沉管式隧道以及大型盾构机，早期车辆全部采用由德国进口的列车。由于绝大多数设备依赖进口,当时的建设预算高达127.5亿元人民币。1997年,西朗站①—黄沙站段首先投入试运营,紧接着剩余路段在1998年也投入运营,此时距离首次提出修建地铁的"9号计划"已经过去了34年。1号线的建设大获成功,全国上下掀起了建设地铁的浪潮,但建设成本高昂,尤其是大量依赖进口的设备这一点更是令人担忧,遂中止了审批地铁项目立项。为推进装备国产化,广州地铁2号线成为设备国产化的试验线,定下了线路设备国产化率60%的目标。最终,2号线如期完成目标。除第一、第二列车从德国的庞巴迪公司原装进口外,其他车辆系由庞巴迪公司与中车株洲电力机车有限公司联合生产。2号线首段,从三元里到晓港,启用于2002年年底,半年后从晓港延伸至琶洲,并在2005年延伸至万胜围,同年4号线通车后,万胜围成为两线的换乘站。2号线与早先建成的1号线在公园前站十字换乘,而公园前站也因此成为广州地铁的首座换乘站。该站1、2号线站台均采用一岛两侧式站台,又称为"西班牙站台"。2号线昌岗—万胜围区间在2010年被划为8号线的一部分,2号线则在昌岗站向南一直延伸至新建成的广州南站,同时从三元里延伸至嘉禾望岗,并与通往机场的3号线相连,使得2号线成为南北的一条大动脉。

与其他城市的地铁只在行政区范围内运行不同,广州地铁广佛线是一条跨越广州和佛山两座城市的地铁线,在佛山被称为"佛山地铁1号线",横跨广州的海珠区、荔湾区和佛山的禅城区、南海区、顺德区,呈东西走向,是中国大陆第一条通入地级市的地铁线路。2010年11月3日,广佛地铁一期工程首通段(魁奇路站—西朗站段)正式开通试运营,全长20.73 km,共开通14座车站。其中佛山段开通魁奇路、季华园、同济路等共计11站,广州段开通龙溪、菊树、西朗3站。其中西朗站可换乘广州地铁1号线。此后在2015年和2018年,线路在两端均有延伸,并预留换乘条件。截至2018年底,线路西起佛山市新城东站,东达广州市沥滘站,全长约37.4 km,全线共设车站25座,其中佛山市开通15座车站,广州市开通10座车站。

另外,广州地铁还有一条自动导向系统线路——广州APM线,这是广州首条自动导向系统线路,采用橡胶轮胎,为侧面导向型。广州APM线于2006年6月30日开始建设,至2010年11月8日开通并试运行。广州APM线南起海珠区的广州塔,向北下穿珠江主航道到达海心沙,再经过珠江新城花城广场中

---

①现已更名为西望站,本书沿用原名。

轴线，经过天河体育中心到达林和西站。线路总长 3.94 km，全部采用地下线路，共设 9 座车站，最短站距为 315 m，平均站距 473 m。列车全部采用由庞巴迪公司在美国工厂制造的 Innovia APM 100 型列车，与新加坡的轻轨交通武吉班让线采用的是同款车辆。按每千米造价来计算，这条线路可算是全球最昂贵的自动导向系统线路。

2022 年 3 月 31 日，广州地铁 22 号线首通段（番禺广场—陈头岗）开通运营，实现了广州南站与南沙 30 分钟通达；5 月 1 日，地铁 7 号线西延段开通运营，是大湾区第二条实现广州与佛山"零换乘"的地铁线。

1.3.5 深圳

深圳地铁是继广州之后内地第五个地铁系统。根据《深圳市地铁集团有限公司 2023 年度报告》，截至 2023 年末，深圳全市城市轨道交通运营里程 567.1 km，包括 16 条地铁线路和 1 条有轨电车线路。

早在 1983 年，深圳市委书记即率代表团考察新加坡地铁系统，并在翌年提出了一份《深圳经济特区总体规划（1985—2000）》，其中就提到修建一个重轨系统，即现在的地铁。其中一条线路将位于深南路地下，这便是 1 号线的前身。1992 年，国家发展和改革委员会批复深圳市修建地铁的计划，深圳市也将最早草拟的修建轻型地铁的计划改为修建重型地铁。1994 年，深圳市再提出《深圳市城市总体规划（1996—2010）》，正式提出一个拥有 9 条线路的轨道交通网络，其中有两条以既有铁路为基础修建通勤铁路，所有线路总长达到 270 km，这份计划也奠定了深圳轨道交通的基础。遗憾的是，1995 年深圳地铁项目暂停。

深圳地铁在 1997 年重新提交一份修建地铁的计划，最终以 1、4 号线的面貌呈现。当时正值香港回归，计划主要着眼于在罗湖、皇岗（落马洲）两座主要的客运口岸可能产生较大的跨境客流，并最终在 1998 年得到国务院的批复，此计划也被正式命名为深圳地铁一期工程，同时成立了深圳地铁集团有限公司。工程在 1999 年正式动工，在 2004 年年底，计划中的 1 号线（旧称"罗宝线"）与 4 号线（旧称"龙华线"）同时开通运营，其中 1 号线仅从罗湖到达位于南山区的世界之窗，4 号线从福民出发到达少年宫，两段线路全长约 20 km。

此后数年，深圳地铁并未再建成新线路，仅在原有线路的基础上将线路作短暂延长，包括在2007年和2009年将4号线及1号线分别向南和向西延伸至福田口岸（当时称为皇岗）以及深大。

直至2010年，为迎接翌年举办的世界大学生运动会，2号线、3号线相继通车。翌年，1号线全线贯通，直抵机场东；2号线也全线贯通至新秀；3号线向南延伸至益田，4号线则向北延伸至清湖，5号线通车。至此初步形成深圳地铁的格局。2012—2016年，深圳地铁既没有新线路建成通车，又没有将既有线路进行延长，可算是一个空档期。但到了2016年，深圳地铁在一年间相继有三条新线路投入运营，分别是7、9、11号线，使得深圳地铁总里程跃居全国第四位。11号线连接深圳市区的福田高铁站枢纽、宝安国际机场以及西部组团，是一条快速地铁线，兼具机场快线功能，列车最高速度可达120 km/h。线路全长51.7 km，是深圳地铁里程最长的线路，其平均站距达到3.2 km，机场站以南的平均站距为3.9 km，最小站距也接近2 km，站距普遍大于常规的地铁线路。11号线还是深圳市首条采用8节编组的地铁列车，也是全国首条设置商务车厢的地铁线路。2020年8月，深圳地铁6、10号线正式开通，新增线路78.7 km以及50个车站。2022年12月，深圳地铁14号线、11号线福田—岗厦北段、12号线、6号线支线、16号线正式开通运营，深圳市城市轨道交通正式迈入"500公里时代"。

2023年，深圳市轨道五期建设规划获批。轨道五期共规划11条线路，总长185.6 km，总投资1952亿元，顺利开工建设。本次规划线路数量及里程均为深圳历史之最。6月，深圳城市轨道交通15号线开工，标志轨道五期建设正式拉开序幕，预计2028年全部建成通车。

第2章 城市轨道交通车站施工

2.1 车站施工主要方法

车站施工的传统方法主要有明挖顺作法、盖挖顺作法和盖挖逆作法。近几年，也有一种综合性的车站设计和施工方法，即分离岛式暗挖站台外挂站厅地铁车站施工方法。本节主要介绍以上四种方法。

2.1.1 明挖顺作法

明挖顺作法指先施工围护结构，从地面向下开挖土石方并对围护结构进行支撑，直至基坑开挖至设计高程，然后由下而上施工结构的防水和结构主体，完成主体结构施工后，回填土并恢复路面。这是车站常用的，也是经济指标较好的一种施工方法。明挖顺作法施工工序如图2.1所示。

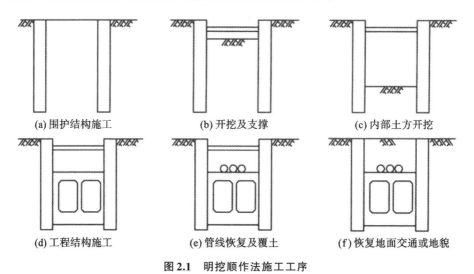

图 2.1 明挖顺作法施工工序

2.1.2 盖挖顺作法

盖挖顺作法指在地面修筑维持交通的临时路面及其支撑后，自上而下开挖土方至基坑底部设计高程，再自下而上修筑主体结构的方法。盖挖顺作法的路面系统由钢梁（或钢筋混凝土梁）及路面盖板、围护结构组成，其中钢梁及路面盖板为临时结构，车站施工完成后需要拆除。其作业程序是先局部进行交通疏解或设围挡，做好围护结构和主体结构（或临时）立柱系统，然后用钢梁及路面盖板组成的盖挖系统覆盖路面，恢复交通。在顶盖的保护下，按顺序进行车站主体结构的作业，最后拆除顶盖系统，恢复永久路面。

盖挖顺作法施工一般适用于城市繁华地段或关键交通区段，由于必须保证交通行车而在车站开挖前先进行交通疏解并施作临时路面系统，因此，前期交通疏解的可行性和进展速度控制尤为重要。在前期工程施工过程中，需要及时做好绿化迁移、管线迁改和临时疏解道路等工作，为车站主体施工尽早开工打下基础，缩短整体施工工期，减少交通干扰时间。盖挖顺作法施工工序如图2.2所示。

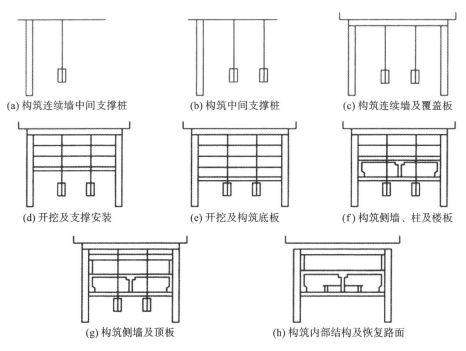

图 2.2　盖挖顺作法施工工序

2.1.3　盖挖逆作法

盖挖逆作法是在修筑竖向支撑结构和主体结构顶板后，在顶板的下面自上而下分层开挖土方、分层修筑结构,最后施工最下一层主体结构。盖挖逆作法的路面系统由车站顶板、中间支承、围护结构组成,一般情况下,上述结构大部分为永久结构。其施工顺序为部分或全部封闭道路交通,设中间支承柱及边墙围护结构,明挖至顶板底面标高处,灌注顶板,回填覆土并恢复交通。在顶板结构的保护下,继续向下开挖基坑,依次向下施作中板,直至最后一层的底板和侧墙,完成车站主体结构施工。在软弱地层施工中,除以顶板、中板等作为支撑外,还需要设置一定数量的临时支撑或采取一些锚固措施。盖挖逆作法的主要特点是对周围环境的干扰时间较短,控制地表和周边建筑物的沉降效果好,临时结构少。盖挖逆作法施工工序如图2.3所示。

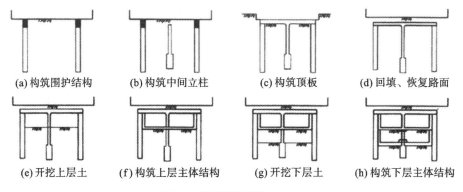

图2.3 盖挖逆作法施工工序

2.1.4 分离岛式暗挖站台外挂站厅地铁车站施工方法

随着社会经济的发展,地铁车站向城市中心区域布局。同时,工程施工期间带来的交通压力与人们日渐增长的交通需求矛盾凸显。地铁建设往往结合旧城改造同步实施,传统的地铁车站明挖、盖挖法设计和施工方案已不能很好地解决上述问题,一种综合性的车站设计施工方法——分离岛式暗挖站台外挂站厅地铁车站施工方法应运而生。

该类型车站设计将传统的地铁车站站厅站台的上、下层空间布置创新为分离式平面关系。站台层根据线路设计布置在城市道路下方,为暗挖隧道形式,通过竖井开挖施工;站厅层结合周边旧城改造范围灵活布局平面位置,以明挖法施工,两者再通过暗挖通道连接起来,实现车站运营功能。以广州市A车站为例,其工作面划分如图2.4所示。

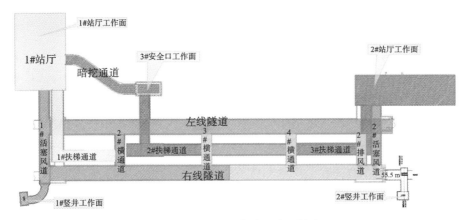

图 2.4　广州市 A 车站工作面划分

A 车站主体结构划分为明挖站厅及暗挖站台共 5 个工作面组织施工,其中 1#站厅、2#站厅及 3#安全口各一个工作面组织施工,暗挖站台通过 2 个竖井进入暗挖施工,每个竖井各 1 个工作面组织施工。1#竖井负责右线隧道小里程、左线隧道、1#活塞风道、1#排风道及 2#横通道、3#横通道开挖;2#竖井负责右线隧道大里程、2#活塞风道、2#排风道及 4#横通道开挖工作。

项目进场首先对竖井场地进行围蔽,采用倒挂井壁法进行竖井施工,分层开挖横通道上、中导洞。将中导洞临时仰拱作为施工通道,通过该通道进入正线隧道上台阶进行开挖,同步对竖井及横通道下导洞进行开挖。横通道施工完成后转换为对正线隧道施工。站台层隧道分别采用 CRD 法（cross diaphragm,交叉中隔壁法）、CD 法（center diaphragm,中隔壁法）、台阶工法施工,主要开挖方式为爆破开挖。

隧道开挖初期支护完成后,采用台车进行正线二衬施工,通道二衬采用满堂支架＋钢模板施工。

站厅位于车站一侧,拆除结构范围内建筑物,完成管线迁改后进入围护结构施工,采用旋挖钻钻孔成桩,龙门吊配合机械开挖以及主体结构施工。最后通过站厅结构预留洞施工连通站台层隧道的剩余暗挖通道。

分离岛式暗挖站台外挂站厅地铁车站施工避免了常规地铁建设过程中大量的前期交通疏解、绿化迁移、管线迁改等工作,大大减少了对城市居民日常生活的干扰。在前期工程施工过程中,结合征拆进度,可以充分优化竖井选址,尽早开工站台层隧道,节约整体施工工期,缩短建设时间。

2.2 车站围护结构施工

基坑支护根据被支护土体的作用机理,分为支护型和加固型两大类,在实际应用中常常将两者结合使用,形成混合型。地铁车站基坑的围护结构以支护型为主,直接承受基坑施工阶段侧向土压力和水压力,并将此压力传递到支撑体系。围护结构在运营期的受力情况由设计确定。在需要采取隔水措施的基坑工程中,当周边围护结构不具备自防水作用时,需要在支护结构外侧另行设置隔水帷幕,基坑的围护结构和隔水帷幕共同形成基坑支护体系。

围护结构的类型需要根据场地条件、水文及地质条件、基坑的规模和深度、施工工期以及当地的施工经验等因素确定。

下文主要从地质补勘、管线迁改与交通疏解、地下连续墙施工、钻孔咬合桩(桩墙)施工、钻孔灌注桩加止水帷幕施工和SMW工法桩施工6个方面进行介绍。

2.2.1 地质补勘

通过对地层的补充勘查,进一步探明地质情况,验证初勘和详勘的准确性,提供地质方面的技术依据,解决施工中可能遇到的工程地质问题及水文地质问题。

地质补勘一般以钻探取芯揭露为主,辅以室内试验、原位测试、水文地质试验等综合勘查手段及方法。随着技术的进步,地质雷达、地层CT(X-ray computed tomography,X射线计算机体层成像,简称CT)成像等技术也逐步应用于地质勘查领域。

通过地质补勘探明下列工程地质和水文地质特征。

① 岩土特征、岩土分布、岩土界面,划分并描述岩土层特征,提出土石可挖性分级。

② 特殊性土和不良工程地质单元(淤泥、液化砂层、断裂、风化深槽)的特征和分布,评价土的固结状态以及砂层的富水性、液化等级。

③ 地下水的类型、埋藏情况、渗透性、腐蚀性、涌水量、补给来源、变化幅度。

④ 岩土物理力学性质。地质补勘作业流程如图2.5所示。

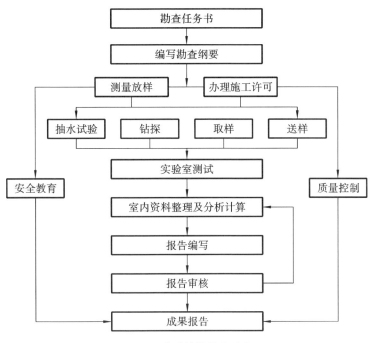

图 2.5 地质补勘作业流程

根据设计单位在详勘阶段的钻孔布置情况,确定补勘阶段的孔位布设。勘探钻孔间距按场地类别确定,简单场地按 40~80 m、中等复杂场地按 25~40 m、复杂场地按小于 25 m 布设。补勘探孔详勘两个钻孔之间的中点时,左、右线错开布置。对于地铁车站的地质补勘,一般在围护结构的轴线位置布孔。第四纪松散地层中控制性钻孔深度根据各个孔位所处的车站围护结构深度、施工方法及降水工程的需要确定,其他钻孔可钻至其基础上 6~10 m;基岩地层的控制性钻孔在微风化带应钻入 3~5 m,在中等风化带应钻入基底下 3~5 m。

钻孔的布置采用逐级加密的方法,在实施过程中根据现场实际情况实行动态管理,对钻孔的布置和数量进行适当调整,在岩面起伏变化剧烈处可加密钻孔,遇障碍物时也要随时调整钻孔的位置。一般情况下,控制性勘探孔为取土试样孔、标准贯入试验孔,不少于钻孔总数的 1/3;其余为一般性勘探孔,约占钻孔总数的 2/3。

每个钻孔完成后,必须马上进行彻底封孔,避免因封孔不及时而发生意外事件,尤其是位于车站附近隧道上方的钻孔。封孔采用水灰比不大于 0.5 的水泥浆,使用钻杆从钻孔底部自下而上进行注浆,直到钻孔溢浆为止。封孔过程中应观察水泥浆的流失情况,若水泥浆流失严重,可改用水泥砂浆进行封孔。

封孔质量必须经现场管理人员验收。

2.2.2 管线迁改与交通疏解

1. 管线迁改

(1) 城市管线分类。

地铁施工经常遇到的市政管线有给水管道、排水管道、燃气管道、电力电缆、通信管线、热力管道等。地下管道按照用途分为水类（雨水、污水、中水、给水）、通信类（移动、联通、电信、公安、电力、党政专用线、军用专用线等）、其他类（热力、燃气、电力）；按照压力分为有压管道（给水、燃气、热力）、无压管道（雨水、污水、通信、电力）。

(2) 管线迁改和保护的一般规定。

影响地铁施工的管线一般采取悬吊、迁移、特殊保护等措施，由建设单位委托有资质的设计单位对管线迁改或保护进行专项设计，并提供施工图纸。

在制定管线迁改方案之前，根据勘查单位、管线产权单位提供的管线资料将地下管线的种类、规格、材质、埋深等情况调查清楚，如果工程实施周期较长，还要结合规划管线的情况不断完善设计和施工方案。管线迁改和保护的设计、施工方案必须满足管线产权单位的相关要求，符合相关规范规定，并获得产权单位和管理单位的批准。

管线迁改前，采取物探和坑探的方式，进一步核对和确认施工图或产权单位提供的管线分布的准确性。管线迁改时，根据管线与地铁车站结构的平、剖面位置关系，以重力流、电缆管沟等大型管线为控制点，优先满足其线位要求，不断优化设计和施工方案，尽可能不发生二次改移。

(3) 管线迁改方法。

影响地铁施工的管线迁改分为永迁管线和临迁管线。永迁管线针对的是城市雨水、污水、给水等大型管道，经相关部门批准后一次性将管线迁移到位，不再回迁。临迁管线针对的是燃气、电力、电信、军用线缆等小型管线，在地铁施工围挡后，经过产权单位批准根据施工图纸临时迁出，待地铁施工完成后迁回原线位。

关于确定管线迁改的实施主体，不同地区的做法也不尽相同，大致分为以下几种情况：一是由建设单位招标确定；二是委托产权单位；三是交由地铁车站的土建施工单位。无论通过何种方式确定管线迁改的实施主体，其程序必须符合法律法规的要求。土建施工单位需要配合管线迁改单位实施管线迁改，并且有义务对施工场地内的管线进行保护。

（4）管线迁改注意事项。

一是要保证管线的使用功能少受影响；二是管线迁改与施工场地布置和交通疏解紧密结合起来，避免重复迁改；三是要加强管线保护，建立保护管线责任制，明确各级人员责任，签订责任书。

2. 交通疏解

（1）交通疏解方式。

地铁施工通常需要临时占用城市道路、绿地或其他公用设施，交通疏解按疏解方式分为进行交通大疏导，优化完善道路网络，改造地铁站点周边道路，加强道路交通管理，优化施工围挡、保证道路畅通。

① 进行交通大疏导。设立大量的交通导示牌，利用已建成的较大的路网格局，合理分配交通流；通过限制车辆通行、公交改线等方法，科学组织交通。

② 优化完善道路网络。道路改造可以有效地分流交通，增加区域道路网络流量，从而减轻地铁建设区域沿线的交通压力。

③ 改造地铁站点周边道路。通过地铁站点周边的建筑物拆迁、道路改造、取消局部绿化带、压缩部分人行道等方法，改造站点周边道路，增加站点的通行能力。

④ 加强道路交通管理。任何交通疏解方案的实施都需要交通管理措施作为保障，地铁建设过程中加大执法力度，维护道路有效运行秩序，特别是调整主要交叉路口交通组织，可提高通行效率。

⑤ 优化施工围挡、保证道路畅通。调整车站施工工法，保证道路十字形和弯道处的通行能力，避免重复围挡对交通造成影响；在满足基本施工条件的前提下减小围挡面积，尽量少占用行车道，在行车范围内将直角围挡改为斜角围挡，确保行车视线。

（2）交通疏解实施的具体步骤。

① 进行交通现状调查。交通现状调查是制定科学合理的交通疏解方案的前提，根据地铁车站施工图纸及施工部署，调查现场及周围的交通车行量及高峰期，预测高峰流量，研究设计占路范围、期限，然后由具有资质的设计单位出具交通疏解设计方案及施工图纸。

②按当地的规定进行行政审批。需要临时占用城市道路的，必须经城市道路行政主管部门和公安交通管理部门批准。因工程建设需要挖掘城市道路的，应持城市规划部门批准签发的文件和有关设计文件，到城市道路行政主管部门和公安交通管理部门办理审批手续。施工单位必须按照审批的位置、面积、期限，占用或挖掘城市道路，需要移动位置、扩大面积、延长时间的，要提前办理变更审批手续。因建设或者其他特殊需要临时占用城市绿化用地时，必须经当地绿化行政主管部门同意，并按照有关规定办理临时用地手续，还应当限期归还和恢复绿化。

(3) 交通疏解的实施。

施工单位按照获批的交通疏解方案设置围挡、临时交通导行标志、路障、隔离设施。临时疏解道路必须严格划分警告区、上游过渡区、缓冲区、作业区、下游过渡区、终止区范围。为保证行车安全，在因临时占道而影响交通的范围内，按规定设置各种交通标志、隔离设施、夜间警示信号等。严格控制临时占路的时间和范围，特别是分段导行时必须严格执行获批方案。根据现场变化，及时引导交通车辆，并为行人提供方便。在主要交通道口设专职交通疏导员，积极协助交通民警做好施工和社会交通的疏导工作，减少施工造成的交通堵塞现象。

2.2.3 地下连续墙施工

1. 成槽设备选型

目前，常用的成槽设备分为挖斗式、冲击式、回旋式。挖斗式成槽机的特点是结构简单，易于操作维修，运转费用低，广泛应用在较软弱的冲积地层，但在大块石、漂石、基岩等地层不能使用。当地层的标准贯入度值大于40时，效率很低。冲击式成槽机对地层适应性强，适用于软土、硬土地层，也适用于砂砾石、卵石、基岩。其优点是设备价格低廉，适用地层广；缺点是施工效率低。回旋式成槽机中使用最多的是双轮铣槽机，其优点是工艺先进、工效快，适用于不同地质条件，包括基岩；缺点是设备昂贵，成本高，不适用于漂石、大孤石地层。

除了成槽设备，还有其他设备。其他设备主要用于吊装地下连续墙钢筋笼。大部分现场使用的是履带式起重机，其优点是起吊重量大，可以将钢筋笼从加工平台上起吊后自行运至指定槽段，并吊放入槽。

2. 场地规划

根据地质勘查的结果，确定地下连续墙成槽机械的类型，然后根据工期目标确定机械数量，并由此确定作业场地的面积。在场地内布置环场道路、泥浆池、钢筋笼加工平台和材料堆放场地以及其他用地。不仅要进行场地硬化、地基加固，而且要合理配置供电和给排水设备。

在地下连续墙施工中，挖槽、吊放钢筋笼和浇筑混凝土等都要使用成槽机和履带式起重机等大型设备，施工场地、道路对地基承载能力都有一定的要求，同时场地地基稳定性对地下连续墙沟槽的施工安全和成墙质量也有很大影响。根据现场实际情况，占用城市道路的车站围护结构施工，仅破除导墙竖向位置的路面面层和基层，保持原有路面。地下连续墙施工可直接利用原有城市道路的路面，施工场地不需要进行地基加固。如果施工场地位于软土地区，其天然地基不能满足机械设备的吊装和通行的承载力要求，就必须进行地基处理。一般情况下，可采用水泥搅拌桩对软土地层进行加固处理。如果工期允许，也可采用堆载预压的方式提前处理场地地基，再进场施工。

根据施工组织设计的设备配置情况，考虑照明及其他生活用电等负荷，计算工地所需的供电量，根据用电总量配置变压器及配电系统。地铁车站大部分位于市区或市郊，施工用水从市政管网接引，办理相关手续后，接驳使用。排水设备中最主要的是泥浆的处理设备，按目前的施工工法，地下连续墙的废弃泥浆量很大，需要采取振动筛分、多级沉淀等措施处理泥浆。膨润土的黏土颗粒细小，处理难度很大，有条件时可利用旋流器分离和处理黏土中的微小颗粒物，在达到废水排放标准后，将其排入市政管网。

3. 施工工艺

（1）导墙施工。

导墙施工是地下连续墙挖槽之前修筑的临时结构物，是为了控制施工平面位置、成槽垂直度，防止塌壁的重要施工措施。它的作用是挡土、作为地下连续墙施工测量的基准、储存泥浆。导墙的断面形状根据其施工环境与土层地质条件，常采用"⌞"和"⌐"两种形式，用钢筋混凝土浇筑而成。为了保持地表土体稳定，在导墙之间每隔1～3m加设横撑，导墙的水平钢筋必须连接起来，使导墙成为一个整体。为保证地下连续墙的施工精度，导墙净距应大于地下连续墙设计尺寸40～60 mm，导墙的高度一般为1.5～2 m，导墙顶部高出地面不小于100 mm，应夯实外侧墙土，导墙不得发生位移和变形。

导墙施工允许偏差应符合表2.1的规定。

表2.1 导墙施工允许偏差

项目		允许偏差	检验方法
内墙面	与地下连续墙中轴线平行度	±1 mm	尺量
	垂直度	5‰	测锤
	平整度	3 mm	直尺
导墙顶面平整度		5 mm	直尺
内外导墙净距		±10 mm	钢尺

（2）泥浆制作、使用和处理。

泥浆用来支护槽壁，一般采用膨润土、CMC（carboxymethyl cellulose，羧甲基纤维素）、纯碱等原料，按一定比例配制而成。在地下连续墙成槽中，使泥浆液面保持高出地下水位0.5～1.0 m，以保证孔内的泥浆压力高于孔外的地下水压力。泥浆压力作用在开挖槽段土壁上，除平衡土压力、水压力外，由于泥浆在槽壁内的压差作用，部分水渗入土层，从而在槽壁表面形成一层固体颗粒状的胶结物——泥皮。性能良好的泥浆失水量少，泥皮薄而密，具有较高的黏结力，这对于维护槽壁稳定、防止塌方起到很大的作用。新拌制泥浆性能指标如表2.2所示。

表2.2 新拌制泥浆性能指标

项目		性能指标	检验方法
相对密度		1.04～1.08	泥浆比重计
黏度	黏性土	20～24 s	500 mL/700 mL漏斗法
	砂性土	25～30 s	
含砂率/（%）		<3（黏性土）；<4（砂性土）	量杯法
失水量		<30 mL/30 min	失水量测定仪
pH值		8～9	pH试纸

在施工前，要通过试验配制合格的泥浆，在使用过程中根据泥浆的使用状态及时进行泥浆指标的检验，更换不合格泥浆。为保证泥浆的质量，地下连续墙挖槽和清槽时均采用泥浆反循环，即将泥浆和挖槽时悬浮的颗粒物从槽内抽

到泥浆池，使其经过处理后再流入槽内。泥浆采用机械分离和自然重力沉淀相结合的方法进行处理，槽内置换出来的泥浆采用振动筛处理，通过除砂器，除去土颗粒和碎石块，然后把干净的泥浆重新输送回槽中。

循环泥浆经过分离处理之后，滤除了大部分泥浆中的渣土，经过分离净化之后，加入膨润土、纯碱、CMC等材料拌制成再生泥浆回收使用。虽然再生泥浆基本恢复了原有的护壁性能，但其性能和指标要比新鲜泥浆差，因此将再生泥浆和新鲜泥浆混合使用。严重被水泥浸污及相对密度严重超标的泥浆作为废浆处理，废浆处理方法是采用全封闭式的车辆将废浆外运到指定地点，再由当地的专业人员处理。

（3）成槽施工。

根据地铁车站场地的地质条件，选用液压抓斗、铣槽机或冲孔成槽，膨润土泥浆护壁。成槽机施工前，必须对导墙顶高程、垂直度、间距、轴线等进行复核。在导墙上用油漆标出开挖槽段位置、每抓宽度位置、首开幅成槽宽度位置、钢筋笼下放位置、泥浆液面高度，并标出槽段编号。地下连续墙的标准槽段一般为6 m，按照Ⅰ、Ⅱ期跳槽施工，先施工Ⅰ期，再施工Ⅱ期。当采用液压抓斗或双轮铣槽机成槽时，每个槽孔分3个单元施工，每个单元长度一般为2.6～2.8 m。其施工顺序为Ⅰ期槽段先施工两边单元，后施工中间单元；Ⅱ期槽段先施工中间单元，后施工两边单元。

① 软土成槽施工。采用液压抓斗式成槽机直接进行开挖，开挖的土方直接卸于渣土车内，存放于临时堆土场内，然后再运至弃土场。标准槽段采用"三抓成槽法"开挖成槽，即每幅连续墙施工时，先抓两侧土体，后抓中心土体，反复开挖至设计槽底高程为止。异形槽段如T形或L形槽段，采用对称分次直挖成槽，按先短边后长边的原则，先行开挖一短幅，开挖到一定深度后，再挖另一短幅，相互交替。不足两抓的槽段，则用交替开挖、相互搭接的工艺直挖成形。成槽时泥浆应随着出土补入，以保证泥浆液面在规定的高度。当挖至槽底时，应用测绳测量深度，防止超挖和欠挖。挖槽过程中要严格控制成槽垂直度，利用成槽机的垂直度显示仪和自动纠偏装置控制成槽过程中的槽壁垂直度。施工中必须做好成槽记录，对地层分层进行详细记录。开挖至设计高程后，应及时检查槽位、槽深、槽宽和垂直度，合格后方可进行清底。

② 岩层施工。根据地下连续墙入岩情况，为提高工效，上部软土采用液压抓斗式成槽机开挖，挖至岩面时停止挖槽，使槽底面基本持平，将成槽机械换为冲击式钻机。如果采用双轮铣槽机，则不用更换机械，从上到下一次成

槽。冲击式钻机钻头大小和主孔中心距根据墙厚进行调整，主孔间距一般为1.5倍墙厚。先用冲击式钻机冲击主孔，泵吸反循环出渣。主孔完成后再冲副孔（主孔间剩余的岩墙），最后用方锤修整槽壁，连孔成槽。

在岩石较硬的地下连续墙施工中，可采用抓、铣、冲结合的组合式成孔工艺。当底部硬岩强度大于80 MPa，采用双轮铣槽机成槽困难时，可用冲击钻机先行冲孔，再由铣槽机修壁和清孔，这样可进一步提高工效，降低成本。当地下连续墙进入的微风化层较厚、岩石强度较高时，还可以采用预裂爆破的方法先对岩层进行处理，再用冲或铣的方式成槽。

（4）清槽和刷壁。

槽孔开挖至设计高程并经验收合格后，即可开始清槽换浆工作。一般采用反循环方法（如气举反循环，也称"空气升液法"）清孔，将排渣管下入槽内，距离孔底50~100 cm开始进行吸渣，将沉渣吸至泥浆净化系统，已净化的泥浆流回槽孔内，同时向槽内补充新鲜泥浆。一个槽孔完成后，移动排渣管，逐孔进行清底，直至一个槽段完成。目前，常用的清孔方法有吸泥泵排泥法、空气升液排泥法、潜水泥浆泵排泥法、水轮冲射排泥法等。

其中，采用吸泥泵排泥法时，槽孔清孔换浆结束前，采用特制钢丝刷自上而下分段刷洗槽段端头的混凝土面（或工字钢接头表面）。刷壁次数不得少于20次，以接头钢丝刷无泥屑为标准。

清槽后应对槽段泥浆进行检测，每幅槽段检测2处。取样点距离槽底0.5~1.0 m，泥浆指标应符合表2.3的规定。

表2.3　地下连续墙清底置换后的泥浆指标

项目	清底后泥浆	检验工具
相对密度	≤1.25	比重计
黏度/s	≤28	漏斗计
含砂率/%	≤8	洗砂瓶

（5）钢筋笼制作与吊装。

钢筋笼应严格按设计图纸在固定的平台上一次焊接成型，加工平台应平整，且方便钢材的搬运和钢筋笼起吊。分节制作的钢筋笼在同胎制作时应试拼装，采用焊接或机械连接，主筋接头搭接长度应满足设计要求，同一断面搭接位置应错开50%。所有预埋铁件（主要有接驳器、钢板等）的水平和高程位置都应经过严格计算并准确定位于钢筋笼上，其误差无论是水平方向还是高程方向都必须不大于10 mm，预埋铁件在安放时应考虑导管位置的上下贯通。所有的钢筋笼均需设置定位垫板，深度方向为3～5 m，每层2～3块；定位垫板宜采用4～6 mm厚钢板制作并与主筋焊接。需要注意的是，盾构端头井位置钢筋笼一般采用玻璃纤维筋代替钢筋。

钢筋笼起吊桁架应根据钢筋笼起吊过程中的刚度及整体稳定性的计算结果确定。钢筋笼的起吊与安放所选用的吊车应满足吊装高度及起吊重量的要求。钢筋笼吊点布置根据吊装工艺经计算确定，并应验算钢筋笼整体起吊的刚度，按计算结果配置吊具、吊点加固钢筋和吊筋等，吊筋长度根据实测导墙高程确定。钢筋笼入槽时应对准槽段中心线缓慢沉入，不得强行入槽。入槽后根据测定的导墙高程准确控制笼顶高程。异形槽段钢筋笼起吊前应对转角处加强处理，并随入槽过程逐渐割除。钢筋笼分段沉放入槽时，下节钢筋笼平面位置应正确并临时固定于导墙上，上下节主筋对正连接牢固，经检查合格后，方可继续下沉。

（6）接头处理。

地下连续墙常采用的接头有接头管（又称"锁口管"）接头、接头箱接头、工字钢接头等。工字钢接头近年来较多地应用于地铁车站的地下连续墙施工中，具有整体刚度大、连接效果好、混凝土浇筑时绕流少、不用拔出接头等优点。接头管接头、接头箱接头用于特殊槽段有较好的灵活性。

值得注意的是，接头管（箱）接头进场后首次使用前，应在现场进行组装试验，合格后才能吊装入槽。吊装时应垂直缓慢下放，严格控制垂直度，并露出导墙顶1.5～2.0 m，接头管（箱）接头的背后应填实。接头管（箱）接头在混凝土灌注2～3 h后第一次起拔，以后每30 min提升一次，应在混凝土终凝前全部拔出。接头管（箱）接头起拔后应及时清洗干净。

工字钢接头直接焊接在钢筋笼上，与钢筋笼形成整体，下一槽段施工前需要对工字钢接头的表壁进行刷壁清洗。其施工工艺与接头管（箱）接头基本相同。

（7）水下混凝土灌注。

混凝土宜采用商品混凝土，并采用导管法灌注，导管选用直径200～250 mm、内表面光滑、接头密封良好的多节钢管。导管的水平布置距离应不大于3 m，距槽段端部应不大于1.5 m，施工前应试拼并进行隔水栓通过试验。灌注前先检查槽深和沉渣厚度是否超限，判断有无坍孔，如沉渣厚度超限或有局部坍孔现象，可采用泵吸或气举反循环法，利用导管直接清孔洗槽。混凝土供应能力须满足地下连续墙浇筑速度要求，钢筋笼入槽后至灌注混凝土总停时间不能超过4 h，混凝土坍落度保持为180～220 mm，每幅墙的坍落度试验不得少于3次，并根据运输距离和气温情况添加适量的缓凝减水剂。

开始灌注时，应先在导管内放置隔水球，导管下端距槽底300～500 mm，确保混凝土初灌量埋管深度不小于500 mm，灌注过程中导管的埋管深度宜为1.5～3 m，可有效控制钢筋笼的上浮。混凝土面灌注速度应不低于2 m/h，相邻两导管间混凝土高差应小于0.5 m，经常测定混凝土面高度，并做好记录。混凝土灌注应均匀连续，中断时间不得超过30 min。当混凝土灌注到地下连续墙顶部附近，导管内混凝土由于压差关系流出困难时，要降低灌注速度，同时保证导管的最小埋入深度不小于1 m。地下连续墙浇筑完成时，混凝土灌注宜高出设计高程300～500 mm。

（8）地下连续墙的质量控制和检验检测。

基坑开挖后应进行地下连续墙验收，其平面位置、深度、宽度和垂直度以及墙体的抗压强度、抗渗等级必须符合设计要求；裸露墙面表面密实、无渗漏，孔洞、露筋、蜂窝面积不得超过单槽段裸露面积的2%；地下连续墙接头无明显夹泥和渗水。

2.2.4 钻孔咬合桩（桩墙）施工

1. 工艺原理

钻孔咬合桩采用全套管钻机施工，在桩与桩之间形成相互咬合排列的一种基坑支护结构。为了便于切割，桩的排列方式一般为一条素混凝土桩（A桩）和一条钢筋混凝土桩（B桩）间隔布置，施工时先施工A桩再施工B桩，A桩采用超缓凝混凝土，要求必须在A桩混凝土初凝之前完成B桩的施工。B桩施工时采用全套管钻机切割掉与相邻A桩相交的混凝土，实现咬合，如图2.6所示。

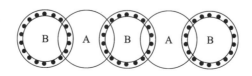

图2.6 钻孔咬合桩平面示意

2. 施工流程

（1）导墙施工。为了提高钻孔咬合桩孔口的定位精度并提高就位效率，应在桩顶上部施工混凝土导墙，导墙预留定位孔直径比管套直径大20～40 mm。

（2）钻机就位。待导墙有足够的强度后，移动套管钻机，使套管钻机抱管器中心定位于导墙孔位中心。

（3）取土成孔。先压入第一节套管（每节套管长6.0～8.0 m），压入深2.5～3.0 m，然后用抓斗从套管内取土，边取土边下压套管，保持套管底口超前于取土面，且深度不小于2.5 m；第一节套管全部压入土中后检测成孔垂直度，如不合格则进行纠偏调整，如合格则安装第二节套管下压取土，直至孔底设计高程。如遇硬岩地层，可采用全回转套管钻机，由于套管安装有硬质合金切削齿，任何土质均能适应，特别适用于岩层、卵层、孤石地层。

（4）吊放钢筋笼。对于钢筋混凝土桩，应在成孔检查合格后安放钢筋笼，采用履带式起重机吊装钢筋笼下放。为保证钢筋笼在运输和吊装时不变形，每隔2 m用直径为20 mm的钢筋设置一道加强箍。

（5）安放混凝土导管。在钢筋笼吊放完毕后，将直径为250 mm的导管按节吊入套管，然后每节拼装后与料斗连接好，确保导管长度足够，保证导管底离孔底不大于500 mm。

（6）灌注混凝土。混凝土要连续灌注，中断时间不得超过30 min；导管埋入混凝土的深度宜保持在1.5～3 m，最小埋入深度不得小于1 m，导管提升时不得碰撞钢筋笼。

（7）拔管成桩。在灌注混凝土过程中边灌注边拔管，要保证灌注量不影响套管上拔，最终混凝土灌注高程宜高出设计高程300～500 mm。

（8）咬合排桩施工顺序。总的原则是先施工A桩，后施工B桩，其施工顺序：$A_1 \rightarrow A_2 \rightarrow B_1 \rightarrow A_3 \rightarrow B_2 \rightarrow A_4 \rightarrow B_3 \rightarrow \cdots \rightarrow A_n \rightarrow B_{n-1}$。

（9）分段施工接头的处理方法。一台钻机施工无法满足工程进度要求，需要多台钻机分段施工，这就存在与先施工段的接头问题。处理方法是在施工段端头设置一个砂桩（成孔后用砂灌满），待后施工段到此接头时挖出砂子，灌上混凝土，如图2.7所示。

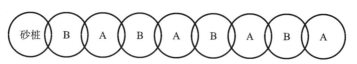

图2.7 分段接头处理方法示意

3. 施工设备和场地规划

全套管全回转钻机施工工法具有无噪声、无振动、无泥浆且钻进速度快、安全性高、环保性好的特点,在环保要求高的城市以及对振动要求严格的环境中应用较为广泛。套管钻机不仅可以施工钻孔咬合桩,而且可以用来拔桩。

由于全套管钻机本身体积和质量相当大,占用施工场地面积也较大,采用钻孔咬合桩作为车站围护结构时,应合理规划施工场地,安排好机械数量,处理好分段接头。其场地布置形式与地下连续墙施工围护结构基本相似,必须设置环场道路、钢筋笼加工场、材料堆放场等,但无须设置泥浆池。施工道路必须满足重型设备走行要求。

4. 施工要点

(1) 孔口定位误差的控制。为保证钻孔咬合桩底部有足够的咬合量,应对其孔口的定位误差进行严格控制,孔口定位误差允许值可按表2.4进行选择。

表2.4 咬合桩孔口定位误差允许值

咬合厚度/mm	桩长/m		
	<10	10~15	>15
100	10	10	10
150	15	10	10

为保证孔口定位精度,在咬合桩顶设置混凝土或钢筋混凝土导墙,导墙上定位孔的直径应比桩径大20~40 mm。桩机就位后,将第一节套管插入定位孔并进行检查调整,使套管周围与定位孔之间的孔隙保持均匀。

(2) 桩的垂直度控制。为保证钻孔咬合桩底部有足够的咬合量,除要对其孔口的定位误差进行严格控制外,还要对其垂直度进行严格控制,桩的垂直度标准为3‰以内。

(3) 套管的顺直度检查和校正。钻孔咬合桩施工前应在平整地面上进行套管的顺直度检查和校正,首先检查和校正单节套管的顺直度,然后将按照桩长配置的套管全部连接起来,将套管的顺直度偏差控制在1‰~2‰。

(4)成孔过程中桩的垂直度监测和检查。

① 地面监测。在地面选择2个相互垂直的方向采用线锤监测地面以上部分套管的垂直度,发现偏差随时纠正,每根桩的成孔过程中应坚持监测,不能中断。

② 孔内检查。每节套管压完后,安装下一节套管之前,都要停下来用测环或线锤进行孔内垂直度检查,不合格时要进行纠偏,合格后才能进行下一节套管施工。

(5)纠偏。

成孔过程中如发现垂直度偏差过大,必须及时进行纠偏调整。

① 利用钻机液压缸进行纠偏。如果偏差不大于4.5‰或套管入土不深于5m,直接利用钻机的2个顶升液压缸和2个推拉液压缸调节套管的垂直度,即可达到纠偏的目的。

② A桩的纠偏。如果A桩在入土5m以下发生较大的偏移,可先利用钻机液压缸直接纠偏,如达不到要求,可向套管内填砂或黏土,一边填土一边拔起套管,直至将套管提升到上一次检查合格的地方,然后调直套管,检查其垂直度合格后再重新下压。

③ B桩的纠偏。B桩的纠偏方法和A桩基本相同,其不同之处是不能向套管内填砂或黏土,而应填入与A桩相同的混凝土,否则有可能在桩间留下土夹层,从而影响排桩的止水效果。

5. 事故桩处理

在钻孔咬合桩施工过程中,因B桩超缓凝混凝土的质量不稳定出现早凝现象或机械设备故障等造成钻孔咬合桩的施工异常形成事故桩时,可进行以下处理。

(1)平移桩位单侧咬合。

A桩成孔施工时,其一侧B_1桩的混凝土已经凝固,使套管钻机不能按正常要求切割咬合B_1、B_2桩。处理方法为向B_2桩方向平移A桩桩位,使套管钻机单侧切割B_2桩,施工A桩(凿除原桩位导墙,并严格控制桩位),并在B_1桩和A桩外侧另增加一根旋喷桩作为防水处理,如图2.8所示。

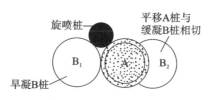

图 2.8 单侧咬合时的事故桩处理方法

（2）预留咬合企口。

在 A_1 桩成孔施工中发现 B_1 桩混凝土已有早凝倾向但还未完全凝固时，可及时在 B_1 桩右侧施工一砂桩以预留出咬合企口，待调整完成后再继续后面桩的施工，如图 2.9 所示。

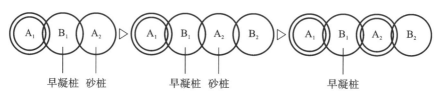

图 2.9 预留咬合企口示意

2.2.5 钻孔灌注桩加止水帷幕施工

1. 施工工艺

钻孔灌注桩加止水帷幕是早期地铁车站围护结构常用的一种形式，工艺简单，采用密排式或分离式（不咬合）钻孔桩外加止水帷幕形成具有一定刚度且有较好止水性能的基坑围护结构。止水帷幕一般使用高压旋喷桩或水泥搅拌桩，或两者结合使用，如图 2.10 所示。

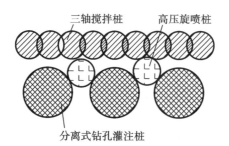

图 2.10 高压旋喷桩和水泥搅拌桩联合形成止水帷幕

其施工顺序为钻孔桩施工→达到设计强度后高压旋喷桩施工→水泥搅拌桩施工→冠梁施工→基坑开挖。

高压旋喷桩应根据地质情况和加固深度选择单管、双管或三管,以保证桩间止水的质量。水泥搅拌桩适用于淤泥或淤泥质土层,加固深度较浅。如果基坑围护结构较深,上部地层较软弱,可在上部软弱地层用水泥搅拌桩、下部稍硬地层用高压旋喷桩进行加固,充分发挥不同工法的地层适应性,以获得良好的止水效果。

2. 施工设备及场地规划

钻孔桩常用的施工设备有冲孔式桩机、回旋式钻机、旋挖钻机及套管钻机等,高压旋喷桩常用的施工设备有地质钻机(引孔)、单管(双管、三管)旋喷桩机、高压柱塞泵、空气压缩机等。水泥搅拌桩机有单轴、双轴、三轴和多轴等不同型号。钻孔桩加止水帷幕这种施工工艺在施工场地规划布置方面与施工地下连续墙相似。需要说明的是,由于水泥搅拌桩机和三管旋喷桩机体形较大,占用场地较多,应在钻孔桩完成后再进场施工。其他机械如单管或双管旋喷桩,在满足围护桩强度要求后,可按顺序开工。

3. 施工要点

为了避免出现塌孔,钻孔灌注桩施工时必须采用跳打法,如先施工 1、3、5 … n 号桩,当这些桩达到强度后,再进行 2、4、6 … $n+1$ 号桩施工。在各钻孔灌注桩间加设旋喷桩,密封各桩之间的缝隙,使搅拌桩与钻孔灌注桩完全连接。

尽量使用三轴(或多轴)水泥搅拌桩,不仅施工速度快,而且加固深度大,加固效果好。

在高压旋喷桩和水泥搅拌桩施工前,必须先进行试桩,通过抽芯检验达到设计效果后,才能按试桩时的最佳施工参数,展开全面施工。施工过程中一旦出现冷接缝,则采取在冷接缝处围护桩外侧补作旋喷桩或者搅拌桩等处理措施,在围护桩达到一定强度后进行补桩。

在基坑开挖阶段,备好堵漏设备及材料,密切注视基坑开挖情况,一旦发现墙体有漏点,及时进行封堵。

2.2.6 SMW工法桩施工

1. 施工工艺及施工设备

SMW工法桩采用三轴深层搅拌机施工,起重设备视围护结构深度采用50 t

及以上履带式吊车和300 t及以上的起拔设备，采用套打施工工艺，其施工流程如图2.11所示。

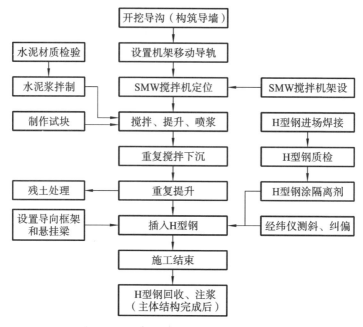

图2.11 SMW工法桩施工流程

2. 施工顺序

① 水泥搅拌桩施工。先施工水泥搅拌桩，SMW工法按图2.12（a）或（b）的顺序进行施工，阴影部分为重复套钻，以保证墙体的连续性和接头的施工质量。水泥搅拌桩的搭接是依靠重复套钻保证的，以确保止水效果。

② H型钢吊放。待水泥土搅拌桩施工完毕后，吊机应立即就位，准备吊放H型钢，H型钢在现场接长。采用轮胎式吊机和履带式吊机起吊H型钢，H型钢插入时间必须控制在搅拌桩施工完毕3 h内。

③ H型钢拔除。在主体结构完成后拔除H型钢。用千斤顶反复顶升型钢，配合吊车拔除。

3. 施工要点

（1）水泥搅拌桩正式施工前应先进行试桩，现场试桩不少于3根，依据设计参数计算单桩水泥浆用量。试桩时对水泥掺量、浆液水灰比、浆液泵送时间、搅拌下沉及提升时间、桩长及垂直度等参数进行记录。

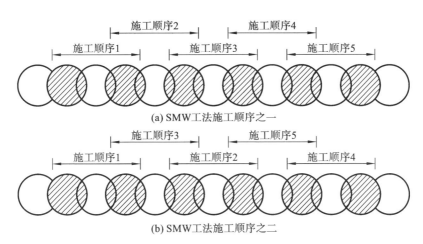

图 2.12 SMW 工法两种施工顺序

(2) 根据试桩取得的施工参数以及施工中的地层条件,严格控制搅拌钻机下沉速度和提升速度,钻机在钻孔下沉和提升过程中,钻头下沉速度为 0.8 m/min,提升速度为 1.0~1.5 m/min,每根桩均应匀速下钻、匀速提升。

(3) 经常对压浆泵的流量、水泥浆配制、浆液配合比进行现场检查,确保桩体的成桩质量;制好的浆液不得离析,一般在 2 h 以内使用。

(4) 搅拌桩之间的搭接,一般情况下采用单排咬合式连接,对围护墙转角处或有施工间断的情况采用复搅式连接。当相邻桩施工间隔超过 12 h 时,采取外侧补桩措施,保证止水帷幕的整体性和防渗性。

(5) H 型钢按设计要求选用,在距 H 型钢顶端 0.2 m 处开一个圆形孔,孔径约 10 cm。若因型钢定尺种类繁多或运输不便而需要进行现场拼焊,焊缝应均为坡口焊,焊缝需饱满,且与两边的翼板面一样平,不得高出翼板面;若高出翼板面,则需用砂轮打磨焊缝至与型钢面持平。

(6) 如果设计要求 H 型钢在结构强度达到要求后拔出回收,那么 H 型钢在使用前必须涂刷减磨剂,以利于拔出,涂刷的减磨剂一般应控制在 $1\ kg/m^2$,在涂刷前应满足以下条件:

① 清除 H 型钢表面的污垢及铁锈;

② 减磨剂必须用电热棒加热至完全融化,用搅拌棒时感觉厚薄均匀,才能涂敷于 H 型钢上,否则涂层不均匀,易剥落;

③ H 型钢表面涂上涂层后,一旦发现涂层开裂、剥落,必须将其铲除,重新涂刷减磨剂;

④基坑开挖后,施工混凝土冠梁时,需用发泡纸包裹H型钢,避免混凝土与H型钢直接接触,否则H型钢可能无法拔出。

(7) H型钢必须在搅拌桩施工完毕3h内插入,H型钢插入左右定位误差不得大于20 mm,宜插在搅拌桩靠近基坑一侧,垂直度偏差不大于1/250,底高程误差不大于200 mm。

(8) 设置定位型钢保证H型钢插入精度。在平行导槽方向放置两根沟槽定位型钢,规格为300 mm×300 mm,长8~12 m,在沟槽定位型钢上根据设计桩距做桩中心点定位标记,作为施工时初步确定桩位的依据;在垂直导槽方向放置两根定位型钢,规格为200 mm×200 mm(可根据不同的情况进行调整),长约2.5 m。按H型钢尺寸做出定位型钢定位卡,防止H型钢插入时偏移或倾斜;转角处H型钢与围护中心线成45°插入。

(9) 放置定位型钢定位卡后,将H型钢沿定位型钢定位卡缓慢插入水泥土搅拌桩内,插入1~2 m后,利用线坠调整H型钢的垂直度,调整完毕后将H型钢插入水泥土。

(10) 当H型钢插入到设计高程时,若H型钢底高程高于水泥土搅拌桩底高程,用直径为20 mm的吊筋固定H型钢,将其控制在设计高程位置;若H型钢与水泥土搅拌桩底高程一致,可以不用吊筋固定;若H型钢插放达不到设计高程,则提升H型钢,重复下插使其插入设计高程。

(11) 待水泥土搅拌桩硬化到一定程度后,撤除吊筋与槽沟定位型钢。

4. 施工质量检验

SMW工法桩围护墙验收标准如表2.5所示。

表2.5 SMW工法桩围护墙验收标准

序号	检测项目	允许值或允许偏差
1	水泥及外加剂质量	设计要求
2	水泥用量	按试桩参数
3	桩体强度	不小于设计
4	桩顶高程	±200 mm
5	桩底高程	−50~100 mm
6	桩位偏差	<50 mm
7	桩径	<0.04D(D为设计桩径)

续表

序号	检测项目	允许值或允许偏差
8	垂直度	<1.5%
9	搭接长度	>20 mm
10	H型钢长度	±10 mm
11	H型钢垂直度	<1%
12	H型钢插入高程	±30 mm
13	H型钢插入平面位置	10 mm
14	渗透系数	满足设计要求

2.3 加固工程

2.3.1 锚索施工

1. 施工工艺

在车站挡墙或明挖基坑底部岩层较厚时，由于围护结构入岩困难，一般采用吊脚桩施工，此时常采用预应力锚索加固墙体或将预应力锚索作为围护结构加强支撑的措施。

锚索施工工艺流程：测量定位→锚索成孔→锚索安放→注浆→制作锚墩和承压板→张拉→封锚。

施工要点如下所述。

（1）测量定位。根据设计图准确定位，孔位误差不得超过20 mm。

（2）锚索成孔。锚索一般采用潜孔冲击钻机成孔，成孔直径为130～150 mm（具体按设计图纸要求）。当采用回旋钻机成孔时，应采用清水循环钻进，不得采用泥浆护壁。钻孔深度应比锚索设计长度大0.5 m。钻孔达到设计深度后，不能立即停钻，要求稳钻1～2 min，方能达到设计孔径。在钻孔完成后，使用高压空气（风压0.2～0.4 MPa）将孔内岩粉及水体全部清出，以免降低水泥砂浆与孔壁岩土体的黏结强度。除相对坚硬完整的岩体锚固外，不得采用高压水冲洗。若遇锚孔中有承压水流出，待水压、水量变小后方可下安锚筋与注浆，必要时在周围适当部位设置排水孔或采用灌浆封堵二次钻进等方法处理。

(3) 锚索安放。锚索采用强度为 1860 MPa 的低松弛高强钢绞线，穿孔前除去油污并除锈。锚索的自由段须抹工业黄油（润滑脂）并外套 PVC (polyvinyl chloride，聚氯乙烯) 软管。锚索在孔外留不少于 0.5 m 张拉段。

(4) 注浆。锚索注浆采用二次高压注浆工艺。第一次注浆自孔底向外压浆，至孔口冒浓浆即告完成；第二次注浆为高压注浆，利用预留注浆管，待第一次注浆体初凝之后进行压力注浆，初始注浆压力应大于 2.5 MPa，稳定压力大于 1.0 MPa，注浆量按水泥用量控制，应不少于 50 kg/m³。二次注浆预留注浆管采用尼龙管，耐压应大于 5.0 MPa。在锚固段范围，按 0.5 m 间距钻对孔，孔径为 5 mm，埋置之前用胶布包裹。锚索注浆液为水泥净浆，水泥采用 42.5 级普通硅酸盐水泥，水灰比为 0.45~0.60，并加适量早强剂，设计强度为 30 MPa。

(5) 制作锚墩和承压板。锚墩和承压板同时制作。采用 C30 混凝土整体灌注钢筋混凝土腰梁，预埋 350 mm×350 mm×20 mm 的承压板，承压板受力方向与锚索方向一致。锚索大样如图 2.13 所示。

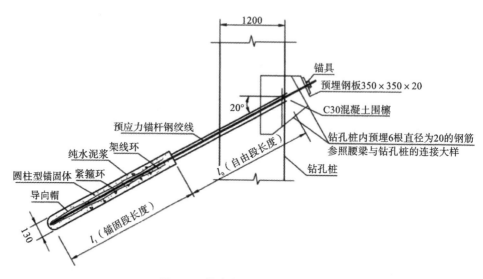

图 2.13 锚索大样（单位：mm）

(6) 张拉。在注浆固结体达到设计强度 70% 后，方可进行锚索张拉。张拉锚索前，需对张拉设备进行标定。张拉时采用整体分级张拉的程序，每级稳定时间为 2~3 min，最后一级应按超张拉 15% 的拉力控制，稳压 3 min 后退至设计预应力值锁定。

(7) 封锚。张拉后，锚头应及时封锚，并在锚具外留长 6~10 cm 的钢绞线。封锚前，应先对垫板、锚具及外留钢绞线仔细涂刷防锈剂及防护剂。最后用 C30P8 混凝土封锚。封锚时，任一部位钢筋保护层的最小厚度均不得小于 50 mm。

2. 注意事项

锚索施工前，应按有关施工规范进行现场抗拔试验，以验证施工工艺及设计参数。施工开始后，严格按设计图上的锚索间距、倾角、高程进行。

所钻锚孔应保持孔内清洁、孔壁无污染物，以确保水泥浆体与岩体的黏结强度。除中微风化岩外，其余地层均应采用紧跟套管钻进技术，以使钻孔完整、不坍塌。

制作锚索时，下料长度应考虑增加 1.5 m 张拉段。锚索张拉时应考虑松弛、徐变等的影响，其超张拉荷载可取设计荷载的 15%。锚索张拉完成后，切除其外露多余部分。锚索钢垫板下用水泥砂浆抹平，确保钢垫板与锚索垂直。

2.3.2 格构柱施工

1. 施工工艺流程

格构柱主要包括钢立柱和立柱桩两部分，上部为钢立柱，下部为钢筋混凝土钻孔灌注桩。

格构柱施工工艺流程：钻架定位→钻孔→第一次清孔→测孔深→安放钢筋笼→固定安放格构柱→下导管→第二次清孔→测孔深（合格后）→安放隔水球→灌注混凝土→钻机移位。

2. 立柱桩施工

（1）测量控制方法。根据施工图纸及现场导线控制点，使用全站仪测定桩位，根据地质情况直接定点或打入木桩定点，并以"十字交叉法"引到四周做好护桩点。

（2）护筒埋设。根据桩位标志开挖护筒孔。护筒直径比设计孔径大 20 cm，护筒高度不小于 1.8 m。放入护筒后，护筒孔坑内再次精放桩位点，用吊线锤校验垂直度。校正护筒位置和垂直度并固定，筒与坑壁之间用黏性土夯实，确保护筒位置的持久准确及稳定。护筒应使用钢护筒，埋深不小于1.5 m，且应高于地面30 cm，以防地表水流入。

（3）钻进成孔。成孔开始前，应充分做好准备工作，施工过程中应做好施工原始记录。开孔时，应低锤密击。如表土为软弱土层，可加黏土块夹小片石反复冲击造壁，孔内泥浆面应保持稳定。每钻进深度4～5 m验孔一次，在更换钻头前或容易缩孔处均应验孔。钻进中应确保钻机不发生倾斜、移动，保证钻塔滑轮槽缘、锤头中心和桩孔中心三者在同一铅垂线上，并且锤头中心与桩孔中心偏差不大于20 mm。注入口泥浆密度不大于1.15 g/cm^3，排放口泥浆密度宜为1.20～1.30 g/cm^3，泥浆采用自然土造浆。当孔深已达到设计要求时，应立即由质检员通知现场监理及勘查单位代表到场验孔并量测孔深，孔深偏差为±10 cm。沉渣厚度以第二次清孔后测定量为准，需不大于5 cm。

（4）清孔。清孔的目的是调换孔内泥浆，消除钻渣和沉淀，可利用成孔的正循环系统直接进行。清孔分两次进行。第一次清孔在成孔完毕后立即进行。将钻头提离孔底80～100 mm，向孔内输入新泥浆，把桩孔内悬浮的含大量钻渣的泥浆替换出来，直到清除孔底沉渣。第二次清孔在下放钢筋笼和导管安装完毕后进行。采用导管压入新浆的方式，利用向孔内输入新泥浆，维持正循环30 min左右，清孔后淤泥厚度不大于10 cm。清孔结束后，会同监理人员对孔深、孔底沉渣等情况进行检查，并及时填写成孔验收单。清孔后半小时内应灌注混凝土。

（5）钢筋笼制作及吊放。钢筋笼在现场加工制作。钢筋笼制作所用的钢筋规格、数量及焊接制作的质量应严格按照设计图纸和有关规范要求进行。钢筋笼制作偏差应严格控制在允许偏差范围内。为确保钢筋保护层的厚度，在钢筋笼主筋上每隔3 m设置1个定位垫块，每个断面以3个定位垫块为一组，沿断面水平均匀布置。钢筋笼经验收合格后，方能放入孔内。

3. 钢立柱制作与安装

钢立柱在场外钢构加工厂加工制作。原材料进场前，应审查质量合格证明文件，并对材料的外观进行检查验收，合格后准予制作。对制作完成的钢立柱，依据有关规范要求进行检查验收，合格后方允许进场进行安装。

钢立柱对接焊接时，接头应错开，保证同一截面的角钢接头不超过50%，相邻角钢错开距离不小于50 cm。角钢接头在焊缝位置，角钢内侧采用同材料短角钢进行补强。格构柱加工允许偏差应符合规定要求。

钢立柱采用吊机吊放。先将格构柱下部的钢筋笼主筋上部弯起，与钢立柱缀板及角钢焊接固定，固定时钢立柱必须居于钢筋笼正中心。焊接过程中，吊车始终吊住钢立柱，避免其受力。

4. 混凝土灌注与空孔回填

（1）采用导管法灌注水下混凝土。混凝土均使用商品混凝土，用输送罐运至施工现场。混凝土运至施工现场时，混凝土从输送罐直接倾倒入料斗进行灌注，尽量避免泵送。

（2）灌注前，需对孔底沉渣厚度进行测定。如沉渣厚度超过100 mm，应进行第二次清孔，直至符合要求。灌注首批混凝土之前，先在漏斗中放入隔水塞，然后放入首批混凝土。灌注首批混凝土的量应能使导管埋入混凝土中深度不小于1.0 m，且首批混凝土不得少于2 m³（罐车自卸混凝土满足初灌量要求）。在混凝土灌注过程中，为防止钢筋笼上浮，开始灌注混凝土时放慢灌注速度；当孔内混凝土面进入钢筋笼1～2 m后，适当提升导管以减小导管埋置深度，减小对钢筋笼的冲击。

（3）混凝土灌注必须保持连续，以防断桩。灌注过程中应勤量测、勤拆管，始终保持导管埋深为2.0～4.0 m，最后一次拆管时要缓慢提升导管，以免孔内因导管拆除留下的空间不能被周围混凝土所填充而使桩体中出现空芯。施工过程中严禁将导管提出混凝土面，以免形成断桩，同时严禁将导管埋置过深，以防混凝土堵管或钢筋笼上浮。当出现断桩时，应测量混凝土面高程，再制作比设计钢筋笼稍小的钢筋笼，插入混凝土中1 m左右，再重新下放导管至混凝土面下2 m继续灌注。

（4）随着孔内混凝土的上升，需逐节快速拆除导管，时间宜不超过15 min。在灌注过程中，当导管内混凝土不满而含有空气时，后续的混凝土应徐徐灌入漏斗和导管，不得将混凝土整斗从上而下倾入管内，以免管内形成高压气囊，挤出管节橡胶密封垫。

（5）为确保桩头混凝土质量达到设计要求，桩身混凝土需超灌50 cm，灌注过程应做好详细记录。

（6）混凝土施工过程中，要严格检测混凝土坍落度，坍落度控制在18～22 cm，并按照试验规程制作试块，做好试验记录。要及时测量混凝土面高度，当确认已灌注至预定高程时，方可停止灌注，拔出导管。

（7）立柱桩混凝土灌注完后，需要及时进行桩孔回填。回填之前，桩孔周围要采取安全措施，用粗砂将格构柱周边均匀回填，且一定要密实，如图2.14所示。

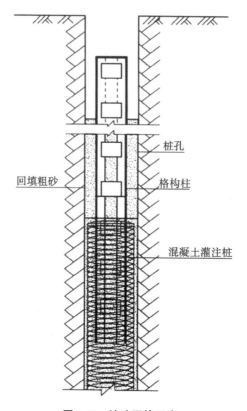

图 2.14　桩孔回填示意

5. 施工保证措施

（1）立柱桩嵌岩要求。

立柱桩施工时，需结合详勘及施工勘查资料，对地质变化情况进行核实。根据桩基基底所处高程的岩层特性，按规范确定嵌岩深度。

（2）钢立柱定位、固定与吊装。

为保证格构柱的垂直度，钢立柱安装工程质量控制工序：确定定位点→定位器就位→格构柱吊装就位→钢立柱与立柱桩钢筋笼焊接→垂直度控制→（导向架）格构柱定位→垂直度复测→下导管。

下文重点介绍确定定位点、钢立柱与立柱桩钢筋笼焊接、格构柱定位三个工序。

① 确定定位点。立柱桩钻孔完成后,将钻孔周边泥浆、土等清理干净,然后测量放线,定位偏差小于 10 mm。桩孔周边在桩成孔完成后进行平整,孔四周铺 150 mm×150 mm 方木,导向架安放在方木上。钢筋笼下落至孔口位置时用型钢固定,将钢立柱吊至立柱钢筋笼内加固连接;钢立柱吊至孔口位置时,用型钢固定,用螺栓与导柱连接。

② 钢立柱与立柱桩钢筋笼焊接。在立柱桩每边的钢筋笼主筋上各焊接 1 根直径为 16 mm 的水平钢筋,距格构柱每边有 20~30 mm 的活动量,使钢立柱位于钢筋笼中间,保证钢立柱各面与钢筋笼间距均匀,以便吊装后能对格构柱位置进行微量调整,使其位置对中并使柱身铅垂。钢立柱 4 个面分别采用 2 根长 1 m、直径为 16 mm 的钢筋斜向与钢筋笼主筋焊牢,焊接长度为 100 mm,钢筋具有一定的长度形成柔性连接,以便格构柱作相对微量调整。

③ 格构柱定位。将经定位的 4 个点引测至钢托梁上,垂直方向用 2 台经纬仪进行位置控制,标好位置。钢筋笼入孔后,在格构柱位置安装定位导向架,架高 1500 mm,架体为 14 号槽钢对拼焊接,导向架中部定位孔每边比格构柱大 50 mm,便于螺栓连接和柱位调整,格构柱顶至导向架设置与格构柱同规格的导柱,导柱与下部格构柱四边通过直径为 28 mm 的螺栓连接(见图 2.15),格构柱在下落过程中用靠尺进行检测,最终保证格构柱中心及方位符合设计要求,并上紧螺杆固定,防止位移,然后在格构柱内下串筒灌注混凝土。

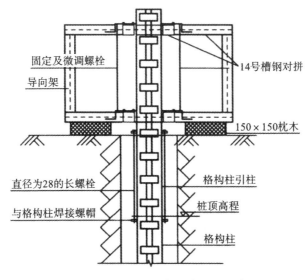

图 2.15 导向架示意(单位:mm)

2.3.3 袖阀管注浆加固

袖阀管注浆加固法于20世纪50年代开始广泛用于国际土木工程界。袖阀管注浆加固法最初用来解决砂砾石及其黏土的注浆问题，应用于不同工程后逐渐成熟。它是一种比较先进的注浆加固技术和工艺，适应性强，对砂层、粉土、淤泥层等注浆加固效果较好。20世纪90年代，这种方法在我国广州、深圳等地区得到广泛应用。该方法综合了劈裂注浆、压（挤）密注浆与渗入注浆三种方法，能达到较好的注浆效果，对地基加固处理和软基处理以及建筑物的纠偏加固效果较为显著。自从广深地区开始建设地铁以来，袖阀管注浆加固法一直被认为是该地区复合地层盾构始发与到达端头加固中较为有效的方法，有较好的地层加固与止水作用。袖阀管注浆原理示意如图2.16所示。

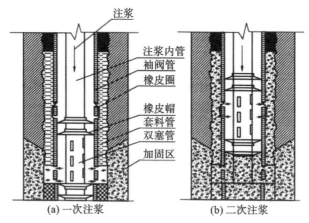

图 2.16　袖阀管注浆原理示意

1. 施工工序

袖阀管注浆的主要施工工序包括钻孔、插入袖阀管、灌注套壳料、注浆四个步骤。

钻孔通常用优质泥浆（如膨润土浆）进行固壁，很少用套管护壁。为使套料的厚度均匀，应设法使袖阀管位于钻孔的中心。用套料管置换孔内泥浆，灌注时应避免套壳料进入袖阀管，并严防孔内泥浆混入套壳料。待套壳料具有一定强度后，在袖阀管内放入双塞的注浆管进行注浆。

2. 套壳料的功能和配方

套壳料的基本功能是封闭袖阀管与钻孔壁之间的环状空间，在橡皮袖阀和止浆塞的配合下，迫使浆液只在一个注浆段范围内开环（挤破套壳料），从而进入地层。套壳料的破碎程度越高，注浆率越大，所需的注浆压力越小。

要想比较满意地完成上述注浆工序，需做好两个方面的工作，即选择适宜的套壳料配方和采用正确的施工安装技术。

对于套壳料，其物理力学性质要求如下。

（1）适宜的力学强度，包括抗压、抗拉和抗剪强度等。高强度套壳料对防止冒浆是有利的，但是不利于开环；低强度套壳料虽然有利于开环，却容易冒浆。因此，套壳料的强度必须兼顾开环和防止串浆的需要。

（2）收缩性要小，凝固后不至于和袖阀管脱离。

（3）脆性较高，以增加开环后的破碎程度。

（4）早期强度增加较快，后期强度缓慢增加。

（5）在向注浆孔中灌注套壳料时，要求套壳料的黏度较低、析水率较小且稳定性较高。

要求既能在一定压力下挤开填料进行注浆，又能在高压注浆时阻止浆液沿孔壁或管壁流出地表。后两项性质关系到套壳料的均匀程度，对其力学强度及开环质量都有一定的影响。

除了套壳料的强度，开环压力和开环质量还与一系列因素有关，如地层深度、砂砾石的颗粒级配和孔隙尺寸、套壳料的龄期以及地下水压力等。因此，在确定套壳料配方时，除了做大量的室内试验，尚需进行现场原位试验。国内外所用的套壳料大都是以黏土为主、以水泥为辅的低强度配方。为了提高套壳料的脆性，有时掺入细砂或采用粉粒含量较高的黏性土。

3. 袖阀管的基本结构

袖阀管是浆液进入地层的通道，主要由花管及其橡皮套两部分构件组成，如图2.17所示。花管可以采用钢管，也可以采用塑料管，前者比较结实，后者货源充足且价格低廉，国外已经普遍采用，我国也有成功应用的工程实例。为了进行注浆，管子每隔一定距离需要钻一组小直径射浆孔，每组小孔的间距为33～50 cm，即每米管长钻2～3组射浆孔。每一组孔的纵向长度为10～12 cm，花管内径为50～60 mm。若花管采用塑料管，则管子应能承受足够的内压力。为保险起见，在管下钻孔前需抽样进行耐压试验，以免注浆时出现破裂。

每组注浆孔的外部都包裹1~2层橡皮套。橡皮套的作用是防止泥浆或套壳料进入袖阀管内。注浆时，橡皮套被注浆压力冲开，使得浆液透过套壳料进入管内；停止注浆时，橡皮套又弹回并压紧袖阀管，防止地层中的流体进入管内。因此，橡皮套在钻孔注浆过程中起到逆止阀的作用。为了防止橡皮套上下错位，在橡皮套的两边焊以定位环圈，其直径约为5 mm。

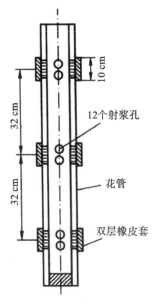

图2.17 袖阀管结构示意

4. 套壳料的灌注

可采用下述方法灌注套壳料及埋设袖阀管：首先，采用套管护壁水冲法钻进成孔，优质泥浆护壁，钻至设计高程；其次，在孔中插入无孔眼的钢管，并通过此管压入套壳料，直至孔内的泥浆完全被顶至孔外；再次，将灌注套壳料的钢管拔出；最后，把底部封闭的袖阀管压入孔内。

5. 开环和注浆

所谓开环是指待套壳料养护5~7 d并具有一定的强度后，通过注浆泵施加压力把套壳压裂，为浆液进入地层打开通路。

开环方法对开环质量也颇有影响。以下为几种有效的开环方法。

（1）慢速法。用清水或浆液开环，泵压由小到大逐渐施加，每一级压力必须稳定2~3 min，并测读每级压力相应的吸水量，套壳开始吸水或者压力表有所下降时的压力即为临界开环压力。不过，套壳料的厚度在同一断面上不一定是均匀的，慢速法很可能首先将套壳最薄弱处破坏，导致不均匀破坏。

（2）快速法。采用较大的起始泵压、较短的升压间隔时间和较大的压力增值进行开环。开环的标志与慢速法相同。快速法可在一定程度上克服双数慢速法的缺点，提高套壳料的破裂程度和均匀性。

（3）隔环法。按$n+2$的次序开环和灌浆，其中n为环数。例如当灌注完18环后，不是马上灌注19环，而是灌注20环。这种开环法可降低中间环（如上述19环）的开环压力，对处理开环压力特别大的注浆段颇有成效。

（4）间歇法。当采用较大压力仍然不能开环时，可在间歇一定时间后再用同样的压力重复开环，一般重复2～3次后即可起到作用，甚至能用比第一次开环时更小的压力达到同样的效果。

实际经验证明，采用上述开环法后，可使得不开环率大大降低，甚至达到100%的开环，而且开环质量也较好。

采用袖阀管时，其上每隔33～50 cm钻一环注浆孔，一环孔即为一个注浆段。止浆塞必须采用双塞系统，而且一套塞子只能包含一环注浆孔。对于多排注浆孔，不论灌注何种浆液，边排孔以限制注浆量为宜，中排孔则灌至不吃浆为止。所谓不吃浆，是指在达到设计注浆压力后，地层的吃浆量小于每分钟1～2 L时，即可结束注浆工作。

袖阀管法的优点之一是可以重复注浆，某些注浆段甚至可重复3～4次，使土体得到更均匀和饱满的灌注。

2.4　基坑降水与基坑排水

2.4.1　基坑降水

1. 基坑降水的目的

基坑降水的目的是给基坑的土方开挖和地下结构的施工创造无水作业条件，以降低土体的含水率，提高土体的抗剪强度及稳定性，防止土体在开挖过程中发生纵向滑坡。由于降水后下部承压含水层的水头高度降低，故而可防止基坑底板管涌、突涌及基底回弹隆起等现象的发生。

2. 降水分析

根据赋存介质的类型，工程沿线地下水主要有两种类型：一类为第四系地层中的孔隙潜水，主要赋存于冲洪积细砂、中砂、砾砂层和残积砾（砂）质黏土层中；另一类为基岩裂隙（构造裂隙）水，主要赋存于强、中等风化带及断裂构造裂隙中，略具承压性。

基坑降水必须遵循"浅层疏干、深层降压"的原则，浅埋富水层以疏干为主，深层承压水降压后以抽排为主。降水井主要按疏干井和减压井两种方式设置。

3. 降水井方案的选择

在车站设计施工图中,设计单位已根据工程地质情况进行了降水设计,包括降水井的平面布置及数量。以往的工程多采用深井井点降水方案。

基岩开挖深度超过5 m时采用大口径管井降水,开挖深度不足5 m时则采用轻型井点和明槽集水井排水。

大口径井点参数如下。

① 管井数量根据现场及设计实际决定。

② 管井直径为325～400 mm。

③ 钻孔直径为600～800 mm。

④ 钻孔深度在35 m以下。

⑤ 井管埋深同钻孔深度,底部设2 m深滤管,中、下部设置10～18 m滤管,顶部为实管。

⑥ 填砾高度:从孔底到高于滤水管顶端5 m。

为确保土方施工及内部结构施工的安全,在基坑开挖前20 d进行井点降水,确保水位在基坑底以下1 m,以便进行基坑开挖施工。

4. 管井布置

管井降水采用大口径井管,结合真空深井降水,在坑内地基加固后再进行。

(1) 减压井计算公式(按承压非完整井计算)。

总水量计算公式见式(2.1)和式(2.2)。

$$Q = 2.73 k \times m \times s / \left[(\lg R)/r_a + a \right] \tag{2.1}$$

$$a = \left[\lg(1+0.2m/r_a) \right] \times (m-l)/l \tag{2.2}$$

式中:Q为总水量(m^3);k为承压水含水层的渗透系数(m/d);m为承压含水层的厚度(m);s为时间(s);R为影响半径(m);r_a为引用半径(m);a为非完整调整系数;l为降水井深入含水层的深度(m)。

(2) 布井方式和间距。

在主线、匝道为坑内"之"字形布置,在竖井段沿坑内布置。

布井间距根据开挖深度确定,其原则是:开挖深度6～13 m段沿中线走向,间距为15 m;开挖深度13～16 m段沿中线走向,间距为12 m;竖井内降水井，间距为9 m。

降水井由实管、滤管、过滤层、黏土层组成，过滤器为钢质材料，其长度据实采用。图2.18为坑内降水井点的剖面布置。

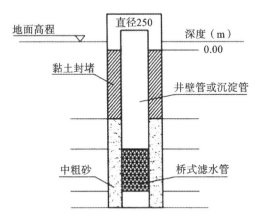

图2.18　坑内降水井点的剖面布置（单位：mm）

5. 降压井现场抽水试验

进场后进行抽水试验，其目的主要是：通过抽水试验，确定第一承压含水层的水头和单井出水量；确定第一承压含水层的水文地质参数，包括渗透系数k、导水系数T、储水系数S、压力传导系数a、影响半径R；并根据抽水试验资料确定降水方案。

抽水试验一般设置1个试验井（后期用作降水井）、2个观测井。采用深井潜水泵抽水。具体根据现场实际布设井点。

根据《供水水文地质勘察规范》（GB 50027—2001）的规定，采用非稳定流抽水试验方法，应用配线法、直线法和拐点法等综合计算含水层水文地质参数。

抽水过程中，抽水井、观测井同步进行水位观测，水位观测时间间隔为1 min、2 min、3 min、4 min、6 min、8 min、10 min、15 min、20 min、25 min、30 min、35 min、40 min、50 min、60 min、90 min、120 min，以后每隔30 min观测一次。

6. 降水井施工

一般在基坑内设置降水井（包括减压井和疏干井），在基坑外设置水位观察井。降水井成孔直径一般为500~800 mm，井管下放直径为400~700 mm的水泥砾石滤水管，降水井深度为6.5 m左右，井口2 m以下滤水管均外包双层40目尼龙网。地面2 m以下井深范围内均匀回填粒径为3~7 mm的滤料，孔顶处2 m深度用黏土填塞，以防地层颗粒流失。

降水井施工方法如下。

（1）测量定位。一般根据降水井井位平面布置图进行井位测放。当布设的井点受地面障碍物、地下管线、结构梁柱、对撑钢管或其他施工条件影响时，可以适当调整降水井的位置。

（2）钻机就位、定位安装。降水井定位后，钻机进场就位，机座安装稳固、水平，钻头对准井位中心。

（3）开孔、下护口管。启动钻机进行开孔施工。开孔施工时要轻压慢转，保证钻机的垂直度。开孔孔径为800 mm，开孔深度至原状土层位置时，将钻头提出、停机，进行护口管安装。护口管底口应插入原状土层下，管外缝隙采用黏土填实封严，防止施工时管外翻浆，护口管上部应高出地面50 cm。

（4）钻进成孔。护口管安装完成后，重新启动钻机，开始成孔施工，成孔直径为800 mm。成孔施工采用孔内自然造浆，钻进过程中泥浆密度控制在$1.1 \sim 1.15$ g/cm³。当提升钻具或停工时，孔内必须注满泥浆，防止孔壁坍塌。

（5）清孔置换。钻进至设计高程后，将钻杆提升至离孔底50 cm位置，进行冲孔，清除孔内杂物，同时将泥浆密度逐步调整至1.1 g/cm³，直至孔底沉积层厚度小于30 cm且返出的泥浆内不含泥块为止。

（6）井管安装。安装井管前，先校核垂直度、测量孔深，待以上检查项目符合设计要求后，开始下井管。使用直径为600 mm或700 mm的无砂水泥砾石滤水管。用木板封闭底部，木板与无砂管用竹片与8号铅丝绑扎连接，用卷扬机平稳吊放于孔内，再依次连接无砂管，接口处均用8号铅丝绑扎牢固。井管下到设计深度后必须将成孔滤管稳固于井孔中央，防止斜孔。

（7）过滤料填筑。过滤料填筑施工前，在井管内插入钻杆至距离井底40 cm左右，井管上口加密封盖后，从钻杆向井管内送泥浆冲孔，泥浆从井壁和管壁之间的空隙泛出，应边冲孔边稀释泥浆，使空隙内的泥浆逐步稀释到密度为1.05 g/cm³，然后按照降水井的构造和设计要求填入过滤料，边填边测填筑高度，直至过滤料填至预定位置为止。

（8）过滤料上口封闭。下入井管后立即填入滤料。滤料沿井孔四周均匀填入，宜保持连续，将泥浆挤出井孔。填滤料时，应随填随测滤料填入高度。当填入量与理论计算量不一致时,应及时查找原因。不得用装载机直接填料,应用铁锹下料,以防不均匀或冲击井壁。洗井后,如滤料下沉量过大,应补填至井口下 1.5 m 处,其上用黏土封填。滤料必须符合级配要求,合格率要大于 90%,杂质含量不大于 3%。

(9) 洗井。成井后,先借助空压机清除孔内泥浆,至井内完全出清水为止。再用污水泵反复进行恢复性抽洗,抽洗次数不得少于 6 次。洗井应在成井后 4 h 内进行,以免因时间过长,护壁泥皮逐渐老化而难以清洗,影响渗水效果。洗井后可进行试验性抽水,确定单井出水量及水位降低能否满足设计要求。

7. 降水运行

(1) 试运行。

试运行之前,准确测定各井口和地面高程、静止水位,然后开始试运行,以检查抽水设备、抽水与排水系统能否满足降水要求。

降水井在成井施工阶段边施工边抽水,即完成一口投入运行一口,力争在基坑开挖前将基坑内地下水位降到基坑底开挖面以下 1.0 m 深。水位降到设计深度后,即暂停抽水,观测井内的恢复水位。

试运行时,观测井的出水量和水位下降值,以验证其能否满足降水设计的要求。

(2) 降水正式运行。

基坑内的降水在基坑开挖前 15 d 进行,做到能及时降低基坑中地下水位。

降水运行过程中,对各停抽的井及时做好水位观测工作,及时掌握井内水位变化情况。现场实行 24 h 值班制,值班人员认真做好各项质量记录,做到准确、齐全,并及时对降水运行记录进行分析整理,绘制各种必要图表,以合理指导降水工作,提高降水运行的效率。降水运行记录每天提交一份,如有停抽的井,要及时测量水位,每天 1~2 次。

(3) 降水运行技术措施。

做好基坑内的明排水准备工作,以便基坑开挖时遇降雨能及时将基坑内的积水抽干。降水设备(主要是潜水泵与真空泵)在施工前及时做好调试工作,确保降水设备在降水运行阶段运转正常。

降水运行开始阶段是降水工程的关键阶段,为保证在开挖时及时将地下水降至开挖面以下,在洗井过程中,洗完一口井即投入下一口,尽可能提前抽水。工地现场要备足抽水泵，并配备一定数量的备用泵。使用的抽水泵要做好日常保养工作，发现坏泵立即修复，无法修复的及时更换。降水运行阶段，如遇电网停电，立即启动自发电网，以利施工顺利进行。

降水工作与开挖施工密切配合，根据开挖的顺序、开挖的进度等情况及时调整降水井的运行数量。根据信息化的降水要求，按不同基坑深度等级、同一基坑不同开挖深度，恰到好处地开启水泵，在保证地下水位始终低于开挖深度 1 m 的前提下，尽量减少抽水量，在保证开挖顺利的同时，减少环境变化等负面影响。

2.4.2 基坑排水

根据工程地质、水文地质数据及附近类似工程经验，为最大限度地减少对周边建筑物的影响，地下车站基坑一般采用明沟集排水。为此，可在基坑内设置排水沟，排水沟每隔 20~30 m 设置一个直径为 800 mm 的集水井，集水井底低于水沟底 0.8 m，集水井内的水应随集随排。基坑周边设截水沟与集水井，防止地表水流入基坑，在基坑外刷坡并用混凝土护面，每隔 25 m 左右设一集水井，使基坑内渗水与施工废水汇入其中，再用水泵抽入地表沉淀池，渗水与施工废水经沉淀后排入市政排水系统。边挖边加深截水沟和集水井，保持沟底低于基坑底不少于 0.5 m，集水井底低于沟底不少于 0.5 m。

每个集水井配备 1 台水泵，备用水泵不少于 2 个。在雨季施工时，配备足够的排水设施，以备在发生突发事件时使用。

2.5 车站主体结构施工

2.5.1 基坑支撑及冠梁

地铁车站的基坑一般为深基坑，支撑为内支撑。当基坑宽度大于 20 m 时，应设临时格构柱。在大部分情况下，格构柱考虑兼作抗浮桩。

1. 支撑的形式及布置

基坑内支撑常采用钢筋混凝土支撑及钢支撑。基坑的深度、基坑所处的地质、水文条件及地形，决定了支撑的道数及支撑的形式。为保证安全，所有车站的第一道支撑均为钢筋混凝土支撑，且与冠梁灌注成一整体。至于其他各道支撑的形式，则应根据坑壁侧压力计算确定是采用钢筋混凝土支撑还是采用钢支撑。

钢筋混凝土支撑的水平间距一般为9 m，且采用两端散开的八字形。钢支撑一般采用直径为609 mm、壁厚为14 mm或16 mm的Q235钢管。

2. 冠梁及钢筋混凝土支撑施工

施工方法如下。

（1）开挖及边坡防护。围护结构达到强度后可开挖第一层土方，为施工冠梁和第一道混凝土支撑做准备。

（2）墙（桩）头破除。测量放线，定出冠梁及钢筋混凝土支撑的中心线、边线和高程。清除墙（桩）顶杂土及浮渣，使用风镐破除冠梁底面高程以上的混凝土，露出新鲜混凝土，将冠梁与围护结构接触面清理干净。

（3）钢筋绑扎。墙（桩）顶杂土及浮渣清理后，先调直墙（桩）顶锚固钢筋。冠梁及混凝土支撑钢筋预先在钢筋加工场按设计尺寸加工成半成品，并分类、分型号堆放整齐。施工前，再次对照设计图纸进行检查，无误后运至施工现场。冠梁及混凝土支撑的钢筋现场绑扎，主筋接长采用单面搭接焊，焊缝长度不短于10d（d为钢筋直径），同一断面接头不得超过50%。每段冠梁钢筋为下段施工预留出搭接长度，并错开不小于1 m。冠梁钢筋接头应避开支撑位置和施工缝。

（4）模板安装。侧模板采用组合钢模，支撑体系内龙骨采用100 mm×100 mm方木，间距为300 mm，外龙骨采用直径为48 mm的双向双层钢管。模板在安装前涂刷脱模剂。混凝土支撑下方的地基应夯实找平，铺设木板底模，并应设置一定拱度。

（5）混凝土灌注。冠梁及混凝土支撑采用商品混凝土分层灌注，插入式振捣器振捣。混凝土振捣时，要使振捣棒垂直插入下层尚未初凝的混凝土层中50～100 mm，以促使上下层相互结合，各插点间距不应超过其作用半径的1.5倍。操作时，要做到"快插慢拔"，各点振捣时间宜为20～30 s，并以混凝土面开始泛浆和不冒气泡为准。混凝土凝固后，应立即洒水和覆盖养护，养护时间不少于14 d。

3. 钢支撑施工

(1) 钢支撑形式。

支撑作用在地下连续墙的预埋钢板上（如为钻孔灌注桩则作用在钢腰梁上），端头井部位的斜支撑则作用在地下连续墙与预埋钢板焊接连接的斜支座上。

钢管支撑分节制作，管节间采用法兰盘高强螺栓连接，支撑一端设活络头。

钢管支撑先在地面上按实测基坑的宽度进行预拼装，拼装好后拉线检查顺直度，用钢卷尺丈量长度，并检查支撑管接头连接是否紧密、支撑管有无破损或变形、两个端头支撑是否平整，经检查合格后用红油漆在支撑上编号。

(2) 钢腰梁和斜撑支座安装。

采用全站仪将钢支撑轴线位置在围护结构上进行标识，根据支撑的中心点确定钢腰梁、斜支座等的位置。

按照标定的钢腰梁位置，将钻孔灌注桩顶部混凝土凿至露出主筋，焊接牛腿。将钢腰梁架设在牛腿上并焊接固定，钢腰梁与喷平层之间的空隙采用高等级砂浆填充，使支撑应力均匀地传递到围护结构上。安装斜支撑前，在钢腰梁上焊接斜支撑支座，支座角度根据设计支撑角度进行调整，保证支座表面垂直于支撑轴线。

(3) 钢支撑安装。

将检查合格的支撑用履带吊（门吊）吊装到位，支撑吊装采用两点起吊（见图 2.19）。在吊装中必须保持支撑平稳、无碰撞、无变形。钢管支撑吊装到位后，先不松开吊钩，人工辅助将支撑调整到设计位置后再将支撑用挂钩固定在腰梁（冠梁）上。钢管支撑安装时，其两端支撑中心线的偏心度必须控制在 20 mm 内。

(4) 施加预应力。

支撑临时固定后，立即开始按设计要求施加预应力。施压时，将两台 200 t 液压千斤顶吊放入活络头顶压位置，两台液压千斤顶安放位置必须对称、平行。施加预应力时应注意保持两台千斤顶同步对称分级进行。当预应力达到设计值时，在活络头中楔紧钢垫块（钢垫块采用 30 mm 厚的钢板），并焊接牢固，然后回油松开千斤顶，解开钢丝绳，完成该根支撑的安装。预应力应逐级

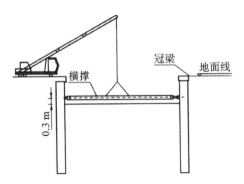

图 2.19 钢支撑安装示意

匀速施加,并做好记录备查。

(5)支撑拆除。

结构强度达到设计拆撑强度后方可拆除相应支撑。拆除时,采用两台液压千斤顶加力,松开钢楔后,用汽车吊(门吊)吊出基坑拆卸。钢支撑应间隔拆除,避免瞬间预加应力释放过大而导致结构局部变形、开裂。拆除过程中发现问题应立即将支撑还原,分析、解决问题后再进行拆除。

(6)换撑。

车站后续结构灌注施工中需要换撑。根据同条件养护试件检测结果,在结构侧墙达到设计强度后,先按钢支撑施工工艺在设计的换撑位置架设好支撑,再拆除上部支撑和腰梁,将围护结构受力转换至结构侧墙。

2.5.2 基坑开挖

1. 基坑开挖总体思路

基坑开挖与车站主体结构的施工方法密切相关,应遵循"分层、分段、对称、平衡、限时"和"先撑后挖、限时支撑、严禁超挖"的施工原则。开挖的总体思路如下。

(1)应根据承担工程任务单位的实际施工能力,包括管理、劳力、模板及支撑数量、主要机械设备、混凝土用量等资源配置,来决定施工区段长度,一般以15~25 m为宜。在设置车站环向施工缝时,还要注意避开楼梯口、电梯口、预留孔洞等,一般应设在与建筑主轴距离的1/3处。

(2)在进行土方分层开挖时,开挖层高一般为3~4 m,挖掘机所处平台宽不小于9 m，倒土平台宽3 m左右，开挖边坡一般不大于1∶1.5，挖至基坑底时最大放坡坡度不应大于1∶3。

（3）每层土挖至支撑底部以下50 cm为宜，注意预留底模的高度（钢筋混凝土支撑）。

（4）当挖至基坑底以上0.3 m处时，应采用人工与机械配合方法开挖，尽量减少对原状土层的扰动。

（5）土方的垂直运输方式有两种：一种是采用长臂反铲分级倒运至地面；另一种是采用龙门吊方式垂直运输。

2. 明挖法开挖

（1）常规做法之一：土方开挖从一端向另一端进行，采用PC220挖掘机开挖、装载机配合、重型汽车运输。

（2）常规做法之二：从两端向中间开挖，使用机械同上。

（3）常规做法之三：对于长度大于200 m，且场地比较开阔的车站，为加快施工进度，可采用从其中一端向中间挖及从中间向两端开挖的方法。

（4）特殊车站开挖方式。若车站宽度大于30 m，则可采用岛式和盆式相结合的开挖方式。其开挖步骤如下。

① 在做好第一道支撑后，在支撑间开挖，深度为3 m左右，放坡坡度为1∶1.5。

② 开挖第一道与第二道支撑之间的土体，挖至第二道支撑底部。

③ 施作第二道混凝土支撑。

④ 在做好第二道支撑后，在支撑间开挖，深度为3 m左右，放坡坡度为1∶1.5。

⑤ 开挖第二道与第三道支撑之间的土体，挖至第三道支撑底部。

⑥ 施作第三道混凝土支撑。

⑦ 在做好第三道支撑后，在支撑间开挖，深度为3 m左右，放坡坡度为1∶1.5。

⑧ 开挖第三道与第四道支撑之间的土体，挖至第四道支撑底部。

⑨ 施作第四道钢管支撑。

⑩ 进行最后的土方开挖，挖至基坑底以上50 cm处停止，改用人工和机械开挖相结合，挖土至基坑底。

3. 明挖车站基坑爆破施工

不少车站的底板均坐落在岩石上，当进行石方施工时，应采用爆破作业。因工程多坐落于城市中心区域，环境比较复杂，街道、建筑、楼房、建筑设施、极重要建（构）筑物、文物等繁多，车辆、人群密集，施工现场本身的机械及各班组施工作业人员繁多，必须采用科学、严密、安全、有效的爆破方案，才能确保工程安全。

（1）基坑爆破方案设计。

① 爆破方案。

岩石开挖拟采用小台阶垂直浅孔微差爆破方案。台阶高度在 $1.0 \sim 2.5\ m$，即对于爆破深度小于 $2.5\ m$ 的岩石可一次爆破至基坑底部，对于爆破深度大于 $2.5\ m$ 的岩石则分层爆破开挖。一般炮孔为东西向成列布置，南北向成排布置。邻近围护结构的炮孔，距离围护结构不应小于 $1\ m$；邻近设计开挖底部高程的钻孔，深度超挖控制在 $0.2\ m$ 以内。此外，应在爆破振动的隔离缓冲地带适当钻减振孔。

② 爆破参数设计。

采用轻型凿岩机垂直钻孔，钻头直径为 $40\ mm$，炮孔平面按矩形布孔。孔网参数布置：孔径 $\varphi=40\ mm$，孔距 $a=1.0 \sim 1.5\ m$，排距 $b=0.8 \sim 1.2\ m$，堵塞长度 $d=0.8 \sim 1.2\ m$，孔深 $L=2 \sim 2.7\ m$，炸药单耗 $q=0.3 \sim 0.4\ kg/m^3$，单孔装药量 $Q=1.0 \sim 1.9\ kg$。

正式爆破前，需进行现场试爆，根据试爆效果适当调整孔网参数和单孔装药量。对 $1 \sim 3\ m$ 不同的台阶高度进行不同的爆破设计，见表 2.6。

表 2.6　爆破参数设计

台阶高度	$a \times b \times L / m$	单孔装药量/kg	堵塞长度/m	爆破体积/m³	炸药单耗/（kg/m³）	延米爆破量/（m³/m）	延米管用量/（个/m³）
1.0 m	1×1×1.2	0.3	0.9	1.00	0.33	0.8	1
1.5 m	1.2×1.2×1.7	0.7	1.0	2.16	0.32	1.0	0.5
2.0 m	1.4×1.1×2.2	1.0	1.2	3.08	0.32	1.2	0.4
2.5 m	1.4×1.2×2.7	1.4	1.3	4.20	0.33	1.4	0.3
3.0 m	1.5×1.3×3.3	1.9	1.4	5.85	0.32	1.6	0.2

③装药结构及堵塞方式设计。

基坑开挖采用小卷包装的乳化炸药，连续柱状装药结构，堵塞长度大于 0.8 m，且用砂或黏土将孔口堵实，以保证堵孔质量，缩短飞石飞出距离。台阶爆破装药结构示意如图 2.20 所示。

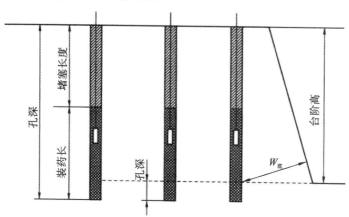

图 2.20　台阶爆破装药结构示意

注：$W_底$—底盘抵抗线（第一排装药孔中心到台阶坡脚的最短距离）。

④爆破网络设计。

选用毫秒延期导爆管雷管作为孔外连接雷管和孔内雷管。基坑开挖爆破一次引爆三排约 70 个炮孔，一次起爆药量为 20~100 kg。为控制爆破振动，采用孔内外微差导爆管雷管簇－串联爆破网络。

爆破网络具体连接形式为：孔内采用 5、7、9 个段位的毫秒延期导爆管雷管，每 3 发导爆管雷管簇连后与双发 3 段毫秒延期导爆管雷管捆绑形成连接节点，各节点雷管依次串联，形成接力式毫秒延期爆破网络，采用专用起爆器引爆雷管。这种接力式起爆网络，孔外每个节点上的雷管最多与 3 发段位不同的孔内雷管相连接，理论上可实现逐孔起爆，从而达到降低爆破振动的目的。基坑开挖孔内外微差爆破网络连接示意如图 2.21 所示。

⑤最大单段药量。

最大单段药量以爆破振动安全允许距离来控制，并按照《爆破安全规程》（GB 6722—2014）中的公式计算，具体见式（2.3）。

$$R = \left(\frac{K}{V}\right)^{\frac{1}{\alpha}} Q^{\frac{1}{3}} \quad (2.3)$$

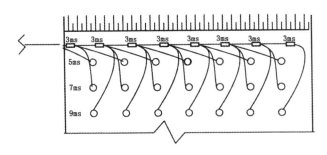

图2.21 基坑开挖孔内外微差爆破网络连接示意

式中：R 为爆破振动安全允许距离（m）；V 为保护对象所在地安全允许质点振速（cm/s）；Q 为装药量，齐发爆破为总药量，延时爆破为最大单段药量（kg）；K、α 为与爆破点至保护对象间的地形、地质条件有关的系数和衰减指数，应通过现场试验确定，在无试验数据的条件下，可参考表2.7选取。

表2.7 爆区不同岩性的 K、α 值

岩性	K	α
坚硬岩石	50～150	1.3～1.5
中硬岩石	150～250	1.5～1.8
软岩石	250～350	1.8～2.0

⑥爆破飞石危害及控制措施。

基坑内大部分石方开挖均在地表下10 m以下，若设计参数合理且认真施工，通常飞石飞散距离不会超过30 m。但为了有效地控制飞石的飞散距离，达到飞石不出坑的设计目的，还应采取以下措施防止飞石飞溅：

a.用胶管帘覆盖装药炮孔；

b.采用合理的孔网参数，准确计算每孔装药量，严防超额装药；

c.保证炮孔有足够的堵塞长度，保证孔口堵塞质量，防止飞石从孔口冲出；

d.起爆前进行警戒，根据爆区周围环境将警戒距离定为50 m。

⑦爆破振动安全允许距离。

爆破对周边不同类型建（构）筑物、设施设备和其他保护对象的振动影响，应采用不同的安全判据和允许标准。地面建筑物、电站（厂）中心控制室设备、隧道与巷道、岩石高边坡和新浇大体积混凝土的爆破振动判据，采用保

护对象所在地基础质点峰值振动速度和主振频率。爆破振动安全允许距离标准见表2.8。

表2.8　爆破振动安全允许距离标准

序号	保护对象类别	安全允许质点振动速度 v/（cm/s）		
		$f \leqslant 10$ Hz	10 Hz$<f$ $\leqslant 50$ Hz	$f>50$ Hz
1	土窑洞、土坯房、毛石房屋	0.15～0.45	0.45～0.9	0.9～1.5
2	一般民用建筑物	1.5～2.0	2.0～2.5	2.5～3.0
3	工业和商业建筑物	2.5～3.5	3.5～4.5	4.2～5.0
4	一般古建筑与古迹	0.1～0.2	0.2～0.3	0.3～0.5
5	运行中的水电站及发电厂中心控制室设备	0.5～0.6	0.6～0.7	0.7～0.9
6	水工隧洞	7～8	8～10	10～15
7	交通隧道	10～12	12～15	15～20
8	矿山巷道	15～18	18～25	20～30
9	永久性岩石高边坡	5～9	8～12	10～15
10	新浇大体积混凝土（C20）： 龄期：初凝～3天 龄期：3天～7天 龄期：7天～28天	1.5～2.0 3.0～4.0 7.0～8.0	2.0～2.5 4.0～5.0 8.0～10.0	2.5～3.0 5.0～7.0 10.0～12.0

注：①爆破振动监测应同时测定质点振动相互垂直的三个分量。②表中质点振动速度为三个分量中的最大值，振动频率为主振频率。③频率范围根据现场实测波形确定或按如下数据选取：洞室爆破频率 f 小于 20 Hz，露天深孔爆破 f 为 10～60 Hz，露天浅孔爆破 f 为 40～100 Hz；地下深孔爆破 f 为 30～100 Hz，地下浅孔爆破 f 为 60～300 Hz。

（2）爆破减振控制措施。

爆破振动，有时称为"爆破地面运动"，是由爆源释放出来的地震波引起的地表附近介质质点的振动。用以表示质点振动的参量有位移、速度、加速度和频率。爆破地震效应是一个比较复杂的问题，受多种因素的影响，如爆源的位置、装药量、爆破方式、传播介质和局部场地条件等，还与地基特性和约束条件以及施工质量等因素有关。影响爆破振动强度的因素较多，最主要的就是药量（包括总药量和最大段齐发爆破药量）和距离（即从爆心到结构点的水平距离），此外还应考虑场地的几何形态、地质条件、岩性特征等因素，一般将场地系数加入速度与药量、距离的关系中一并考虑。

施工爆破最理想的情况是开挖效果最佳且引起的地面振动最小。为了减轻地面振动，仅减少装药量是不能完全解决问题的，因此，在减少装药量的同时，也必须缩短相应的开挖长度，但这样会使工程进度缓慢，增加费用。为减轻施工爆破引起的地面振动，要采取综合治理措施，多方考虑。

研究思路主要包括以下几方面。

① 控制一次起爆的最大药量，通过采用微差分段，减小最大起爆药量，控制地震波强度。

② 从传播途径上隔振、减振。在主炮孔与开挖边界之间形成一条预裂面、预裂爆破破碎带，从传播途径上减振和消振。

③ 采用缓冲爆破和其他技术措施减振。

④ 根据地震波的物理特征分离不同段的地震波，利用相位差进行地震波的相互叠加干扰。

4. 盖挖顺作法开挖

当地铁车站的上方为市内繁华地段，交通密集且无法长期中断交通时，应采取盖挖顺作法施工。其主要做法是：在现有道路上，按由交通密度确定的道路宽度，从地表完成挡土结构后，以定型的预制标准覆盖结构（包括纵梁、横梁和路面板）置于挡土结构上维持交通。

为此，在围护结构及临时格构柱施工完成后，以围护结构为挡土结构，先开挖第一层土方至冠梁底及第一道支撑底约50 cm处，在其上设置钢系梁、横梁，浇筑40 cm厚钢筋混凝土盖板作为临时路面体系，维持正常交通。但施作盖板时，应在不影响交通的情况下，选择合适位置预留出土口，采用下吊的挖土机械逐层向下开挖。如为盖挖顺作法施工，则为逐层开挖土，逐层支撑施工，直至挖到设计高程，在完成综合接地、垫层、防水层及保护层施工后，再从下至上逐层施工车站主体结构；若为盖挖逆作法施工，则为从上至下，挖好一层土方再施作一层主体结构，直至开挖完成。开挖时可从预留口吊入PC35、PC60挖掘机进行作业。

2.5.3　主体结构施工

1. 综合接地施工

当基坑开挖至设计面并进行必要的基底处理后，第一道工序便是综合接地施工。接地装置施工流程如图2.22所示。

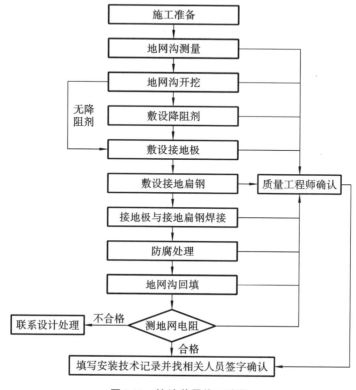

图 2.22 接地装置施工流程

（1）施工中应注意的问题。

接地是为电路或系统提供一个参考的等电位点或面，在线路或电气设备发生接地故障时为故障电流流回电源提供一条低电阻路径，防止触电伤亡事故发生，保证电力系统正常运行，保护设备免遭破坏，预防火灾、雷击等。接地网沟测量按施工图进行，接地网沟开挖宽度为 0.6 m，下宽 0.4 m，并在沟底再挖 0.12 m×0.12 m 的同向降阻剂小槽。垂直接地体施工采用直径为 100 mm 的地质钻机成孔，其材料为离子接地系统。

敷设接地极时，接地极引出线引出车站底板大于 0.5 m，以便接地扁钢与之焊接。接地引上线不得引入环控回排风道。设计图中要求敷设降阻剂时，应按设计施工图进行施工。一般情况下，一个车站接地施工分为 3~5 区进行，每区长度为 40~50 m，每区均须测接地电阻值，当施工完第一区并测定电阻值后，再施工第二区接地网，测试第二区接地网的接地电阻，连接一区和二区接地网，测试一、二区接地网总的接地电阻，再施工其他区的接地网，直至施工完毕。连成整体后，再测试总的接地电阻值，要求接地电阻不大于0.5 Ω。测试按《接地装置特性参数测量导则》（DL/T 475—2017）所规定的电流－电压表三极法进行。做好隐蔽工程记录，并及时请监理工程师签字确认，作为竣工基础资料妥善保管。

接地体采用焊接方式连接，焊接必须牢固，不得有假焊。接地体中焊接部分涂抹防腐材料进行防腐处理。

地网沟回填土内不允许夹有石块、建筑垃圾和带腐蚀性的物质。

（2）接地网接地电阻测试方法。

按照电力行业标准《接地装置特性参数测量导则》（DL/T 475—2017）所规定的方法进行接地网接地电阻测试。

① 测试仪器。JD－Ⅱ地网接地电阻测试仪采用变频方法进行测试，是一种先进的大地网接地电阻测试仪器。测试仪器须经检验合格，并且在使用有效期范围内。

② 测试线采用2.5 mm²的单芯铜线，接地极用长2 m、直径为40 mm的铜管，采用电流－电压表三极法测试。测量时，在接地网引出线上任取一点，电流线长为接地网对角线长度的4～5倍，电压线长为电流线长度的50%～60%，把电压极沿测量用的电流极与被测接地装置的连线方向移动三次，每次移动的距离约为电流线长度的5%，测量电压极与接地装置之间的电压。如果三次显示值之间的相对误差不超过5%，则可以把中间位置作为测量用的电压极的位置。此时的电阻值为该地网的接地电阻值。该点测试完成后，再在接地网引出线上任选另一点，用同样的方法进行测试，测试出该点的接地阻值。用同样的方法再测试另一点的接地电阻值。计算出上述各点的平均值，作为该区的接地电阻值。

2. 垫层混凝土

垫层在接地网施工完毕并通过验收后进行处理，垫层混凝土在浇筑前先埋设高程控制桩，以控制混凝土面高程。

垫层施工前需将基坑底部受水浸泡形成的软土或泥浆部分清除干净，对局部超挖部位采用砾石、砂、碎石或素混凝土回填。

垫层混凝土采用商品混凝土、串筒、导管等将混凝土传至基坑内，用手推车转接至浇筑点，再用人工摊铺、平板振捣器捣固密实。垫层混凝土摊铺时，根据预先埋设的高程控制桩控制面层高度,使垫层厚度及强度满足设计要求。找平层在垫层施工完成后施工,抹0～30 mm厚的水泥砂浆,并将平整度误差控制在2 mm以内。

3. 钢筋工程

(1) 施工要求。

钢筋进场应有钢筋质量证明书或试验报告单,每捆钢筋均应有标牌,进场时应按炉罐(批)号及型号分批验收。应按批量抽样做物理力学试验,使用中发生异常情况时要做化学成分分析及试验,经检验合格后方可使用。严禁使用不合格的钢筋,并及时将其清理出场,记录存档。

钢筋必须顺直,无局部曲折,调直后的钢筋表面伤痕及侵蚀不应使钢筋截面积减小。如遇死弯,应将其切除。

钢筋的类别和直径如需调换或替代,必须征得设计单位的同意,并得到监理工程师认可。

(2) 施工方法。

① 底板钢筋。

底板和底板梁通长钢筋接头采用闪光对焊和搭接焊,接头按规范要求错开。底板面筋施工前,将基底杂物清理干净,由测量人员准确放样各结构的外缘尺寸、定位钢筋的位置、预埋件的位置,并且做好清楚的标志线。

底板梁钢筋工程量大,穿插复杂,应与柱、墙插筋配合绑扎,协调一致。绑扎时按从下到上、由主到次的顺序进行,先绑扎主梁,再绑扎次梁,最后穿底板钢筋。底层钢筋绑扎完成后,焊接架立桁架钢筋,间距为2.5 m,再绑扎面层钢筋。注意安放好预制细石混凝土垫块,以确保底板钢筋保护层符合要求。

② 侧墙、站台板墙及电梯井壁插筋(甩筋)。

墙竖向筋全部落在底板钢筋上,上部接头部位钢筋要错开,错开长度为$35d$(d为钢筋直径),侧墙的外侧钢筋应在底板底层筋绑扎完而面筋绑扎之前完成。待面层钢筋绑扎完成后,再绑扎侧墙内侧插筋。为了减少接头数量,侧墙标准段的短筋应比水平施工缝高500 mm。

③ 柱插筋。

底板底筋铺设后,即在底板上准确放出柱插筋位置,进行柱插筋施工。柱子甩筋上部接头按50%错开,短筋超出底纵梁顶500 mm,错开间距不小于

$35d$。站台构造柱可以在底板筋施工完毕后进行插筋施工。

为了防止墙钢筋变形,调整2根侧墙水平筋,使两水平筋与暗梁主筋点焊牢固,再插筋。墙的插筋固定在这2根钢筋上,在调整好垂直度后,通过腋角的绑扎固定牢固,内外墙筋间用钢筋短撑固定,以控制主筋间距。柱插筋增加两个大箍筋,一个箍筋放在底梁的底筋上,另一个放在顶层上,并且与梁筋固定牢固。

底板混凝土浇筑时,严禁振动棒直接接触墙及柱插筋,浇筑时设专人看护,测量工配合,随时检查其位置的正确性,发现移位随时修复。

④ 墙柱、顶板及梁钢筋。

先将外露钢筋(插筋)调整平顺,清除钢筋表面附着物,再清扫墙、柱根部,采用电渣压力焊焊接墙柱竖向钢筋,绑扎水平筋(柱箍筋)。

在清扫顶板模板后,再施作顶板及梁的钢筋。首先,将梁柱节点处箍筋就位,配合梁筋绑扎,依次绑扎主梁、次梁、板下层、板上层钢筋。绑扎完毕后按梁、板、柱的保护层厚度放置相应混凝土垫块,按轴线确定梁、墙、柱的位置,保证稳固、不移位、不倾斜。浇筑混凝土时,随时检查墙柱钢筋位置,发现移位随时修复。

(3) 钢筋制作与钢筋连接。

① 钢筋制作。

钢筋在钢筋加工场内集中加工。加工前,先对基坑尺寸进行实际测量,再根据施工各段结构实际情况提出加工方案及加工材料表。钢筋表面应洁净,黏着的油污、泥土、浮锈等必须清除干净。

钢筋用机械调直,经调直后的钢筋不得有局部弯曲、死弯、小波浪形等。钢筋切断时,根据钢筋下料表中的编号、直径、数量、尺寸进行搭配,先断长料,后断短料,尽量减少钢筋接头,节约钢材。钢筋采用弯筋机弯曲(小直径钢筋可采用人工弯曲),钢筋弯钩形式有半圆钩、直弯钩和斜弯钩三种。

② 钢筋连接。

主体结构钢筋种类繁多、位置复杂,结合施工顺序,钢筋接头应采用不同的连接方式。焊接主要采用电渣压力焊、电弧焊,机械连接主要采用压接连接。

主体结构竖向筋(侧墙、柱)首先考虑使用电渣压力焊,但在电压不稳时和雨天慎用。采用电渣压力焊焊接时应注意的事项:正确控制焊接参数(电流、电压、焊接时间);钢筋焊接端头要求挺直,以免产生轴心偏移和接头弯折;要正确架立钢筋,并在焊接时始终扶正钢筋,避免产生结合不良、焊包不匀、气孔、灰渣等质量缺陷。

电弧焊分为搭接焊和帮条焊两种形式。主体结构环向施工缝优先采用搭接焊。采用搭接电弧焊接时,应对钢筋进行预弯,保证两根钢筋的轴线在同一直线上;主体结构环向施工缝隙无法预先弯曲的钢筋及柱的竖向筋,均可采用帮条焊。钢筋接头采用帮条焊或搭接焊时,焊缝长度单面焊为10d,双面焊为5d,焊缝高度$h \geqslant 0.3d$,并不小于4 mm,焊缝宽度为0.7d,并小于10 mm。

当受力钢筋直径小于22 mm时,为了方便施工,可采用绑扎接头。绑扎接头两根钢筋搭接长度应符合技术规范要求,各受力钢筋绑扎接头位置相互错开。从任意绑扎接头中心到1.3倍搭接长度的区段内,有绑扎接头的受力钢筋截面积占受力钢筋总截面积的百分率:受拉区不超过25%,受压区不超过50%。

直径为18 mm以上的水平或竖向钢筋采用直螺纹套筒连接(见图2.23),12 m长钢筋与9 m长钢筋应合理利用。钢筋接头位置按照设计要求错开下料,这样便于施工,加快施工进度,节约钢材。

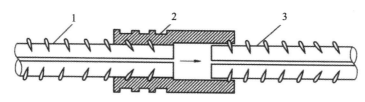

图 2.23 套筒连接示意

注:1—已挤压的钢筋;2—钢套筒;3—未挤压的钢筋。

机械压接连接具有接头性能可靠、质量稳定、不受气候及焊工技术水平的影响、连接速度快、安全、无明火、节能等优点,可连接各种规格的同径和异径钢筋(直径相差不大于5 mm),也可连接可焊性差的钢筋。

(4)钢筋绑扎。

①钢筋绑扎前,必须清点钢筋数量、类别、型号、直径,锈蚀严重的钢筋应除锈,弯曲变形的钢筋应校正;清理结构面杂物,调直施工缝处钢筋;检查结构位置、高程和模板支立情况,测放钢筋位置后方可进行绑扎。

②结构不在同一高程或坡度较大时,必须自下而上进行绑扎,必要时应增设适当固定点或加设支撑。板的双层钢筋内设置"码凳"架立钢筋,保证钢筋层间距。

③ 钢筋绑扎应采用同等级砂浆垫块支撑，支垫距离为1m左右，并按梅花形布置，垫块与钢筋应固定牢靠。

④ 钢筋绑扎搭接长度应满足设计要求，绑扎点应符合下列规定。

a.钢筋搭接时，中间和两端共绑扎三处，必须单独绑扎后，再和交叉钢筋绑扎。

b.主筋和分布筋，除变形缝处2～3列骨架全部绑扎外，其他可交叉绑扎。

c.主筋之间或双向受力钢筋交叉点应全部绑扎。

d.单肢箍筋和双肢箍筋拐角处与主筋交叉点全部绑扎，双肢箍筋平直部分与主筋交叉点可交叉绑扎。

e.墙、柱立筋与底板水平主筋交叉点必须绑扎牢固，悬臂较长时，交叉点必须焊牢，必要时应加支撑。

f.箍筋位置应正确并垂直于主筋。双肢箍筋弯钩叠合处，应沿受力方向错开设置，单肢箍筋可按行列式或交错式排列。

g.钢筋绑扎必须牢固、稳定，不得变形、松脱和开焊。变形缝处主筋和分布筋均不得触及止水带和填缝板，混凝土保护层、钢筋级别、直径、数量、间距等应符合设计要求。预埋件应固定牢固、位置正确。

h.受力钢筋的绑扎接头位置应相互错开。

(5) 施工质量要求。

钢筋施工质量要求见表2.9。

表2.9　钢筋施工质量要求

项目	允许偏差/mm
受力钢筋顺长度方向全长的净尺寸	±10
弯起钢筋的弯折位置	±20
箍筋内径尺寸	±5

4. 模板工程

模板安装前，首先正确放样。模板安装要求支撑牢固、稳定，无松动、跑模、超标准的变形下沉等现象。模板拼缝应平整、严密，并采取填缝措施，保证不漏浆，模内必须干净。对于超重或大体积混凝土，模板支撑刚度须进行施工设计计算，并经验算。

(1) 底板模板安装。

底板模板主要为中间翻梁模板、两侧斜角梗肋模板。在两侧斜角梗肋部位专门制作异形模板。模板固定依靠底板钢筋骨架，在底部处利用直径为12 mm的钢筋与底板钢筋点焊形成对模板挡、压、托的三种作用，保证模板底脚不上浮、不走位。悬空模板的上部利用直径为16 mm的钢筋作用斜撑将侧压力传递至底板钢筋骨架上，如图2.24所示。

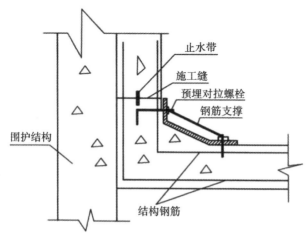

图2.24 底板模板示意

（2）车站主体侧墙模板安装。

为使侧墙达到更好的防水效果，侧墙模板不采用对拉螺栓固定，而采用[10槽钢作横竖压楞，采用直径为50 mm的圆钢作斜撑。在底板上预埋长450 mm、直径为28 mm的钢筋（其中250 mm长锚入混凝土内），其间距为500 mm，并分两排设置，与侧墙边的距离分别为4 m和7 m。按顺序先安装夹板，然后压100 mm×100 mm、长4 m的方木条（间距为300 mm），再装纵、横[10 mm槽钢，最后装20b（200 mm×102 mm×9 mm）工字钢作为斜撑，间距均为500 mm。边墙外侧模板采用100 mm×100 mm木方（间距为500 mm）纵、横加固。木方外侧使用直径为50 mm的钢管（间距为500 mm），直接支顶于围护结构。

（3）顶板模板安装。

侧墙混凝土浇筑完毕，达到一定强度后，即可拆除斜向支撑，拼装顶板支撑。采用直径为48 mm的扣件式钢管脚手架，立杆间排距为900 mm×900 mm，水平联杆的竖向排距为600 mm，水平联杆兼作内衬墙的模板顶架。

脚手架顶与模板之间设顶托,顶托上木框架由 100 mm×100 mm 的方木搭设,其上布置纵向方木后铺大块钢模板。脚手架与混凝土底板之间设底托。顶板模板立杆示意如图 2.25 所示。

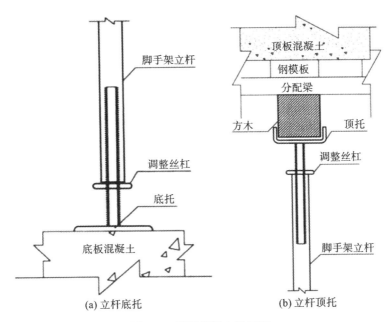

图 2.25 顶板模板立杆示意

(4)中间翻梁模板安装。

该处模板安装同样利用直径为 25 mm 的钢筋桩撑住模板体系的底脚,模板侧向压力则通过对拉螺柱承受,底板翻梁模板支设示意如图 2.26 所示。

(5)施工缝处模板安装。

施工时需保证侧墙施工缝混凝土结构面平直,不发生接缝错位。

在进行底板及部分侧墙施工后,在施工缝高出底板 300 mm 的侧墙部位安装模板时,先紧贴钢筋安装,暂不留混凝土保护层,待混凝土浇筑后拆除模板,将侧边混凝土凿毛。在安装上部侧墙模板时,重新由底部按侧墙线位安装,此时 300 mm 高侧墙与模板间有 40 mm 左右的空隙,第二次混凝土灌注时,混凝土将沿侧墙流入该空隙将其填满,使得侧墙混凝土面形成一个整体。

混凝土浇筑时使混凝土面低于模板顶部 200 mm,并埋设固定螺栓,侧墙混凝土浇筑后上部模板不拆除,以与上层模板连接,且用固定螺栓将其底部固定。

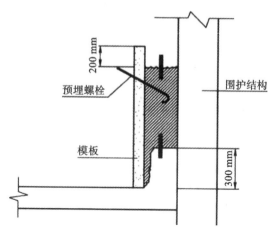

图 2.26　底板翻梁模板支设示意

(6) 柱模板安装。

车站柱主要为矩形柱。各层柱均一次装模、一次浇筑完成。柱模板采用胶合板，利用压木及对拉螺栓组合而承受侧向压力。为保证柱模板体系的垂直度，在柱模四面用直径为 8 mm 的钢筋斜拉模板四角，以确保柱模垂直。此外，为防止柱脚混凝土出现"蜂窝"及"砂眼"，模板安装后宜先用水泥砂浆将模板脚处封闭。柱体支撑示意如图 2.27 所示。

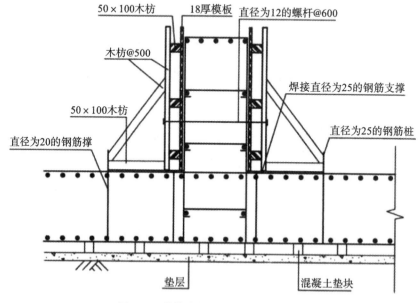

图 2.27　柱体支撑示意（单位：mm）

5. 混凝土工程

（1）施工准备。

在业主提供的合格混凝土供货商名录中，通过招标方式选择2～5家商品混凝土供应商。

班前交底，落实灌注方案，对灌注的起点及进展方向应做到心中有数。为了确保灌注连续进行，对每次灌注混凝土的用量应计算准确，对所有机具进行检查和试运转，备品、备件和现场发电机由专人管理，保证人力、机械、材料均能满足灌注速度的要求。注意天气预报，不宜在雨天施工。在天气多变季节施工时，为防止不测，应有足够的抽水设备和防雨物资。

对模板及其支架进行检查，确保尺寸正确，强度、刚度、稳定性及严密性均满足要求。清除模板内的杂物，在浇筑前对木模板浇水，以免木模板吸收混凝土中的水分。对钢筋及预埋件进行检验。检查钢筋的规格、位置、排列方式及保护层厚度是否符合设计要求，并认真做好隐蔽工程记录，由监理工程师验收。

实行混凝土浇筑许可证制度，由质检工程师及现场技术、管理人员会签，然后报现场监理工程师签字认可，待监理工程师签发混凝土浇筑许可证后，方可组织混凝土浇筑施工。

（2）混凝土运输。

在运送混凝土时，混凝土搅拌运输车的转动速度为2～4 r/min，整个输送过程中拌筒的总转数控制在300转以内。

从搅拌输送车运送的混凝土中，分别取1/4和3/4处试样进行坍落度试验，两个试样的坍落度值之差不得超过3 cm。混凝土运送至浇筑地点后，如混凝土拌和物出现离析或分层现象，必须对混凝土进行二次搅拌。

（3）商品混凝土管理。

确定混凝土配合比：根据设计要求，结合施工经验，并与商品混凝土供应商共同进行多次的配合比试验，提出施工配合比，经监理工程师审核、业主批准后交给供应方实施。

每辆混凝土运输车都必须有配料单和混凝土使用部位及性能的相关资料，到达施工现场后由工区项目经理部试验人员、监理工程师进行联合检查，确认合格后进入浇筑工作面。同时，对每车混凝土的数量、坍落度、和易性、含砂率、混凝土运输时间及混凝土温度进行检查。若不能满足要求，则不签收。

根据规范及施工要求,制取混凝土试件做强度试验。

(4) 混凝土浇筑。

车站主体结构混凝土选用抗渗、耐腐蚀的商品混凝土,并须具备缓凝、早强、高流态的特点,以适应结构混凝土浇筑工艺的需要,确保结构混凝土质量。结构混凝土按"一个坡度,分层浇筑,循序推进,一次到顶"的原则缩小混凝土暴露面,并采用加大浇筑强度以缩短浇筑时间等措施防止产生浇筑冷缝,提高结构混凝土的防裂抗渗能力。

① 浇筑混凝土前必须认真、仔细检查模板、钢筋、预埋件、预留孔,并进行书面记录,最后报监理工程师检查验收。经监理工程师验收签证后,才能进行混凝土浇筑。

② 车站底板、中板及顶板均采用输送泵,由中间向两边对称浇筑,用插入式捣固器捣固,严禁使用振捣棒赶料,混凝土出料口至混凝土远端不超过2.0 m,对板的施工缝处止水带下面的混凝土采用提压的方式进行捣固,确保止水带下面的混凝土密实度。

③ 车站负二层侧墙混凝土采用串筒直接下料入模,负一层侧墙混凝土采用输送泵通过串筒下料入模,用插入式捣固器捣固。边墙各下料串筒间距必须控制在2.5 m以内,下料口距混凝土面不大于1.0 m,混凝土分层浇筑厚度不大于0.3 m。

④ 立柱混凝土单独施工,并水平分层浇筑,分层厚度不超过50 cm,浇筑速度不宜过快,防止模板变形或跑模现象发生。

⑤ 混凝土浇筑过程中,应随时观测模板、支架、钢筋、预埋件和预留孔洞的情况,发现问题及时处理。

⑥ 混凝土浇筑过程中,采用插入式捣固器振捣混凝土。在纵梁及钢筋密集区,采用直径为32 mm的小型捣固器由专人捣固,确保混凝土浇筑质量。防水混凝土施工缝处采用"二次捣固"工艺施工,以排除混凝土因泌水在粗骨料、水平钢筋下部生成的水分和空隙,提高混凝土与钢筋的握裹力,防止因混凝土沉落而出现裂缝,同时又减小内部裂缝,增加混凝土密实度,从而提高抗裂性及抗渗性。

⑦ 严格控制混凝土的入模温度(小于30 ℃),防止混凝土中心与表面温差过大,混凝土表面产生有害裂纹。板体混凝土施工过程中应进行温升监测,以便及时准确地采取保证措施,确保大体积混凝土施工质量。

⑧ 每节段施工缝在混凝土浇筑前必须凿毛并清洗干净,不能在浇筑前在

施工缝处灌注同等级的水泥砂浆。如板的横向施工缝,都采用涂抹混凝土界面处理剂的处理方式,以提高混凝土接缝处的黏结力。

⑨当顶板混凝土浇筑后,在终凝前进行"提浆、压实、抹光",既可消除混凝土凝固初期产生的收缩裂纹,又能保证结构外防水层黏结牢固。

(5) 混凝土养护。

车站板、墙的不同部位采取不同的养护方式,主体结构必须设专人养护小组,养护时间不少于14 d。

车站底板、中板及顶板采用洒水,用湿麻袋、草袋等覆盖以及蓄水养护等方式。车站侧墙采取"挂管喷水"养护方式,并接受混凝土公司的技术指导。

(6) 施工缝面处理。

模板拆除后,对水平施工缝进行凿毛,对横向施工缝进行水泥浆清除处理。水平施工缝凿毛面应连续均匀,高度差为2~3 cm。拆除横向施工缝的加强模板后,用高压水枪冲洗"快易收口网"面,确保"快易收口网"满足凿毛要求。施工缝面处理时要保护好止水带,凿毛时避免凿穿止水带,止水带表面清理干净,损坏处应立即补焊。

(7) 混凝土防开裂措施。

当工程地下水位较高时,为提高车站主体结构的自防水能力,延长结构耐久性,必须采取预防混凝土裂缝的措施。

①提高混凝土施工质量。提高混凝土本身的性能,同时加强对施工人员的培训,掌握混凝土施工工艺,制定严格的管理措施,强化施工过程的质量控制,杜绝违规操作,提高混凝土质量。通过控制混凝土下料高度和加强振捣等手段,避免混凝土分离,达到混凝土密实的目的。加强模板拼缝工艺和支撑工艺,杜绝施工过程中模板漏浆、移位变形,同时避免预留外露钢筋的碰撞,保证结构的完整性。

②严格控制水泥用量。混凝土结构裂缝主要是温度裂缝。产生温度裂缝的热量来源于水泥的水化热,水化热与水泥用量成正比。要避免或减轻混凝土冷缩开裂,必须在满足设计强度、防水要求和施工工艺要求的前提下,减少单位混凝土的水泥用量,降低水化热,降低温差幅度,避免或减轻混凝土的收缩开裂。

③掺加微膨胀剂。掺加微膨胀剂可以补偿混凝土的收缩,是比较成熟的防裂防渗技术。

④合理采用双掺技术。在混凝土中采用双掺技术(即掺粉煤灰和高效减水剂)是降低水化热和防渗、防裂的有效措施。在一般情况下,优质粉煤灰有

以下作用：改善新拌混凝土的和易性、耐久性；抑制新拌混凝土的泌水；提高混凝土的后期强度；降低混凝土的水化热。

⑤合理划分区段。车站的底板、中板、顶板要合理划分施工区段，每段长度以15~25 m为宜，同时避免在剪力、弯矩最大区域设置施工缝。前后段施工时间间隔应不少于7 d，使混凝土有充分的收缩时间。

⑥优化结构设计。与设计单位紧密结合，在结构受力较大的地段及受负弯矩较大的墙腰等部位适当增设钢筋，防止模筑混凝土后期开裂。

⑦严格缝面处理工艺。施工缝应平整，凿毛后露出粗骨料，清理缝面凿毛渣料，并在混凝土浇筑前充分湿润施工缝部位的混凝土，保证施工缝面结合良好。沉降缝面应保证铅垂，缝面平整。充填结构缝面填料时，应预先清理缝内杂物。

⑧控制混凝土入仓温度和施工时间。根据混凝土入仓温度要求，综合考虑运输线路、当期气温、混凝土泵送距离等因素，确定混凝土出机口温度，并根据实际情况进行调整。降低混凝土出机口温度，可通过降低骨料温度、加冰拌制等办法实现。有条件时，尽可能在夜间等气温较低时段进行混凝土浇筑。

⑨加强后期养护工作。通过及时养护来控制混凝土内部水化热，可以减少混凝土表面开裂。对于梁、柱等不易养护的位置，采用喷洒养护剂的办法进行养护，其余板面通过覆盖草袋、洒水等方法进行养护。

6. 结构防水施工

遵循"以防为主，刚柔结合，多道防线，因地制宜，综合治理"的原则，采取与其相适应的防水措施。

确立钢筋混凝土结构自防水体系，并将其作为系统工程对待。即以结构自防水为根本，加强钢筋混凝土结构的抗裂防渗能力，改善钢筋混凝土结构的工作环境，进一步提高其耐久性，同时以诱导缝、施工缝、变形缝等接缝防水为重点，辅以附加防水层加强防水。

主体外包材料一般选用高分子（自黏）防水卷材，其自黏性表现为反应黏结。卷材全厚为1.7 mm，其中高分子主材厚为1.2 mm，黏胶层厚度为0.5 mm，由高分子主材、反应黏胶层、反应黏胶层上的隔离纸三层组成，采用钢板压条固定在围护结构上。

（1）施工缝的防水施工。

施工缝分环向施工缝和水平施工缝。环向施工缝一般间距为12~25 m，具体可根据施工实际情况确定。水平施工缝的设置根据施工资源的配置情况及结构的层数来确定，不能把水平施工缝设在顶板、中板及底板上。一般来说，一个双层车站，可设2～3条水平施工缝，第一条设在底板牛腿以上50 cm附近，第二条设在中板以上50 cm处，其间距以4 m左右为宜，如图2.28所示。

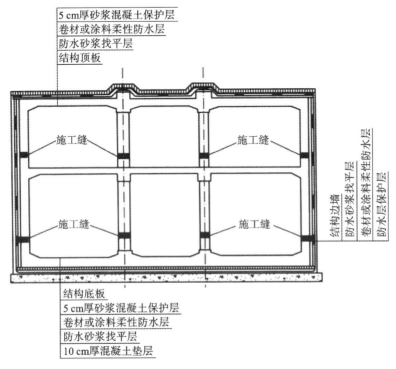

图2.28　双层车站水平施工缝设置示意

施工缝采用钢板橡胶（丁基橡胶）腻子止水带（宽200 mm、厚5 mm，钢板厚1.0 mm），规格尺寸为15 mm×8 mm，外设防水卷材加强层，宽度为50 cm。防水加强层采用与主体外包防水相同的材料。此外，应埋设注浆管，间距按设计文件确定，注浆材料选用超早强自流平水泥或高渗透环氧树脂灌浆料。在先灌注结构面上应涂刷水泥基渗透结晶型防水材料作为界面剂。

施工时，清除结构表面浮渣、尘土、泥浆及杂物，再将中埋式止水带固定在钢筋上。注浆管按设计铺设，并在两端安设注浆导管。注浆导管与注浆管应连接牢靠，埋入混凝土内的部分至少有一处与钢筋连接牢靠，其外露长度不小于100 mm。保护好注浆管和注浆导管，施工时不得碾压或破碎。

止水带的技术要求见表2.10。

表2.10 止水带的技术要求

项目	单位	指标
密度	g/(cm·s)	1.4±0.1
高温流淌性	80℃×2 h	无流淌
低温柔性	−20℃×2 h	无脆裂

腻子型遇水膨胀材料与钢板的剪切强度≥0.1 MPa；其余水泥基的抗折、抗压强度，砂浆及混凝土的抗渗性能，均应符合《水泥基渗透结晶型防水材料》(GB 18445—2012)的相关要求。

(2) 变形缝的防水施工。

车站内一般不设变形缝。但在与附属结构，如出入口、人行道、风亭或车站与区间相接处等结构刚度或地质情况发生突变处，常设变形缝，变形缝宽度为20~30 mm。变形缝采用中埋式止水带及单组分聚氨酯密封胶防水措施，外加防水卷材和防水卷材加强层，并在顶部和侧墙设置不锈钢接水槽。

在主体结构顶板和底板中埋设止水带时，应采用盆式安装方法，以保证混凝土振捣时能使混凝土内部的气泡顺利排出。

防水材料：采用与主体外包层相同的防水卷材加强层，宽600 mm，厚度同主体防水材料。采用不锈钢止水带，宽度为350 mm。密封材料优先采用单组分聚氨酯密封胶。采用优质低发泡高压聚乙烯闭孔型泡沫塑料板材为填缝料。采用不锈钢接水槽。

施工要求：平顺、缝宽准确；填料符合质量要求，不能做成刚性缝；止水带埋设位置准确；密封胶黏结可靠、牢固；变形缝内应清理干净，保持干燥，无钢筋侵入；止水带两侧钢板应设置预留孔，孔间距为150 mm；加强层与主体外包层应粘贴牢固，不空鼓，不串水；不锈钢水槽宽一般为80 mm，深不小于30 mm，钢板厚1 mm。其水平槽应设2‰人字坡，采用M8不锈钢膨胀螺栓固定，间距不大于250 mm。

(3) 降水井等穿透防水层施工。

降水井、抗浮桩、接地线、地漏、穿墙管等穿透防水层时，均应按设计图施工。

7. 杂散电流腐蚀及防护

(1) 定义。

在设计规定的电回路以外流动的直流电流为直流杂散电流。轨道交通牵引供电系统是以列车走行轨迹为主要回流通路的直流供电系统,由于钢轨不可能长期完全绝缘于道床,特别是轨道交通投入运营一段时间以后,道床受到污染,道床与钢轨之间的过渡电阻日益减小,就不可避免地有直流电流从钢轨漏流泻至道床结构及车站、隧道等其他结构和金属管线中,这些漏泄电流称为"杂散电流"。流失于环境(土壤、潮湿混凝土)中的直流杂散电流在金属结构上引起的腐蚀称为"杂散电流腐蚀",也称"电蚀"。环境介质中的电流可通过防腐层某处的缺陷进入金属结构,再从结构腐蚀层另一处缺陷部位流出,进入环境介质,这就构成了一种电解腐蚀电流,流入部位为阴极,流出部位则为阳极,并在阳极处发生强烈的电解腐蚀,此即为杂散电流腐蚀。

(2)防护要求及措施。

主体结构内部主筋实现可靠焊接,在结构两端的变形缝附近(主筋断开处),应按要求焊接引出杂散电流测防端子(简称"引出端子")。引出端子包括结构段连接端子、杂散电流监测系统测量端子、排流端子,所有端子焊接要求一致,引出端子均位于侧墙上,距离轨面300~500 mm。

防水层应有良好的防水性能和电气绝缘性能。防水材料的体积电阻率ρ不得小于$10^8\ \Omega \cdot m$。

地铁线路与其他直流电气化铁路交叉跨越的地方,在交叉位置向路两侧各延长50 m的区段中,地铁主结构应采取双倍的加强型防水绝缘措施。

盾构区段的防护一般有两种方式:一种是隔离法,即管片之间的结构相互之间没有电气连接;另一种是连通法,即将管片内钢筋焊接牢固,并通过金属附件使管片内钢筋与管片之间的紧固螺栓实现电气连通,从而形成杂散电流收集网。在我国,采用隔离法的地区较多。

2.6 预制装配式车站施工

2.6.1 国外装配式地铁车站技术发展简况

1. 盾构法装配式地铁车站

地下工程预制装配建造技术起源于国外,盾构法隧道是最早应用预制装配技术的地下结构。1865年,P.W.巴洛在泰晤士河底用一个直径2.2 m的圆形盾构建造隧道,该隧道首次采用了装配式衬砌结构。盾构隧道衬砌均为全预制装配式结构,接头采用干式连接,目前已广泛应用于世界各国的铁路、公路、地铁、市政管线、综合管廊等,并由单一的圆形结构发展成双圆、三圆及类矩形结构等多种形式,以适应不同的工程用途。

日本曾经采用盾构法建造地铁车站,例如采用双圆盾构修建的日本JR京叶线京桥站和采用三圆盾构修建的东京白金台站。由于受其结构形式的限制,此类大型地下车站应用案例较少,绝大部分盾构隧道仍以单一的圆形结构为主。

2.明挖法装配式地铁车站

过去苏联为了解决冬季施工问题,在明挖地铁车站和区间工程中研究应用了预制装配技术。早期的装配式车站基本为体系较为复杂的矩形框架结构(见图2.29),底板要么整体现浇,要么采用现浇湿式连接的装配整体式结构;上部一般为搭接式装配结构。后期部分车站采用了单拱大跨结构,衬砌部分也基本采用了装配整体式结构建造,例如明斯克地铁车站装配式结构顶(见图2.30)、底部分别用3块预制构件通过接头湿式连接,侧墙设置钢筋混凝土现浇段。

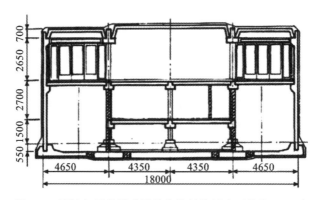

图2.29 明挖矩形装配式地铁车站结构示意(单位:mm)

明挖条件下接头湿式连接的方式,不仅制约了机械化拼装水平和施工效率,而且对于大构件、高配筋率的地铁结构,在有限的基坑空间内进行钢筋连接和混凝土浇筑,施工难度极大,工程质量难以控制,同时大量现浇施工缝的存在也严重影响到地下结构的整体防水性能,一般需要在结构外侧设置外包防水层进行加强。受种种因素制约,上述预制装配施工方法在后期的工程中很少使用。

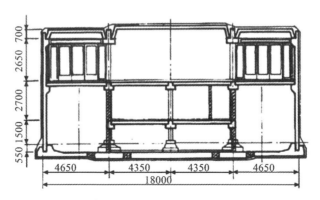

图 2.30　明斯克地铁车站拱形装配整体式结构示意（单位：mm）

但是，装配整体式结构由于接头为现浇钢筋混凝土的刚性连接，从而具有与现浇混凝土结构同等的结构性能。国内外地面建筑装配式结构基本都采用这一装配整体式技术，适配地面建筑的承载环境特点和受力特性，安全可靠、经济合理。

3. 矿山法装配式地铁车站

国外也有在矿山法隧道内利用预制装配技术建造车站结构的案例。俄罗斯圣彼得堡体育馆站为双层地铁换乘站，位于 60 m 深的黏土层中，采用矿山法施工。在进行装配施工前，先行施工 2 个辅助隧道，在隧道内通过现浇混凝土的方式形成顶拱和仰拱的反力支座，然后开挖车站主体隧道并拼装预制衬砌结构，如图 2.31 所示。

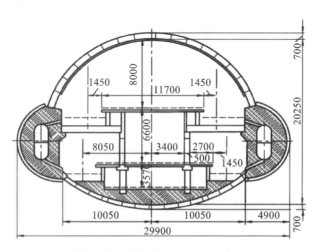

图 2.31　圣彼得堡体育馆站装配式结构示意（单位：mm）

矿山法隧道内装配的衬砌结构，由于作业空间的局限性，基本均拆分为小型预制构件，并通过干式楔形接头连接。

2.6.2 我国装配式车站技术研究与应用

2012年起，长春地铁2号线率先开展了明挖地铁车站装配式建造技术的研究工作，开启了国内装配式地铁车站建设的先河。

长春地铁装配式车站的成功建设起到了很好的示范作用。截至2021年，国内已有长春、北京、济南、上海、广州、哈尔滨、青岛、深圳和无锡等城市从不同的角度开展了装配式车站建造技术的研究和应用工作，已实施的车站数量近40座。截至2024年8月，近10年来国内已建和在建装配式地铁车站初步统计见表2.11。

表2.11 国内已建和在建装配式地铁车站初步统计

线路	站名	建设时间	装配形式	备注
长春地铁2、5、6、7号线	双丰站等14座车站	2012年起	全预制装配式	已建11座，在建3座
北京地铁6号线	金安桥站	2014年	叠合装配式	后改现浇结构
济南地铁R1、R2线	任家庄站[①]等3座车站	2015年起	叠合装配式	已建
上海地铁15号线	吴中路站	2018年	叠合装配式	已建
广州地铁11号线	上涌公园站	2018年	混合型装配式	在建
哈尔滨地铁3号线	丁香公园站	2019年	叠合装配式	在建
青岛地铁6号线	河洛埠站等6座车站	2019年起	全预制装配式	已建
深圳地铁16、13、12、6号线	龙兴站等7座车站	2020年起	全预制装配式	在建
无锡地铁5号线	新芳路站等3座车站	2021年	叠合装配式	在建

各城市在开展装配式车站建设时采用了不同的技术路线，各具特色，归纳起来主要有以下2类。

---

① 现已更名为"腊山南站"，本书沿用工程时名称。

第1类：以长春地铁为代表的全预制装配式结构，其主体结构全部采用预制构件装配而成，预制构件之间为干式连接，接头接缝采取密封防水措施，以实现结构的高防水性能，结构外部设置全包防水层。目前长春、青岛和深圳地铁的装配式车站采用了单拱大跨全预制装配式结构。

第2类：主体结构采用以叠合结构＋现浇混凝土结构为主的叠合装配式结构。而广州地铁上涌公园站，除顶板采用叠合结构外，还在楼板采用了装配式结构，为各种形式相混合的装配式结构。第2类中除个别车站采用单拱大跨结构外，其他基本为矩形框架结构，每座车站采用的叠合结构各不相同，有叠合拱、叠合板、叠合墙、叠合柱、叠合梁等多种形式。目前上海、广州、济南、哈尔滨、无锡等城市的地铁装配式车站采用了这一类结构。

1. 长春、青岛和深圳地铁装配式车站

（1）长春地铁装配式车站。

长春地铁装配式车站为明挖地下2层岛式站台车站，装配式结构为单拱大跨形式，宽20.5 m，高17.45 m，结构沿纵向拆分成环宽2 m的标准结构环，每一结构环再拆分为7块标准构件。已建成车站的基坑为桩＋锚支护体系；在建车站的基坑除了桩＋锚支护体系，还有桩＋内支撑体系，同时内部结构也采用预制装配技术建造。

结合装配式车站试验段及后续实施的项目，对预制装配建造技术进行全方位的研究，主要内容覆盖设计、构件制作、施工及辅助装备等多方面。

① 接头连接技术。接头连接是全预制装配式结构最关键的技术，采用榫槽式插入连接方式，接头榫槽面咬合对接，结构整体拼装完成后，进行接缝注浆作业，使接缝接触面充分弥合。根据接头的位置、截面高度、受力特点、拼装工艺等要求，共采用3种接头形式。其中，单榫长接头和双榫长接头用于环内构件连接，并设置外部螺栓连接装置；单榫短接头用于环与环的纵向连接。杨秀仁、黄美群、林放等学者以大量的原型接头试验为基础，对各类注浆式榫槽接头进行了系统性的研究，揭示了接头的弯曲抵抗作用、抗弯刚度特性、抗弯抗剪承载特征和接头破坏模式等，取得了一系列支撑装配式车站结构研究和应用的重要成果，并提出了接头的设计方法。

② 结构静力学行为。注浆式榫槽接头的刚度具有随内力环境变化而变化的特性，因而使得全装配式结构体系的力学行为更加复杂。通过开展针对施工全过程及使用阶段的结构力学分析，揭示了带有变刚度接头的全装配式结构的

力学行为，掌握了内力和变形演变规律，并通过实际车站原位测试，对理论研究成果进行了验证。

③结构抗震性能。全装配式结构的抗震性能广受关注。通过采用多种方法对在E2和E3地震作用下的装配式结构进行了整体分析，并将装配式结构与同型现浇结构进行地震作用对比分析，从稳定性、结构变形、内力分布、接头对结构内力的影响等多个方面研究了装配式结构的抗震性能。研究发现，所采用的全装配式结构整体稳定安全，结构体系的延性好于现浇结构，能够更好地适应地震工况下的变形，接头变形使结构整体弯矩有大幅度的减小，保护结构不受损伤，抗震性能优于现浇结构。

④闭腔薄壁构件力学性能。为实现大型预制构件的轻量化，提出了一种新型闭腔薄壁构件，即在构件内部填充轻质芯模，从而替代实体结构的混凝土，形成带有封闭空腔的薄壁结构。由于内部空腔的存在，受力后的闭腔薄壁结构内应力传递途径比实体结构更加复杂，结构构造及其主要参数对构件力学性能有直接影响。杨秀仁、黄美群、林放等学者研究了闭腔薄壁构件的剪力滞后效应、剪应力分布规律以及各项构造参数，提出了闭腔薄壁构件的设计方法。

⑤接头注浆技术。为确保接头可靠传力，并避免接头受力后出现局部损伤，在接头连接部位预留了一定宽度的缝隙，拼装完成后在缝隙内注入填充浆液。结合注浆环节的工程特性和气候环境特性，研发了一系列适用于不同温度条件和注浆时间的材料配方，提出了注浆关键技术参数；同时，研发了专用注浆设备，采用大容量、高压力、高稳定性、管路免拆洗的接头注浆施工工艺。

⑥接头接缝防水技术。地下结构长期浸没在水土之中，对防水性能的要求很高，而装配式车站结构存在大量接头接缝，是防水的薄弱点。长春地铁装配式车站接头接缝防水措施示意如图2.32所示。接缝部位共设置了"两垫一注一嵌"4道防线，即2道橡胶密封垫、1道接缝注浆、1道结构内侧接缝嵌缝。针对多种可能的接头拼装形态以及密封垫的压紧状态关系，开展了大量橡胶密封垫的防水性能试验。试验表明，接头接缝能达到最不利拼装条件下抵抗1.0 MPa水压（相当于100 m水位高度）的防水性能。

⑦预制构件生产技术。研发了专门用于装配式车站大型预制构件生产的新型生产线。该生产线的特点是利用地下隧道窑结构来固定大型预制构件的模具，并提供抑制模板侧向变形的可靠支撑点，采用底模流转、侧模及端模吊挂、侧模外部支顶抑制变形等技术，实现装配式构件的高精度生产。同时，研发了大型预制构件智能扫描系统。该智能扫描系统可自动扫描检测预制构件拼

接面的平整度，准确找出构件表面的异常凹凸点，并出具检测报告，有效解决了大型预制构件高精度自动检测的问题。

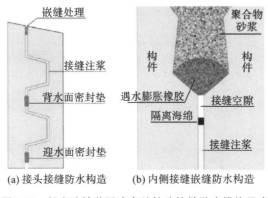

图 2.32　长春地铁装配式车站接头接缝防水措施示意

⑧ 施工技术与辅助施工装备。在结构环内，除底板构件的接缝采用预应力张拉压紧外，其余各构件的接缝主要靠构件自重压紧，并设置辅助连接螺栓；环与环之间的接缝采用接力式预应力钢筋逐环张拉压紧。为确保接头拼装定位精度和防止拼装过程中的构件磕碰，在接头部位设置了导向定位销棒，用于引导构件的拼装移动方向和限制接头发生非预期拼装错位。研制了装配式结构构件拼装作业辅助台车，实现了多功能拼装作业的全面整合，方便了装配施工作业，提高了施工作业的稳定性和安全性。还研发了装配式结构拼装张拉自动控制系统，实现了多点协同的高精度预应力张拉自动控制，系统解决了大型预制构件多点张拉协同、动态张拉荷载确定以及接缝宽度精确控制等拼装关键技术难题。

⑨ 装配式车站多专业一体化技术。针对装配式车站建筑空间利用及综合布局、设备管线综合技术、车站环境设计等方面进行了研究，提出了车站用房模块化布局模式，并重新布局设备管线系统，简装修理念充分展示了装配式结构肌理，通过声学分析技术措施实现了装配式大空间、多声源环境下良好的声场效果。

⑩ 经济效益和社会效益。长春地铁装配式车站应用后取得了显著的经济效益和社会效益，提高了工程质量和施工安全性，减少了施工对环境的影响，尤其在实现减员、增效、节材、减排方面优势突出。将长春地铁 1 座装配式车站与 1 座普通明挖现浇车站进行比较，从节省材料方面，装配式车站的优势包括：1 座车站节省钢材约 800 t，节省施工临时性木材用量约 800 m^3，施工建筑垃圾减量 50% 以上，施工用地减少 1000 m^2 左右，综合碳排放减少约 19%。

从已通车运营的车站情况来看，施工期间未发生任何安全事故，使用期间装配式结构无渗漏水现象发生。装配式车站已成为长春市的地标建筑。其中，长春地铁2号线兴隆堡站被评为2018—2019年度全国十大最美车站之一。

（2）青岛地铁装配式车站。

青岛地铁6号线有6座车站采用全预制装配技术建造，车站为地下2层单拱大跨结构。青岛地铁装配式车站基本上应用了长春的全预制装配技术，同时对结构断面优化、内部结构装配、内支撑体系装配等方面也进行了相关的研究工作。

主体衬砌结构环宽仍为2 m，每1结构环由长春地铁的7块构件调整为5块，其中，底板由3块调整为1块，内部结构的板、梁、柱由长春地铁的现浇结构调整为装配结构。另外，青岛地铁6座装配式车站，有5座车站基坑采用桩+锚支护体系，1座车站采用桩+内支撑体系，这也是国内首次在桩+内支撑体系下进行全预制装配式车站施工。

（3）深圳地铁装配式车站。

深圳地铁在3期建设规划修编线路上选择了7座车站应用全预制装配技术建造。7座车站的基坑均采用地下连续墙+内支撑支护体系，这是国内首次在连续墙+内支撑体系下开展全预制装配式车站的建造。

深圳地铁的装配式车站有2种方案。方案1是在长春地铁和青岛地铁装配式方案的基础上，根据当地的建设条件进行进一步的优化调整，即对结构断面进行优化，采用地下2层单拱大跨结构，结构环宽2 m，衬砌结构环仅由4块大型预制构件拼装而成，内部板、梁、柱仍为装配结构。另外，还研发了预制轨顶风道和预制站台板结构。方案2被应用在深圳地铁3号线四期的坪西站，在长春地铁装配式方案的基础上进行了优化调整，衬砌结构和内部结构采用一体化设计，侧墙与轨顶风道整合为1块构件，顶、底板则分别拆分为3块构件，站台层不设中间立柱。

构件连接大部分采用注浆式榫槽接头，顶板和中楼板接头为搭接接头，并在全部接头部位设置了水平开尾销连接装置，即在两构件连接部位预埋C型钢，构件拼接后再用H型钢插入，辅助两构件的连接。这种水平开尾销连接装置曾应用于日本的盾构隧道衬砌。与长春地铁装配式车站的螺栓连接相比，开尾销连接可在一定程度上提高接头的抗弯刚度和承载性能，但也加大了施工拼装难度，提高了工程造价。

另外，针对全环结构9块构件的拼装，研发了专用拼装设备，确保拼装过程中结构体系的稳定性和连接的可靠性。其他结构设计方案（如闭腔薄壁构件、注浆式榫槽接头、接缝防水措施、拼装定位措施）与长春地铁装配式车站技术方案相同。

2. 上海地铁 15 号线吴中路站

上海地铁 15 号线吴中路站为地下 2 层岛式站台车站，单拱大跨结构，主体结构长 170 m，结构横断面为变宽度，由 19.8 m 变化至 21.6 m，吴中路站主体结构断面示意如图 2.33 所示。该站拱顶预制拱盖拼装完成后进行上部叠合层的钢筋绑扎和混凝土现浇作业，形成叠合结构。拱顶以下的底板、楼板、侧墙等结构为现浇混凝土结构。

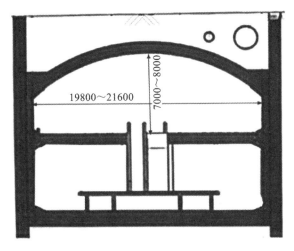

图 2.33 吴中路站主体结构断面示意（单位：mm）

拱顶叠合结构的预制构件由 2 块预制拱盖组成，预制拱盖为带有 2 道肋的 π 形构件。拱盖拼装时，其拱脚坐落于侧墙顶部现浇好的拱座上，在拱脚与拱座之间安装楔形止推支座，2 个楔形块就位压紧后，通过焊接的方式进行固定。拱盖顶接头节点处，在 2 道梁肋端部埋设钢板，拼装时通过定位销安装入孔，预埋钢板顶紧并连接。

叠合结构用于车站拱顶尚属首次，针对其结构特点和施工工艺，开展了较为丰富的技术研究工作。

① 拱盖预制构件标准化研究。吴中路站为变断面结构，因此，拱盖预制构件的标准化有一定难度。项目人员巧妙地通过调整侧墙拱座的挑出长度以及

适当调整拱轴高度、改变拱脚开度，实现了拱盖预制构件的标准化。拱座挑出长度不断变化示意如图 2.34 所示。最终确定的拱盖标准构件长 9710 mm，高 1385 mm，宽 2950 mm，质量约 16.7 t，可以使用 20 t 载重运输平板车便捷运输。

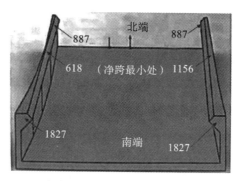

图 2.34 拱座挑出长度不断变化示意（单位：mm）

② 构件制作和机械化拼装。为保证拱盖预制构件的制作精度，并为后期车站建筑"裸装"创造条件，专门研制了大型高精度钢模具，用于构件的预制生产。为了严格控制施工拼装精度，并防止预制构件发生非预期变形，专门研发了运架一体机，用于构件的移动和安装。运架一体机采用多组车轮，以分散荷载作用，同时进行了机体轻量化设计，工作时走行在已施工好的中楼板结构上，以尽量减少对楼板结构的影响。

③ 叠合结构力学性能研究。吴中路站叠合式顶拱结构施工期间需经过 2 个阶段体系转换：第 1 阶段为预制构件装配完成，顶拱接头近似为铰接点，整个拱盖为三铰拱静定结构，见图 2.35（a）；第 2 阶段是在拱盖上部完成现浇叠合层，形成整体式拱结构，为超静定模式，见图 2.35（b）。

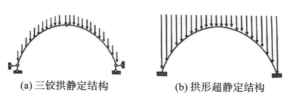

图 2.35 拱部结构体系转换示意

通过足尺结构加载试验研究了叠合结构的各项力学性能，包括预制拱盖与现浇叠合层在不同加载阶段的相互作用以及开裂研究，叠合拱结构受力性能和变形研究，拱脚节点施工和使用期间的受力特征和破坏模式研究。全跨加载试验模型示意如图 2.36 所示。

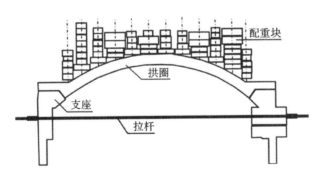

图 2.36 全跨加载试验模型示意

试验研究表明,叠合拱结构的预制与现浇部分协同作用良好。在满跨堆载、半跨堆载及卸载等各种工况作用下,未出现裂缝,叠合拱顶结构受力状态良好。

④ 叠合结构防水处理技术。预制拱盖上部后期整体浇筑叠合层混凝土,结构防水性能等同于整体现浇混凝土结构的防水性能。针对后浇混凝土结构的施工缝采取相应的防水措施,即预埋止水钢片,并在止水钢片的背水面设置遇水膨胀止水胶,同时在拱顶结构外喷涂防水型涂料。

上海地铁 15 号线吴中路站拱顶采用叠合结构技术建造后,拱顶结构施工时间由原来全现浇的 60 d 减少到 11 d,大大提高了工效。叠合拱结构利用预制构件替代大型且复杂的单拱大跨现浇结构的模架体系。站厅层拱部实现建筑"裸装",凸显了混凝土结构肌理之美。上海地铁 15 号线吴中路站被称为上海市最美的地铁站。

3. 广州地铁 11 号线上涌公园站

广州地铁 11 号线上涌公园站为明挖地下 3 层岛式站台车站,矩形框架结构,车站全长 221.7 m,标准段宽 22.3 m。该站顶板采用了叠合结构,中楼板为预制装配结构,其他为现浇混凝土结构,并采用了永临结合的设计理念。该站还在站台板、轨顶风道和设备用房等方面应用了预制装配技术。

上涌公园站装配式结构体系的建立如下。

(1) 地面施作基坑支护地下连续墙,并将连续墙作为主体结构的单墙使用。

(2) 中间立柱采用钢管混凝土柱,基坑开挖前从地面施作柱下桩基础,并将钢管柱插入桩基础内。

(3) 开挖基坑至内支撑标高处，内支撑中部段采用预制混凝土构件，两端分别通过现浇腰梁与连续墙连接，与中间立柱相交处通过现浇节点与钢管柱连接，建立基坑内支撑体系。

(4) 基坑开挖至基底标高后，回筑主体结构，底板结构采用现浇混凝土施作。

(5) 中楼板结构通过在内支撑上铺设预制板装配而成，并将内支撑作为中楼板的横梁加以利用。

(6) 顶板则在内支撑上设置叠合结构，同样将内支撑作为横梁加以利用，顶板覆土回填后，整个结构体系施工完毕。

车站结构防水措施采用防排结合方案，以结构自防水为主，并加强节点防水措施，同时站内设置排水系统。

除了叠合结构的应用，该装配式车站最主要的特点就是永临结合的设计方案。将基坑支护体系中的绝大部分构件（包括地下连续墙、混凝土内支撑、腰梁等）作为永久结构的一部分加以利用，并在各构件连接、预制支撑构件开洞、结构抗震性能、预制构件标准化、施工工艺及辅助装备等方面进行了相应的研究。

(1) 内部结构与连续墙的连接技术。将地下连续墙作为主体结构的单墙使用，早期的地下工程中有过不少案例，内部结构与连续墙之间的连接是关键，其连接性能直接影响到内部结构体系的承载性能及安全性。该站连续墙主要通过现浇腰梁与内支撑结构连接。由于钢板连接的延性优于接驳器连接方式，同时考虑到土建施工的误差难以避免，钢板连接在施工误差的适应性方面具有优势，因此该站采用了钢板连接方案。

(2) 开洞横梁的力学性能研究。该站将基坑预制内支撑构件作为各层结构板的横梁加以利用，由于构件体量偏大，严重影响车站内部管线的行走，需要在梁体开洞以满足各类管线的敷设，并减小结构内净空高度。为此，专门对开洞后的大梁进行了多方案模型试验研究，研究了开洞梁加载后的变形、挠度和破坏情况，验证了开洞梁的承载性能满足要求。

(3) 结构抗震性能研究。通过开展车站结构的抗震性能分析，研究了E2地震作用下结构的承载性能及变形性能，验证了该装配体系的抗震可靠性；E3地震作用下，结构各层的层间位移角为1/1200～1/830，满足规范要求。

(4) 预制构件标准化及辅助拼装装备研究。从减少预制构件型号、减小预制构件质量、便于施工安装等方面，对内部装配式结构构件进行了标准化研究。同时,为提高中楼板装配作业的效率和精度,专门研制了用于预制板拼装定位的装备。

广州地铁11号线上涌公园站装配式结构体系相对复杂,但永临结合的设计方法在进一步减少施工工序、避免建筑垃圾的产生等方面具有一定的优势。

4. 济南地铁R1、R2线装配式车站

济南地铁在R1线和R2线的3座车站也采用了装配式车站建造技术。3座车站的结构形式及所采用的装配技术类似,此处以R2线的任家庄站为例进行简要介绍。

任家庄站为地下2层双跨岛式站台车站,车站总长210.1 m,结构标准段宽19.5 m,采用明挖顺作法施工。

该站将部分现浇混凝土结构改为预制构件,例如基坑支护结构采用预制方桩,中间立柱采用预制方柱+外包混凝土结构,顶板采用叠合结构。

(1) 基坑支护体系永临结合。基坑支护结构采用700 mm×700 mm预制方桩,基坑自上而下设置3道支撑:第1道为钢筋混凝土支撑,另外2道为钢管支撑。其中,第1道混凝土支撑后期与顶板结构相结合,替代叠合顶板的一部分预制构件加以利用,不需要拆除。

(2) 预制立柱永临结合。主体结构中间立柱采用400 mm×400 mm的预制混凝土方柱,基坑开挖前,将此预制立柱从地面插入柱下灌注桩基础内。基坑开挖期间,此预制立柱作为第1道混凝土支撑的临时立柱使用。待基坑开挖后、主体结构回筑时,再外包混凝土形成永久叠合立柱。

(3) 叠合结构。主体结构的底板及纵梁为现浇混凝土结构;侧墙与预制方桩之间通过预埋接驳器设置拉结筋,形成叠合墙结构;顶板和顶纵梁均为叠合结构。

从实际应用效果看,支护结构采用预制方桩后,单桩成桩时间较钻孔灌注桩减少40%;顶板和顶纵梁采用叠合结构后,作业时间比整体现浇混凝土减少7%。

该站设计方案具有一定的创新性,将预制立柱作为基坑内支撑的临时立柱,并实现永临结合,同时利用第1道混凝土支撑替代顶板叠合结构的预制构件,避免了临时混凝土立柱和支撑的拆除,有效减少了施工环节和建筑垃圾。类似立柱永临结合的做法常用于盖挖逆作法工程,且一般为钢管柱,或采用型钢柱后外包混凝土形成组合柱。

5. 哈尔滨地铁3号线丁香公园站

哈尔滨地铁3号线丁香公园站为地下2层双跨岛式站台车站，车站长264.4 m，宽18.3 m，底板为现浇混凝土结构，顶板、楼板和侧墙除节点和纵梁区域外均采用了叠合结构。

该站的特点是利用各叠合结构的预制构件取代传统的混凝土临时模板，局部盘扣支架取代满堂支架。在结构横断面受力方向，预制构件内的主筋与现浇结构的主筋采用套筒灌浆方式连接，实现同等的现浇性能，但连接钢筋量大，施工难度大，效率低。

为方便与侧墙预制构件的精确连接，底板角部钢筋笼在工厂进行高精度加工制作，侧墙预制构件就位后，在预制构件与基坑支护结构之间灌注混凝土，形成叠合墙结构；在楼板或顶板预制构件就位后，叠合层混凝土与各节点区域及纵梁区域的混凝土同时整体浇筑，这样车站结构基本形成。车站结构外设置了全包防水层。

该站的轨顶风道U形结构也采用了整体预制技术，中楼板叠合结构中预留了连接条件，在车站结构封顶后安装。

该站于2019年6月29日开始拼装施工，2023年10月1日结构封顶。本站采用叠合结构后，与全现浇混凝土结构相比具有一定的优势，例如：钢筋材料占地由600 m²减少为200 m²，并可减少钢筋倒运费用；施工安全性提升；另外，主体结构封顶提前了2个月完成，避开了严寒冬季施工期，有效解决了冬季施工难题。

2.6.3 我国地铁车站预制装配建造技术展望

经过多年的发展，我国在地铁车站预制装配建造技术的研究和应用方面取得了一定的成绩，建成了多种模式的装配式地铁车站。这些有益的尝试和探索，对推动我国装配式技术的发展具有重要意义。

从目前实际工程应用情况来看，无论是全预制装配式结构，还是叠合装配式结构，都具有技术可行性，能够满足结构施工和使用期间的设计要求，并或多或少取得了一定的经济效益和社会效益。

尽管目前我国在装配式地铁车站领域所做的研究和尝试已经不少，部分技术特别是全装配式结构也已经有了一定的应用规模，但装配式地铁车站建造技术还处于起步阶段，有很大的提升和拓展空间，且将不断面临新的课题，需要继续优化、创新和突破，保持可持续发展。

1. 因地制宜决策技术路线和工程方案

（1）地下结构目前面临的突出问题。

地下结构位于地层中，耐久性一直是业内关注的焦点，虽然工程设计阶段对耐久性的标准、技术措施及使用期间的检测和维护等均确定了具体的要求和目标，但在工程实施中出现的种种问题还是难以避免，尤其是地下结构渗漏水和开裂问题，对结构的耐久性和使用寿命产生极大的影响。

我国部分城市地铁车站的现浇混凝土结构处于"十站九漏"，甚至"每站必漏"的状况，运营前后，每座车站需要投入的堵漏治理费用基本为100万～500万元，部分车站达到700万～1000万元。渗漏水点一般在现浇结构的施工缝和变形缝处，还有结构贯通裂缝处。所采取的防水措施包括施工缝和变形缝的密封防水处理、结构外全包防水层等，基本难以控制。

地下工程在承载环境、受力特点、防水性能及施工工艺和要求等方面有其特殊性，与地面建筑工程存在较大的区别，装配式结构技术路线和工程方案的确定需要因地制宜。

（2）叠合结构在地下工程中的应用。

叠合结构由预制混凝土构件（或既有混凝土结构构件）和后浇混凝土组成，为两阶段成形的整体受力结构。叠合结构在地面装配式建筑工程中应用广泛，并已建立完善的技术体系和规范标准。

对于地铁车站工程，叠合结构早期主要运用于地下连续墙支护结构与内衬墙，通过在连续墙表面凿毛并设置拉结筋的方式与后期现浇内衬墙叠合。两墙叠合后按整体墙结构进行设计，可减小内衬墙的厚度，但也存在比较突出的问题，即内衬墙开裂。后浇混凝土结构在既有结构的约束作用下易产生收缩裂缝，有些为贯通裂缝，对于大体积混凝土结构，这种现象更加严重。已建成地铁车站的叠合墙结构开裂和漏水现象比较普遍，通常需要在地铁车站内砌筑离壁墙，并设置专门排水沟。

已建和在建的叠合装配式地铁车站均或多或少采用了叠合结构。叠合装配式结构除了叠合结构中的局部采用预制构件，其余为现浇混凝土结构，整个结构体系原理基本等同于现浇原理。因此，这类装配式结构整体性好、刚度大、结构拆分灵活、对结构断面的适应性强。当然，现浇结构现阶段存在的种种问题其基本都存在。

地铁车站的底板、侧墙和顶板等外围衬砌结构，由于直接承受巨大的水土压力作用，构件体量较大，一般结构厚度为500~1000 mm，甚至更大。对于大体积混凝土的叠合结构，收缩开裂现象难以避免，加上大量施工缝的存在，地下水的渗漏更难控制，且因为叠合后隐蔽，难于检测和修补。

因此，叠合结构用于地铁车站的衬砌结构时，还需要对其开裂性能及技术措施做进一步深入研究，分析其可行性，并高度关注施工缝的密实性及防水措施，同时研究检测和修补措施。当然，地铁车站的中楼板、楼板梁及中间立柱等内部结构承载环境与地面建筑类似，叠合结构的应用是可行的，且具有一定的优势。

（3）全预制装配式地铁车站结构选型。

实际工程研究和应用表明，全预制装配式结构在工程质量、防水性能、装配率、施工效率、环境保护等方面具有不可替代的优势。但是，变刚度接头的存在使得装配式结构的力学行为变得复杂，结构选型和拆分受到一定的限制；同时，接头干式连接，拼装过程中环内预制构件之间的张拉和连接需要一定的作业空间，导致明挖基坑的宽度较现浇结构大，并需要采用结硬性材料对侧向肥槽进行回填，增加了基坑施工的工程量。

长春、青岛和深圳地铁采用的装配式地铁车站均为单拱大跨结构，适用于地质条件相对较好的承载环境，而矩形框架结构则具有更好的地层适应性和经济性。图2.37为全预制装配式矩形框架结构示意。

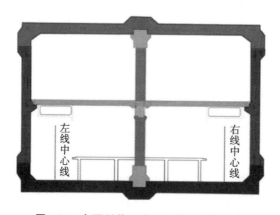

图2.37　全预制装配式矩形框架结构示意

结构形式的确定需要根据工程地质、环境条件、结构埋深、地铁车站空间效果、工程造价等因素进行多方案的技术和经济比选。例如，青岛地铁和深圳地铁常常遇到地势起伏地段，明挖地下2层覆土较厚，为了获得较好的经济性，一般采用地下3层矩形结构或地下2层拱形结构，在这种情况下，装配式地铁车站采用拱形结构具有得天独厚的优势。

从已建的地铁车站来看，基坑肥槽宽度一般为600 mm左右，可以通过以下措施进行优化：

① 优化环向水平构件的拆分，尽量采用整块构件或大构件，取消或减少环向张拉环节；

② 优化构件张拉施工工艺，研究采用内侧张拉的可行性；

③ 优化接头辅助连接装置，在结构内侧净空有条件的情况下，将外置连接装置设置在结构内侧，或采用内置的连接方法；

④ 采用经济型回填材料，例如长春地铁采用的是低强度素混凝土，青岛地铁考虑就地取材，采用在浆液中抛石的方法形成结硬性回填。

（4）完善技术体系和技术标准。

目前，我国在地铁车站及大型地下结构预制装配技术方面的研究和应用才刚刚起步，规模还远远不够，技术体系有待完善，技术标准有待形成。

在技术体系方面，早期应用的明挖装配式地铁车站项目在接头连接及承载特性、结构静力和动力学行为、构件轻量化、叠合结构、结构及接缝防水、构件生产和施工技术等方面积累了一定的经验，所形成的研究成果为技术体系发展奠定了一定的基础，但仍需要在相关方面进一步深化和完善，还需要不断丰富结构体系和接头选型，并不断拓展研究和应用范围，以适应更多的工程应用场景。

装配式地铁车站等地下结构的技术标准研究还处于空白。编制技术标准可固化成熟科技成果、指导实际应用工作的开展，应在取得研究及实际应用成果的基础上，积极组织编制有关结构设计、构件生产和施工验收方面的标准。目前，中国城市轨道交通协会已立项多部相关的技术标准，标准正处于编制过程中。

2. 尽量发挥预制装配建造技术的优势

不同的装配技术均有其合理的使用范围，技术方案的选择应结合应用场景条件和工程实际需求，并应充分体现技术的优势。

预制装配建造技术的含义是在工厂制造构件或部件、在现场进行组装的生产方式，也是工业化建造模式的核心，以实现建筑的标准化设计、工厂化生产、机械化施工和信息化管理，并逐步朝着智能化发展，推动建筑产业优化升级。

（1）提高标准化、工业化程度。

城市轨道交通工程相对于地面建筑，由于个性化程度低而更加适合标准化设计和工业化建造。标准化和尽量少的构件类型有利于工厂化生产和减少模具频繁改变而带来的生产成本的增加。由于地铁车站预制构件体量相对较大，构件生产设施投入大，标准化工作不到位将直接导致部分生产设施、生产场地尤其是模具的使用率降低，这对构件生产的成本有较大的影响。例如，对于盾构隧道，一环多块，但每环通用，且一条线路管片模具统一，甚至多条线路统一，整体标准化和工业化程度非常高，因此效率高，建设成本也得以控制。

对于地铁车站工程，功能的复杂性加大了标准化的难度，同一座城市或同一条线路，各地铁车站之间应统筹标准化策略；每座装配式地铁车站设计时，建筑、结构、设备、装修等各专业都需要突破传统观念和技术手段，按照通用化、模数化、标准化的原则，全方位协同，充分体现装配化的理念。例如，地铁车站建筑和设备的布局不能将现浇结构的做法全盘照搬，原本地铁车站集散区为标准的单柱双跨结构，到了设备区，由于房间和设备的布置就要变成双柱三跨结构，这样就导致1座地铁车站需要2套标准化结构体系，或采用现浇结构替代，显然，标准化和工业化程度就大打折扣。

（2）提高结构的装配率。

提高结构的装配率是发挥工业化建造模式优势的最直接体现。装配率有两个层面的含义：第一个层面是结构体系的装配率，指预制混凝土量占总混凝土量的比例，即预制构件的使用率；第二个层面是整个地铁车站的装配率，即沿地铁车站纵向装配段长度与地铁车站总长度之比。套用地面装配式建筑的装配率分类规则，装配率可分为超高装配率（70%以上）、高装配率（50%～70%）、普通装配率（20%～50%）、低装配率（5%～20%）和局部使用预制构件（小于5%）5种类型。

为了尽可能地发挥工业化建造模式的优势，很多地方政府对地面工程项目的装配率都有刚性要求。目前地下工程领域虽然还未发展到这一步，但也是必然趋势，因为地下工程标准化程度高，装配率标准应高于地面建筑。

根据对目前国内采用全预制装配式结构的初步统计，结构体系装配率远远超过70%（超高装配率），若不考虑内部结构，则装配率达100%；若考虑内部结构，则装配率为84%~95%。地铁车站的装配率相对较低，但也基本为高装配率（50%~70%），长春地铁车站的装配率最高为86%。

我国的地铁车站设计中，每座地铁车站的两端通常需要设置区间隧道工作井，因此在一定长度范围内可能出现非标准断面，需要采用现浇结构，设计时应尽量将地铁车站的风道与区间工作井相结合，缩小非标准结构的范围，有效提升地铁车站整体的装配率。

（3）研发高端施工装备。

装配式结构对施工装备的依赖性很高，施工装备的性能和控制方式直接影响到装配施工的精度、质量和效率。尽管目前已经研发了一系列辅助施工装备，但在装备的自动化和智能化方面还有很大的发展空间。伴随装配式结构体系的不断丰富，研发与之相配套的高端施工装备是必然之选，并需要朝着数字化、信息化和智能化的方向发展。

（4）提高施工效率和社会效益。

明挖地铁车站建设最大的痛点包括：长时间占道施工，对城市道路交通产生较大的影响；施工噪声和粉尘污染严重影响居民的正常生活；劳动力紧缺。因此，需要尽量减少现场钢筋绑焊、模板架立和灌注混凝土等作业活动。显然，预制装配化是提高施工效率、加快施工进度、节省劳力、实现绿色环保的行之有效的手段。

根据对长春地铁装配式地铁车站的初步分析，一座标准地铁车站综合工期可缩短4~6个月，考虑节约劳动力和缩短工期带来的效益，综合投资累计节省约1000万元。同时，加快建设速度不仅有利于减小施工对城市交通、用地和商业的影响，而且有利于轨道交通尽早通车、尽早发挥其改善城市交通的效益。

3. 合理控制装配式地铁车站的工程造价

（1）我国地面装配式建筑工程造价分析。

预制混凝土构件因受生产工艺和模具投入等因素的影响，其单价一般均要高于现浇混凝土结构。地面建筑预制构件生产成本与现浇混凝土结构成本对比如表2.12所示。造价高主要与材料费、机械使用费和销项增值税3个方面有关。

表2.12 地面建筑预制构件生产成本与现浇混凝土结构成本对比

结构类型		人工费/元	材料费/元	机械使用费/元	综合费/元	措施费/元	规费/元	销项增值税/元	合计/元	比值/%
楼板	装配式叠合板	176.03	2766.40	83.03	41.28	32.19	20.70	343.17	3462.80	154
	现浇式平板	393.13	1365.67	78.20	64.73	71.94	46.43	222.22	2242.32	100
	装配成本－现浇成本	－217.10	1400.73	4.83	－23.45	－39.75	－25.73	120.95	1220.48	54
矩形梁	装配式矩形梁	146.97	3053.47	83.97	33.62	26.90	17.36	367.65	3729.94	169
	现浇式矩形梁	409.15	1319.83	71.71	64.45	74.88	48.33	218.72	2207.07	100
	装配成本－现浇成本	－262.18	1733.64	12.26	－30.83	－47.98	－30.97	148.93	1522.87	69
楼梯	装配式楼梯	188.78	2385.09	78.05	38.47	34.55	22.29	302.23	3049.46	157
	现浇式楼梯	581.53	890.29	36.34	68.47	106.41	68.68	192.69	1944.41	100
	装配成本－现浇成本	－392.75	1494.80	41.71	－30.00	－71.86	－46.39	109.54	1105.05	57

综合考虑地面装配式建筑工程的装配率对预制构件造价增加的"中和"效应，地面装配式建筑工程综合造价与现浇建筑工程相比增加幅度为20%～25%。

(2) 我国装配式地铁车站工程造价分析。

通过对已建和在建的全预制装配式地铁车站造价进行初步测算可知，各城市装配式地铁车站工程造价总体上均高于同规模的明挖现浇地铁车站，造价的增加幅度为10%～20%，增加幅度比地面装配式建筑工程略低。初步分析，装配式地铁车站工程造价偏高的原因主要有以下3个方面。

① 预制混凝土造价高于现浇混凝土。市政工程多种预制构件初步测算单价对比见表2.13。由于装配式地铁车站构件体量大，制作工艺相对复杂，建厂成本高，因而构件的单价也略高于其他市政工程预制构件的单价。

表2.13　市政工程多种预制构件初步测算单价对比

构件名称	单价/（元/m³）	备注
装配式地铁车站预制构件	3785	含利润及税金，到工地价格
预制管片	2700	到工地价格
大型U形梁	3556	按地铁全统定额测算，场地费按400元/m³增加，钢筋体积质量按200 kg/m³调整（实际钢体积质量为350 kg/m³）
市政预制箱梁	3425	按《市政工程消耗量定额》（ZYA1－31－2015）测算，场地费按300元/m³增加，钢筋体积质量按200 kg/m³调整（实际钢的体积质量为300 kg/m³）
预制管廊	2700	询价某预制场，按钢体积质量为200 kg/m³计算，运输费为100元/m³

② 应用数量少，建厂成本摊销费用高。预制厂建设成本摊销费用直接影响装配式结构的造价。按照新建构件厂考虑，以不同地铁车站数量计算每环构件的成本摊销费用，初步估算为：按30座地铁车站计算，构件摊销费用约7.4万元；按20座地铁车站计算，构件摊销费用约11.1万元；按10座地铁车站计算，构件摊销费用约22.2万元。

③ 税费影响。采用预制装配技术与现浇混凝土技术所缴纳的税费不同。构件在工厂生产，企业需要缴纳16%的增值税，同时，构件从工厂运至现场还需要增加运输费用；而对于现浇混凝土结构，施工企业仅需缴纳10%的增值税。

（3）降低工程造价的主要措施。

降低装配式地铁车站的工程造价有助于更大范围推广应用。降低工程造价的主要措施包括：在国家积极倡导装配式建造技术的大背景下，期待能够取得政府的支持，减免部分税费；优化技术方案和工程设计；尽量增加装配式结构工程的应用数量，降低成本摊销费用等。

2.6.4　预制装配式地铁车站施工实践

1. 工程概况

捷达大路站为地下岛式车站，地下二层，建筑面积12640 m²，车站全长

189 m，其中现浇段位于车站两端，总长度为61 m，现浇段车站主体宽度21~24 m，两端设端头井。各层楼板的找坡坡度为0.2%；预制装配段位于车站中部，总长度为128 m；预制装配段地铁车站主体宽度为20.5 m，高度为17.4 m，环宽2 m，沿车站纵向共布置64环，其中标准环为56环，附属环为8环。

2. 装配式地铁车站构件分块

构件采用空腔肋板结构形式，标准衬砌环由5块预制块组成（A、B、C、D、E，质量分别为37.6 t、39.5 t、31 t、48.3 t与54 t）；出入口采用预制洞口环梁结构形式，由环梁块（F1、F2块，质量为55.0 t）和下侧墙块（C3、C4块，质量为17 t）组成；因预留孔洞多且不规则，楼板设备为现浇结构。拼装构件分块名称如图2.38所示。

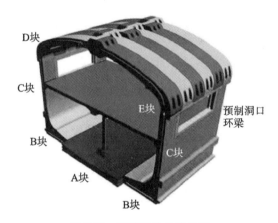

图2.38　拼装构件分块名称

拼装结构分块一般需要考虑运输难度、起重吊装及推移的施工难度。如果分块数目增加，接缝和连接点数目则相应增加，会导致结构的防水性能下降，安装的精度也会下降。综合各方面因素，该工程采用了底板（B1块、B2块、A块）、侧墙（C块）、顶拱（D块、E块）的分块方式。

借鉴中国传统木结构的榫卯构造，预制构件环向与纵向采用榫槽与榫头连接，榫头内设置定位销，榫卯构造间预留张拉孔道，穿精轧螺纹钢施加预应力。后期在榫卯构造的间隙注入改性环氧树脂结构胶，形成整体结构。接触面上设置两道止水橡胶条，通过施加预应力密贴，达到止水效果。

3. 装配式地铁车站关键施工技术

1）深基坑锚索支护技术

装配式地铁车站围护结构应提供足够的空间，供装配台车行走和预制块拼装。该工程采用锚索＋围护桩的支护体系，利用锚索与土体的黏结力作为围护桩背后土压力的反力。围护结构与预制块外侧之间留有600 mm间隙，以进行预紧装置张拉施工。

2）预制块吊装技术

该工程结合实际，在围护桩上设置轨道梁，满足承载力要求。同时延伸轨道梁区域为装配区＋现浇区＋预制件存放区，进行预制件的吊运。预制构件进场存储应采用方木或胶垫支承，避免接头处边角应力集中导致损坏。

选用1台ME80t＋80t门式起重机。起重机跨度为33 m，主提升速度为10～14 m/min，大车运行速度为5～20 m/min，小车运行速度为1.1～14 m/min。吊装方案如下。

（1）A块、B块、D块、E块采用双小车4点吊装方式，该方式既保证了起重机受力合理，又保证了吊装的平稳。人工辅以双小车吊装即可完成预制件粗略对中，预制件安装定位调整准确，且调整速度快，节约现场吊装时间。

（2）侧墙C块采用单小车3点吊装，2个吊点与重心在同一竖直面上，辅以人工完成C块在垂直状态下落对中。

（3）预制构件体积大、质量重，构件吊装作业过程中，应全程监控，确保吊装作业安全。

（4）拼装前准备工作：审查施工方案的合理性、可操作性、安全可靠性、安全技术交底情况；原材料、构配件、模板等进场把关；安全管理人员、司索信号工到岗情况，特种作业人员、特种设备检查；预制块拼装检查、验收；结构防水检查、验收。

3）底板基础垫层施工控制要点

底板基础垫层采用精平条带施工时，挖掘机找平、人工清底、预埋角钢、精平条带浇筑、机械打磨，利用精平条带平面控制基底标高。检查精平条带的平整度、高程和坡度是否符合设计要求，基底垫层施工的平整度和坡度直接影响预制构件摆放的拼装精度。

底部每8 m埋设一道注浆管，相邻两段接头错开，端头采用水泥砂浆封堵，待B块肥槽混凝土浇筑完成后进行注浆，注浆采用单液浆，拼装时从低的一端向高的一端拼装，便于注浆。

条带预埋角钢用高精度水平仪调平后浇筑混凝土，带宽1.3 m，横向设置5道。条带之间浇筑等强度的混凝土，混凝土面比条带标高低20 mm，精平条带的精度控制在±1 mm，局部不平可采用磨石机进行处理，建议条带之间预留地下水泄水孔，防止地下水压力导致垫层上浮。

4）型钢反力架安装

反力架是提供前7环张拉受力的支架，一般在现浇段中预埋型钢，待现浇结构施工完成后，利用后浇带1 m的空间焊接型钢组合。

型钢组合反力架安装质量控制要点：检查型钢组合梁基础及预埋件位置的准确性，检查型钢组合梁制作焊接安装质量是否符合要求。型钢组合梁由A块型钢组合梁、B块型钢组合梁及C块型钢组合梁组成，型钢组合梁采用型钢结构，由40b工字钢及25 mm厚钢板焊接而成。型钢组合梁与基础预埋件及已完成现浇结构的预埋工字钢焊接成一体，为首环张拉提供足够的刚度。

5）拼装顺序

装配式地铁车站拼装施工中，先用龙门吊安装A块、B块，后利用台车辅助拼装C块、D块和E块。根据台车作业平台是否相互干扰和施工连续，预制件拼装可分为成环拼装和梯次拼装两种形式。成环拼装的方式为：侧墙拼装完成一环后，顶板及时成环。梯次拼装方式为：首先侧墙超前顶板3环，随后侧部平台与顶部平台同步作业，形成台阶状流水拼装。

装配式地铁车站具体施工步骤如下。

① 基坑平整，施作精平垫层。

② 精平垫层达到设计强度，首环A块、B块与反力架锁定，连续拼装8环A块、B块。

③ 在B块牛腿位置安装台车行走轨道，通过吊装设备拼装台车，依次拼装门架、顶部平台、两侧平台、液压系统等；为保证首环稳定，连续拼装3环C块后，再拼装D块和E块。

④ 采用成环拼装梯次推进形式，按照底板、侧墙、顶板的顺序依次向前推进施工。

（1）定位及纠偏控制。

预制块的定位精度主要从两个方面进行控制：一是每环单个预制块应有足够的安装精度，保证榫卯结构顺利咬合成环；二是消除逐环拼装累计纵向误差。控制内容包括轴线位置、左右侧墙同步、成环结构垂直度。

控制轴线时，A块、B块采用十字线标识定位，用全站仪每3环在精平条带上弹出平面控制点。结构的垂直度可采用垂标控制，亦可采用激光垂准仪监测。构件表面平整度采用控制拐尺检测，消除累积误差，缝宽控制在6 mm以内。预制块的张拉锁紧施工采用双控制值进行控制。保证拼接缝间隙在6 mm以内，控制张拉力大小，调整拼接缝宽度进行纠偏。

（2）构件拼装。

① 拼装前注意事项。

a.检查首环预制块定位是否准确，核实纵、横轴线误差是否在允许范围内。

b.检查防水密封条的完好性和位置正确性，确保防水效果符合设计要求。

c.检查拼装偏差是否符合要求。预制衬砌整环拼装的允许误差：相邻环的环缝间隙为6.0～7.0 mm；纵缝相邻块间隙为4.0～5.0 mm。侧墙块C块安装垂直度和角度至关重要：如果侧墙块和上一环顶板块形成锐角，导致这环顶板块无法安装，就只能凿除顶板块的脚或者拆除上一环；如果形成的钝角过大，会造成防水效果不好；如果侧墙块C块垂直度不符合要求，不管是内倾还是外倾都会导致C块与顶板块D块、E块接头处产生应力集中而崩裂掉角。

② A块拼装控制要点。

a.反力架安装完成后，在垫层上测量放线并标记。

b.吊装首环A块在下落过程中，人工配合龙门吊将构件初步对中下落后就位。

c.复测定位并锁紧，穿设精轧螺纹钢，对A块纵、横轴线精确定位，通过千斤顶对每根精轧螺纹钢分别张拉，用千斤顶保压；然后将A块背后螺帽锁紧，再次采用千斤顶，每孔施加30t锁定力；进行轴线二次复核，无误后锁紧张拉端螺母（校正后的轴线偏差要小于2 mm），卸载千斤顶，安装连接器，进行第二环A块拼装。

d.吊装第二环A块初步对中，先将两侧首环B块均初步安放到位，避免首环B块跨越第二环A块吊放产生磕碰，与第一环A块纵向间距约为120 mm（冲垫木能够抽出）；通过人工辅助龙门吊调整，A块轴线与车站纵轴线偏差一般不超过5 mm。

e.吊放A块后,轴线存在一定偏差,可通过对侧的2束精轧螺纹钢进行均匀慢速的张拉,对A块进行校正,偏差要小于2 mm。

③B块拼装控制要点。

第二环A块拼装完成后安装B块与纵向精轧螺纹钢,并与反力架连接,用千斤顶校正B块环向位置,且与A块端面偏差不大于3 mm;B块横断面位置校正完成后,将B块与反力架间缝隙塞紧,调整千斤顶卸载。

安装B块环向张拉千斤顶,两台千斤顶要缓慢、同步加载,最终加载力为每孔约70 t,最后将B块张拉端螺帽锁紧。

B块与A块横向张拉锁紧后,继续张拉B块与反力架方向千斤顶,每孔张拉力达到10 t时,将B块与反力架间螺母锁紧,千斤顶继续加载至每孔25 t锁定力再将B块张拉端螺帽拧紧锁定。再次复核偏差无误后进行第二环B块安装。

(3)装配台车安装技术。

A块、B块拼装完成10环后进行台车的安装,台车由门架、走行梁机构、可调式挂架平台、顶部拼装平台、张拉平台、液压电控系统组成,总重约240 t。

拼装流程如下。

a.上层平台调整D块、E块高程及纵向位置,完成榫卯对中。

b.中层平台横向平移D块、E块合龙,穿精轧螺纹钢施加预应力。再整体平移D块、E块与C块榫卯对中。

c.上层平台高程回落,同时纵向推进,完成D块、E块与C块及前后环的合龙,穿精轧螺纹钢施加预应力。

d.下层平台承载整个顶部平台,纵向移动至下一环位置,重复以上流程。

侧部平台用于C块安装,通过侧向丝杠调整C块纵、横轴线及垂直度。C块拼装控制要点具体如下。

a.C块吊装采用人工配合龙门吊缓慢对中就位。

b.横向垂直度校正:在钢丝绳不松弛的情况下固定C块丝杆;台车对C块固定完成后,解除吊装钢丝绳,利用丝杆对C块进行横向垂直度校正固定。

c.连接反力架并锁紧,穿精轧螺纹钢与反力架连接,利用千斤顶对C块进行纵向垂直度张拉,校正完成后加载至25 t锁定张拉端。

d.牛腿对称安装C块,并进行净空复核,无误后采用气动扳手将连接B块与C块牛腿中的高强螺栓拧紧到设计值。

为确保D块、E块的稳定性，C块拼装3环后进行首环顶块的拼装。顶拱D块、E块拼装控制要点具体如下。

a. 调整台车二、三层平台到相应位置，三层平台千斤顶升起300 mm，安装C块顶部定位销，并将D块、E块分别吊装到台车第三层拼装架上。

b. 顶部拼装平台千斤顶分别对D块、E块做三维调整，将D块、E块横向合龙，就位后张拉连接口上下端环向精轧螺纹钢，每孔锁定力值为24 t。

c. 轴线监测D块、E块连接体与C块是否对中，如有误差，同步调整二、三层平台千斤顶，确保与C块榫头精确对中。

d. 穿设纵向精轧螺纹钢，使D块、E块自锁，锁定力值为25 t。

丝杆安装控制要点：安装丝杆的目的是抵消D块、E块水平外力，防止拱顶下沉，因此丝杆一定要顶在围护桩上，不能顶在两桩之间的土墙上。

（4）构件张拉锁定。

检查精轧螺纹钢、接驳器质量证明文件，外观及螺纹完好无损伤；检查张拉设备仪表标定情况，标定合格才能进行张拉操作；检查锁定条件，张拉锁定力值为25～30 t，同时环缝之间利用塞尺控制在6～7 mm，待条件同时达到后，工人利用扳手锁紧螺栓；预制构件张拉过程中，严禁人员站在张拉端头，张拉设备固定牢固。

6）榫槽内注浆

检查构件背后回填的及时性和质量要求。构件背后回填材料选用C20素混凝土，构件背后对称回填可一次性回填1 m高，每级回填混凝土凝固硬化至70％强度时方可回填下一级混凝土，拼装成环后可进行预制C块及D块、E块回填。

查看基底注浆及时性和质量是否符合要求。基底注浆采用预埋30 mm的注浆管。注浆管每8 m埋设一道，相邻错开，端头用水泥砂浆封堵。

每四环对榫槽进行注浆，注浆材料为3∶1∶1.5的环氧树脂甲液、乙液及石英粉。

综上所述，捷达大路站采用一系列关键技术，成功地控制了拼装精度，高效率地完成了拼装工作。

第3章　城市轨道交通区间施工

3.1　浅埋暗挖法

3.1.1　浅埋暗挖法概述

浅埋暗挖法是以加固软弱地层为前提，采用有足够刚性的复合式衬砌结构，选用合理的开挖方式，应用信息化量测反馈，以保证施工安全和控制地面沉降的一种施工方法。

1. 浅埋暗挖法的基本原理

浅埋暗挖法沿用了新奥法的基本原理，创建了信息化量测反馈设计和施工的新理念。该法采用先柔后刚复合式衬砌和新型的支护结构体系，初期支护按承担全部基本荷载设计，将二次模筑衬砌作为安全储备，初期支护和二次衬砌共同承担特殊荷载。进行浅埋暗挖法设计和施工时，可采用多种辅助工法，如以超前支护加固围岩，调动部分围岩的自承能力；采用不同的开挖方法及时支护、封闭成环，使其与围岩共同作用，形成联合支护体系。在施工过程中应进行监控量测、信息反馈和优化设计，实现不塌方、少沉降和安全施工。浅埋暗挖法多用于第四纪软弱地层，由于围岩自承能力比较差，为避免对地面建筑物和地下构筑物造成破坏，需要严格控制地面沉降量，因此初期支护刚度要大，支护要及时。初期支护必须从上往下施工，二次衬砌模筑必须进行变形量测，当结构基本稳定时，才能施工，而且必须从下往上施工，绝不允许采用先拱后墙法施工。

2. 浅埋暗挖法的应用范围及特点

浅埋暗挖法主要应用于土质不宜明挖施工的地段或软弱无胶结的含砂、卵石等的第四纪土层，修建覆跨比大于0.2的浅埋地下洞室。对于高水位的类似地层，采取堵水、降水、排水等措施后也可采用浅埋暗挖法。尤其对于结构埋置浅、地面建筑物密集、交通运输繁忙、地下管线密布，以及对地面沉降要求严格的都市地区，浅埋暗挖法优势明显，在修建地下铁道、地下停车场、热力与电力管道时更为适用。开挖面土体稳定是应用浅埋暗挖法的前提条件。

浅埋暗挖法与其他方法相比具有显著优点。以城市地铁为例，浅埋暗挖法较明挖（盖挖）法简单易行，不需要多种专业设备，灵活方便，适用于多种地层、不同跨度、多种断面，尤其对于地铁区间隧道来说，浅埋暗挖法施工完全能满足要求。当然，浅埋暗挖法也存在缺点，如施工慢、喷射混凝土时粉尘多、劳动强度大、机械化程度不高，以及在高水位地层结构防水比较困难等。

3.1.2 浅埋暗挖法施工

浅埋暗挖法的施工设计实际上是确定施工方法、支护手段和衬砌结构的过程，这与地上建筑物的施工设计思路截然不同。利用浅埋暗挖法修建地铁是应用岩体力学原理，以围护和利用围岩的自稳能力为基点，将锚杆和喷射混凝土结合在一起作为主要支护手段，通过及时进行支护来控制围岩的变形与松弛，使围岩成为支护体系的组成部分，形成集锚杆、喷射混凝土和围岩于一体的承载结构。针对城市地铁埋深浅的特点，还经常要借助地层注浆、格栅、管棚等辅助加固措施。通过现场量测及时反馈围岩-支护复合体的受力与变形情况，为合理确定二次支护的施工时间提供依据。通过监控量测及时反馈的信息来指导隧道工程的设计与施工。

围岩支护的受力情况与支护结构的强度及支护时机的关系：当围岩开挖暴露以后，需要通过支护来限制其变形，以达到新的平衡状态；如果支护迅速，且支护结构刚度大，则所需提供的支护抗力越大；如果允许围岩产生一定的变形，并使用柔性支护（锚喷衬砌即属于柔性支护），则所需施加的支护抗力也随之减小；当围岩变形超过允许值，导致围岩破坏而松弛后，作用于支护结构上的围岩压力就会随围岩变形的发展而迅速增大。

浅埋暗挖法的施工程序主要有开挖作业、初期支护、二次衬砌、动态观测等。

开挖作业，对土质隧道采用机械或人工挖掘，对石质隧道多采用光面爆破和预裂爆破，并尽量采用大断面或较大断面开挖，以减少对围岩的扰动，尽量使隧道断面周边轮廓圆顺，避免棱角突变处应力集中。

初期支护是根据预设计采用不同的支护类型和参数，及时喷射混凝土和设置锚杆，以控制围岩的变形和松弛。在浅埋软弱围岩地段，应使断面尽早闭合,以有效地发挥支护体系的作用,保证隧道稳定。

二次衬砌是在围岩与初期支护变形基本稳定后修筑的,使围岩与支护结构形成一个整体,因而提高了支护体系的安全度。

动态观测是通过施工中对围岩和支护结构的动态观察、量测来合理安排施工程序,进而修正设计及进行日常的施工管理。

这里特别强调衬砌结构的防水问题,铁路和公路隧道向来采用疏导方式排水,没有考虑水压力。但在城市地铁施工中,考虑到排水可能造成长期地表沉降以及地下水流失等环境问题,在用浅埋暗挖法修建隧道时必须一律采取全面的防水措施,不留排水孔,同时须考虑地下水相应的水压。

按照开挖方法划分,可将浅埋暗挖法施工分为全断面法、台阶法、分部开挖法及特大断面的施工方法。

1. 全断面法

全断面法是指按设计要求使开挖面一次开挖成形。全断面开挖有较大的工作空间,适用于大型配套机械化施工,施工速度较快,因单工作面作业,便于施工组织管理,一般情况下应尽量采用全断面法。但开挖面大,围岩稳定性相对降低,且每个循环工作量相对较大,因此要求具有较强的开挖、出渣能力和相应的支护能力。

采用全断面法开挖,有较大的断面进尺比(即开挖断面面积与掘进进尺之比),可获得较好的爆破效果,且爆破对围岩的震动次数较少,有利于围岩的稳定。但每次爆破震动强度较大,因此要求进行严格的控制爆破设计,尤其是对于稳定性较差的围岩。

(1) 施工顺序。

① 用钻孔台车钻眼,然后装药连线。

② 退出钻孔台车,引爆炸药,开挖出整个隧道的断面轮廓。

③ 排除危石,安装拱部锚杆(必要时)和喷射第一层混凝土。

④ 用装渣机械将石渣装入出渣车并运出洞。

⑤ 安装边墙锚杆(必要时)和喷射第一层混凝土。

⑥ 必要时对拱墙喷射第二层混凝土。

⑦ 按上述工序开始下一循环作业。

⑧ 在围岩和初期支护基本稳定后,按期进行二次模筑混凝土衬砌及灌注隧道底部混凝土。

(2) 适用条件。

① Ⅰ类及Ⅱ类整体性好的围岩；用于Ⅲ类围岩时，围岩应具备从全断面开挖到支护前这段时间内能保持其自身稳定的条件。

② 有大型施工机械。

③ 隧道长度或施工区段长度不宜太短，根据经验一般不应小于1 km。否则，采用大型机械施工经济性较差。

(3) 机械设备。

采用全断面法开挖，必须要注意机械设备的配套，以充分发挥机械设备的优势。进行隧道机械化施工时有3条主要作业线：开挖作业线、锚喷作业线和模筑混凝土衬砌作业线。

开挖作业线上采用的大型机械有钻孔台车、装药台车、装载机配合自卸汽车（无轨运输时）、装渣机配合矿车及电瓶车或内燃机车（有轨运输时）；锚喷作业线上采用的大型机械有混凝土喷射机、混凝土喷射机械手、锚喷作业平台、进料运输设备及锚杆注浆设备；模筑混凝土衬砌作业线上采用的大型机械有混凝土拌和设备、混凝土输送车及输送泵、防水层作业平台、衬砌钢模台车。

在机械设备选型时应考虑生产性、可靠性、经济性、维修性、环保性、耐用性、灵活性及配套性等因素。

(4) 施工特点。

① 工序少，便于施工组织和施工管理。

② 一次开挖成形，对围岩扰动少，有利于围岩的稳定。

③ 开挖断面大，可采用深孔爆破以提高爆破效果，加快掘进速度。

④ 作业空间大，有利于采用大型施工机械设备，实现机械化综合施工，从而提高劳动生产率，减轻施工人员的劳动强度，降低工程造价。

(5) 注意事项。

厘清开挖面前方的地质情况，随时准备好应急措施（包括改变施工方法），以确保施工安全。尤其应注意观测，防范地质条件突然发生恶化，例如地下泥石流、涌水。

各工序使用的机械设备务求合理配套，以充分利用机械设备并确保各工序之间的协调，在保证隧道稳定安全的前提下，加快施工速度。

在软弱破碎围岩中使用全断面法开挖时，应加强对辅助施工方法的设计和作业检查以及对支护后围岩的动态量测与监控。

2. 台阶法

台阶法一般是将设计断面分成上半断面和下半断面,实施两次开挖。有时也采用台阶上部弧形导坑超前开挖。

采用台阶法开挖可以有足够的工作空间和适宜的施工速度,但上下部作业互相有干扰。采用台阶法开挖虽增加了对围岩的扰动次数,但有利于开挖面的稳定。尤其是上部开挖支护后,下部作业就较为安全,但应注意下部作业时对上部稳定性的影响。采用台阶法开挖时应注意以下事项。

(1) 台阶长度要适当。台阶按长短可分为长台阶、短台阶和微台阶(超短台阶)3种。选用何种台阶,应根据2个条件来确定:一是初期支护形成闭合断面的时间要求,围岩稳定性越差,闭合时间要求越短;二是上半断面施工时开挖、支护、出渣等机械设备对空间大小的要求。

(2) 解决好上半断面、下半断面作业的相互干扰问题。微台阶的上下工作面基本上是合为一个工作面进行同步掘进的;长台阶上下工作面的距离被拉开,工作面之间的干扰较小;而短台阶工作面之间的干扰就较大,要注意作业组织。对于长度较短的隧道,可将上半断面贯通后,再进行下半断面的施工。

(3) 下半断面开挖时,应注意上半断面的稳定。若围岩稳定性较好,则可以分段按顺序开挖;若围岩稳定性较差,应缩短下半断面的掘进循环进尺;若稳定性更差,则可以左右错开,或先拉中槽后挖边帮。

3. 分部开挖法

分部开挖法是将隧道断面分部开挖逐步成形,且一般将某部分超前开挖,故也可称为导坑超前开挖法,常用的有上下导坑超前开挖法、上导坑超前开挖法和单(双)侧壁导坑超前开挖法等。

分部开挖因减少了每个坑道的跨度(宽度),能显著增强坑道围岩的相对稳定性,且易于进行局部支护,主要适用于围岩软弱、破碎严重的隧道或设计断面较大的隧道。

分部开挖由于作业面较多,各工序相互干扰较大,且增加了对围岩的扰动次数,若采用钻爆掘进,则更不利于围岩的稳定,施工组织和管理的难度也较大。导坑超前开挖,有利于提前探明地质情况,并予以及时处理。如果采用的导坑断面过小,则施工速度较慢。

按开挖断面分割形式可将分部开挖法划分为环形开挖法、中隔壁法、交叉中隔壁法、单侧壁导坑法、双侧壁导坑法等。

1) 环形开挖法

该法也称留核心土法或环形开挖预留核心土法，就是在拟挖掘的断面范围内先挖掘周边土石、后挖掘核心部分的施工方法。该法适用于Ⅳ级至Ⅵ级围岩的较大断面施工。严格地讲，环形开挖法是一种概括不全面的称谓，因为它仅涉及上部开挖的方法，也有人将其作为台阶法的一种。

环形开挖法的技术要领是超前支护和初期支护的及时与有效，核心土足以临时稳定工作面，可设置临时仰拱。基于地层的破裂角约为45°，对超前支护有效节长和核心土的尺寸均做出了相应的规定：超前支护的有效节长不低于上台阶高度，核心土断面面积不得小于上台阶面积的50%，且严禁核心土呈现负坡，其长度应大于上台阶总高度。

开挖循环长度应与钢架间距相匹配，一般宜为0.5～1.0 m。设置锁脚锚杆（管）及扩大拱脚是应对沉降的有效措施；当设置锁脚锚杆和扩大拱脚仍不足以抑制沉降和收敛时，须及时设置上台阶临时仰拱。实践证明，及时有效地设置临时仰拱是抑制沉降和收敛最明显、有效的措施之一。台阶长度控制同台阶法。在下台阶施工时，宜尽早设置仰拱，使初期支护尽快成环，以利于及时拆除上台阶临时仰拱，其施工方法基本和台阶法相同。该法虽然工序较多、效率不高，但便于工法转换。

2) 中隔壁法

该法是以中隔壁将洞室分为面积基本相等、相对独立作业的左右2个部分。先施工的一侧以2～3步短台阶或微台阶依次贯通，另一侧错开一定的间距以与先开挖一侧相同的步数施工。该法源自台阶法，适用于浅埋、Ⅳ级与Ⅴ级的土层和不稳定的破碎或软岩地层。每步的高度应依据钢架节点，控制为2.5～3.5 m；各步均应及时进行初期支护、中隔壁等临时支护，结构仰拱（单侧或整体）应尽快封闭；各步周边轮廓应尽量圆顺，以减少应力集中；在后开挖一侧作业时应注意使全断面初期支护及时闭合；两侧纵向间距应按15～30 m控制；中隔壁宜设置为弧形或圆弧形，不宜呈立柱形。

用该法进行现浇混凝土结构施工时，须逐段拆除支护以减少其所占的空间，否则不仅挖掘和支护时大型机械不便使用，而且对应地段的二次结构完成前，也制约其后一个区段中大型机械的使用。须爆破作业时，对中隔壁和临时仰拱的保护较为烦琐、困难。

3）交叉中隔壁法

该法是以中隔壁将洞室分为面积基本相等的左右2个部分，两侧均以2~3步台阶依次贯通，两侧上部与下部交叉作业（不像中隔壁法一样先完成单侧施工），且每步均采用初期支护与临时支护闭合的施工方法。

该法是在中隔壁法的基础上强化临时支护演变而成的，此法可适应比中隔壁法更差的地层、更大的断面。交叉中隔壁法与中隔壁法的不同之处有二：其一，各步台阶设临时仰拱，步步成环；其二，为支撑上部断面，应较早地以合理形状形成仰拱，充分发挥临时仰拱的作用，不是单侧依次贯通，而是两侧洞室上部挖掘支护交叉进行。采用该法时，同高程各步的纵向间距按约15 m控制。

施工步骤如下：

① 开挖掌子面拱部左导坑，进行超前小导管作业并注浆加固地层；

② 环形开挖左洞室上台阶土方；

③ 左洞室上台阶架立格栅，设置锁脚锚杆，进行喷锚支护；

④ 开挖左洞室核心土及下台阶土方；

⑤ 左洞室下台阶架立格栅，进行喷锚支护；

⑥ 开挖掌子面拱部右导坑，进行超前小导管作业并注浆加固地层；

⑦ 环形开挖右洞室上台阶土方；

⑧ 右洞室上台阶架立格栅，设置锁脚锚杆，进行喷锚支护；

⑨ 开挖右洞室核心土及下台阶土方；

⑩ 初期支护闭合成环后，进行仰拱施工并回填混凝土，架设临时支撑；

⑪ 拆去中隔壁及临时支撑，铺设防水层，做二次混凝土衬砌，封闭成环。

4）单侧壁导坑法

该法是以隔壁将洞室分为面积不等、相对独立作业的左右2个部分，先以全断面或台阶方式施工一侧的先行导坑，后以台阶方式施工错开一定间距的另一侧。该法适用于在土质较差的Ⅳ~Ⅴ级地层中修建大跨、浅埋、地层沉降须控制的洞室。该法的断面设置工序类同于CD法（中隔壁法）。先行导坑的面积与剩余部分面积之比为1：(2~2.5)，宽度不应大于总洞室跨度的1/2，一般按1/3设置。先行导坑拱顶宜设于洞室起拱线偏上一些。采用该法施工，作业分块相对较少，须拆除的临时支护较少，有利于部分断面进行快速施工。初期支护闭合并稳定后方可拆除隔壁墙，为后续施工使用大型机械提供必要的空间。若地层土质差、开挖跨度大可能产生较大的沉降，可通过加强支护或晚拆除隔壁墙等方法加以解决。

5）双侧壁导坑法

该法是将洞室横向分为3块，两侧导坑以全断面或台阶方式错开或平行先行施工，其后再以台阶方式施工剩余的中间部分。该法是在采用单侧壁导坑法不能满足施工安全需要时采用的方法。浅埋暗挖双侧壁导坑法是一项边开挖边浇筑的施工技术，其原理是：把整个隧道的大断面分成左右上下多个小断面，每一小断面单独掘进，最后形成一个大的隧道，且利用土层在开挖过程中短时间的自稳能力，采用网状支护形式，使围岩或土层表面形成密贴型薄壁支护结构，用中隔壁及中隔板承担部分荷载。

(1) 施工特点。

很好地解决了大断面隧道开挖的安全性问题，且结构简单，安全可靠，拆装方便、灵活，经济效益显著。

借鉴了新奥法的某些理论基础，与新奥法的不同之处是在城市地区松散土介质围岩条件下，隧道埋深小于或等于隧道直径，以很小的地表沉降修筑隧道。它的突出优势在于不影响城市交通，无污染、无噪声，而且适用于各种尺寸与断面形式的隧道洞室。

(2) 适用范围。

城市地区松散土介质围岩条件下的浅埋隧道；Ⅳ～Ⅴ级地层、沉降控制要求较高，更大、更宽、更扁平断面的洞室；有水的地层中；浅埋地下车库、过街人行道和城市道路隧道等工程；大跨度地铁车站；黏性土层、砂层、砂卵层等地层。

(3) 施工步骤。

① 两侧导坑上部开挖及支护。

a. 超前小导管作业。超前小导管采用风钻直接顶入，压浆前用高压风清孔。超前小导管选用普通直径为42 mm的钢管加工而成，顶部切削成尖靴，尾部焊接垫圈，长度为2.5 m或3 m。超前小导管按设计范围沿拱部周边轮廓线设置，超前小导管从钢架腹部空间穿过，外插角在20°左右，尾部与钢架焊接成一体。为保证注浆质量，注浆前孔口处喷20 cm混凝土封堵。采用高压注浆泵注水泥、水玻璃浆液，压力控制在0.3～0.5 MPa，浆液配合比视地质情况及现场试验确定，保证浆液扩散互相咬接，以提高围岩的稳定性。

b. 开挖作业。采用超前小导管预注浆对地层进行加固后，采用人工直接开挖翻渣至下台阶，用翻斗车转运至提升架处，采用电动葫芦垂直起吊外运。

每一开挖循环进尺为0.5 m。由测量人员控制中线水平度，施工时保证不欠挖，严禁超挖。开挖轮廓线尽可能圆顺，以减少应力集中。错开3～5 m开挖另一侧上部。

c.断面初期支护。首先，做好初喷工作。在开挖砂层地段后，立即初喷混凝土，以便尽早封闭拱顶暴露面，喷射混凝土的厚度为4～5 cm。在黏土层地段，视开挖后围岩的稳定情况而定。其次，制作格栅钢架。格栅钢架制作要符合设计规范和满足施工要求。安设时清除浮土，拱脚夯实或设置垫板，格栅钢架纵向间距按设计要求每格控制在0.5 m，纵向设直径为22 mm的连接筋，其环向间距为1 m，交错布置。再次，挂网施工。单层铺设，采用直径为8 mm的钢筋，网格尺寸为15 cm×15 cm，做成1.5 m×0.7 m的网片，铺设在格栅钢架的背后位置，密贴围岩，并与格栅钢架连接牢固。接着，喷射混凝土。采用TK-961型湿喷机喷护，在砂层地段第一次喷射厚度为3～5 cm，架立好格栅钢架后，从钢架腹部打入下一循环的超前管棚，封好管口，复喷至设计厚度。最后，设置锁脚锚管，在拱脚处打设两根直径为42 mm的锚管，其尾部与格栅钢架焊接牢固。喷混凝土时注意保护好管口，喷混凝土结束后，及时压浆。

② 两侧导坑下部开挖及支护。

两侧导坑下部开挖每次循环进尺1.0 m，下部距离上部3 m。反坡开挖时，在掌子面设集水坑，集水坑内的水抽至竖井、集水井后排出洞外。永久与临时初期支护同时施工，并及时封闭成环状，其余工序与上部相同。

两侧导坑下部施工工艺流程为：一侧洞下部开挖5 m→两侧下部开挖（含两侧仰拱）→每次循环进尺1.0 m后初喷混凝土4～5 cm（包括隧道底部及中间土体侧面）→安钢架、挂钢筋网、焊连接筋（包括中间临时钢架等）→二次复喷混凝土达到设计厚度→进入下一循环。

③ 中间导坑上部开挖及支护。

待两侧洞初期支护完成一定时间后，开挖中间土体。中间土体开挖处距离两侧洞开挖初期支护3～5 m。

中间导坑上部施工工艺流程：进行超前小导管施工并预注浆加固地层→开挖土石方→初喷混凝土4～5 cm→安设钢格栅，焊纵向连接筋→钢架之间安设钢筋网→复喷混凝土达设计厚度→进入下一循环。

④ 中间导坑下部开挖及支护。

检查中隔板和中隔壁支撑，分析各部开挖、支护后的变形收敛情况，待基本稳定后再开挖中间导坑下部土体，下部距离上部30～50 m。

中间导坑下部施工工艺流程为：中间导坑下部土体开挖→中间导坑底部钢格栅和钢筋网安装→喷混凝土封闭底部仰拱→进入下一循环。

采用双侧壁导坑法施工时要做到短进尺、早支护、勤量测、速反馈，保证结构安全。两侧导坑宽度宜按洞室总宽的1/4～1/3设置，导坑断面设置应考虑所采用设备的尺寸，其形状应圆顺，面积宜为总面积的1/4～1/3。

导坑施工方法视断面大小、地层情况、设备配置情况在全断面法与台阶法之间选择。两侧导坑的纵向间距按不低于15 m控制，两侧导坑与剩余断面开挖处的纵向间距不应低于30 m。剩余断面将依据其面积、地层情况、设备尺寸等因素，在满足拱部支护施工要求的前提下分步施工，不宜一次挖掘，一般分2步或3步台阶施工。导坑和剩余断面施工均要遵循快支护和早封闭的原则。在初期支护闭合、仰拱及填充完成后，经量测、分析知其稳定后即可拆除临时支撑，否则应随拆随进行现浇混凝土或钢筋混凝土结构施工。此法对后续采用较大型机械施工的限制少。

4. 特大断面的施工方法

（1）中柱法。

该法又称双侧壁及梁柱导洞法，是将断面横向分为5块，即2个柱洞、1个中洞和2个侧洞，首先自上而下进行柱洞初期支护，再自下而上进行结构柱底和顶处相对应的结构的施工，形成梁柱支撑体系；其次施工中洞的上部初期支护及其相应部位的现浇混凝土结构，进行下部挖掘及初期支护和中洞底对应部位的现浇混凝土结构施工，形成中洞稳定体系；最后对称地自上而下进行两侧洞初期支护，直至横向闭合。该法适用于无水或降水、疏水后的非石质地层中设柱的多跨曲侧墙洞室，如地铁车站及其进出站合建段、地下停车场、地下商场以及较短的公（铁）路隧道的多线共洞段等。

中柱法施工的总体原则是小分块、短台阶、早成环。柱洞断面尽量圆顺且要满足梁柱施工需求，宜在中洞顶部二次结构完成后再开挖下台阶和进行仰拱底部结构施工。此法存在两个争议点：其一，2个柱洞是纵向错开还是对称施工；其二，2个侧洞与1个中洞究竟应该先施工哪一部分。其实各有其理，只要在梁柱体系形成后注重荷载对称、结构早闭合即可。实践证明，2个柱洞以对称施工为宜，先进行中洞施工比先进行侧洞施工有利。其理由为：一是便于保持荷载对称；二是便于早闭合，减跨作用明显；三是便于管理协调；四是便于初期支护钢架同步施工。

(2) 洞桩法 (pile-beam-arch approach, PBA 法)。

该法又称洞柱法，也称双侧边桩导洞法。该法在地表不具备施工明挖桩围护基坑的条件下，将明挖桩围护框架结构的工法与暗挖法结合，在地下先行暗挖的导洞内进行围护边桩、桩顶纵梁施工，使围护边桩、桩顶纵梁、顶拱共同构成桩 (pile)、梁 (beam)、拱 (arch) 框架支撑体系 (取三个单词的首位字母将其简称为"PBA")，共同承受施工过程中的外部荷载，然后在顶拱和边桩的保护下，逐层向下挖掘（必要时设预加力横向支撑），进行内部结构施工，最终形成由外层边桩及拱顶初期支护和内层现浇混凝土或钢筋混凝土结构组合而成的永久承载体系。

该法适用于无水或降水、疏水后的非岩石地层，跨度不太大的矩形或近似矩形结构的洞室施工。例如北京地铁天安门西站、王府井站、劲松站、呼家楼站、国贸站和苏州街站等均采用了 PBA 法施工。

① 施工特点。

a. 在非强透水地层中，将有水地层中的施工变为无水或少水施工，避免长期大量降水引起地表沉降和费用增加，有利于保护地下水资源和降低施工费。

b. 以桩作支护有利于施工安全和控制地层沉降，避免了采用 CD 法、双侧壁导坑法等方法时多次开挖引起地面沉降量过大和降低初期支护刚度的缺陷。

c. 与双侧壁导坑法等相比，此法临时拆除工程量相对较少，结构受力条件也较好，相对经济合理。

d. 对结构层数限制少，对保护暗挖结构附近的地下构筑物安全有利。

e. 在桩、梁、拱承载体系形成后，有较大的施工空间，便于机械化作业，从而加快施工。

f. 在地下水位线以上的导洞内进行孔桩施工，利用其排桩效应对两侧土体起到了支挡作用，可减少流砂、地下水带来的施工安全隐患。

② 方法和步骤。

施工总体原则是少分块、快封闭，尽量减少荷载转换次数和地层被扰动的次数。导洞掘进和主拱施工遵循管超前、严注浆、短开挖、强支护、快封闭、勤量测及先护后挖、及时支撑的原则。从竖井进入两侧导洞施工，导洞贯通后进行钻孔灌注桩的施工、凿除桩头以及进行桩顶钢筋混凝土纵梁的施工。以此为依托在导洞内施工主体结构的钢架拱脚，回填支护后背与导洞初期支护之间的空隙。

采用注浆小导管加固拱部地层，开挖上部土体，进行车站主体上部初期支护（以下简称主拱）施工，并与两侧拱边段连成整体。在主拱的保护下开挖土体并进行中板和上部拱墙二次衬砌结构的施工。分层实施下部开挖，分层架设横撑和实施桩间初期支护，然后进行下部主体结构施工。

具体步骤如下：

a. 采用超前注浆小导管加固地层，然后采用台阶法开挖桩顶导洞，格栅喷混凝土支护；

b. 导洞开挖支护完成后，用特制和改进的钻机由内向外跳孔施工钻孔桩，用导管法灌注水下混凝土，凿除桩头后，进行桩顶纵梁施工；

c. 在导洞内进行主拱格栅钢架拱脚（即拱边段）施工，与导洞格栅钢架预留接头相连；

d. 浇筑拱边段混凝土后再进行背后回填；

e. 采用超前注浆小导管加固地层后，用弧形导坑法开挖导洞间的拱部土体，进行初期支护，必要时设置临时竖撑；

f. 拆除临时竖撑后，向下开挖至中板下一定距离，拆除永久结构断面内的导洞格栅钢架，拆除长度应根据监控量测数据严格控制；

g. 依次进行拱墙部防水层、中板底模、中板浇筑、拱墙浇筑施工，预留边墙钢筋和防水层；

h. 向下开挖至钢管撑标高下 0.5 m，桩间喷射 50 mm 厚 C20 混凝土找平，必要时进行桩间注浆加固，架设腰梁及钢管撑；

i. 继续下挖至基底标高，桩间喷混凝土，进行底板垫层施工；

j. 铺设底板防水层及其保护层，浇筑底板及部分边墙混凝土，边墙水平施工缝应高出底板面 1.5 m 以上；

k. 待底板达到设计强度的 70% 时，跳拆横撑及腰梁，铺侧墙防水层，浇筑侧墙混凝土并与上层边墙相接；

l. 进行站台板等车站内部结构施工，完成车站土建施工全部内容。

③ 关键技术。

a. 导洞开挖。施工难点：开挖所引起的地面沉降，地下管线和周边环境的安全稳定问题。主要对策：第一，确定合理的开挖顺序，先进行靠近桥桩的侧导洞施工，距离另一侧导洞不小于 10 m；第二，遵循先护后挖的原则，分台阶开挖，加强初期支护，尽早封闭成环，控制导洞的沉降和变形；第三，根据监控量测反馈信息调整支护参数和施工方法，将其作为安全保障的主要手段。

b. 孔桩施工。施工难点：导洞空间狭小，成孔困难。主要对策：第一，根据洞内作业空间和地质情况选用或改进钻机,提高成孔效率和质量;第二,确定合理的钻桩顺序,做好水下混凝土施工,为防止对邻近已完成施工的孔洞的扰动,采用由内向外跳孔施工方法,钢筋笼分节吊装,现场连接,针对拆除钻杆与吊装钢筋笼的时间长,易造成坍孔、沉渣厚度控制难的问题,采用泵吸清孔和压举翻起沉渣的方式进行处理,加强对各操作环节的协调指挥,避免混凝土泵送距离长造成堵管,规避各种可能的断桩风险;第三,导洞内场地狭窄,应分区域分段纵向布置钻机设备、泥浆箱、管路及道路,用砖墙把钻桩作业区和运输道路分开,孔桩施工完后及时清除积水、浮浆和剩余混凝土,确保高效和文明施工。

c.主拱施工。施工难点:主拱在初期支护与二次衬砌形成过程中的体系转换和平衡问题,结构变形、失稳和破坏,以及出现地面及拱部的过量沉降和坍塌的可能。主要对策:第一,遵循先护后挖、及时支撑的原则,少分部开挖、快封闭、早成环;第二,做好超前地质预报,探明前方的水文地质情况,若存在滞水,通过探孔排出,接近管线位置时实施超前管线探测,采取小导管加密注浆、加密格栅钢架、设双层钢筋网、掌子面注浆等支护措施进行保护;第三,坚持信息化施工,根据信息反馈调整支护参数,如果变形量和变形速率超过限值,立即采取应急预案,包括加强超前支护与初期支护、增设临时支撑、改变开挖步骤、修改施工方案等;第四,拆除临时支撑时,对相应部位加强监控量测。

d.交叉口施工。施工难点:交叉口处荷载转换复杂,结构易失稳;开口跨度大,操作空间小,对车站整体施工组织和工期影响大。主要对策如下。第一,交叉口采用组合拱梁结构,钢筋混凝土拱脚支承在纵梁上,水平梁连接初期支护格栅并分担荷载,主拱开挖时设置侧向开口加强环和临时竖撑,侧向开口加强环拱脚支承在纵梁上。第二,侧向开口采用6 m管棚加固与注浆,环向破除混凝土时设置开口加强环,主拱开挖时设置2排临时竖撑,竖撑置于导洞壁上;主拱施工时支护10~20 m交叉口组合拱梁;圈梁站厅层成环后破除立体交叉拱梁侵入二次衬砌断面部分,拆除临时竖撑,开挖核心土,进行通道二次衬砌施工。第三,及时开挖联络通道,在左右线间创造平行作业条件,以便加快施工进度。

e.站台层结构防水和混凝土浇灌。施工难点:逆作施工缝处受空间限制,施工中防水板的预留和保护比较困难,施工缝处的防水质量不容易保证。由于混凝土收缩,上下部施工缝处混凝土很难灌注密实,易出现空隙,从而造成质量缺陷和安全隐患。主要对策：第一，将施工缝设在受剪力较小且便于施工的部位，便于边墙混凝土的施工，逆作施工缝留成台阶形式或斜缝；第二，在施工缝处采取双道遇水膨胀嵌缝胶止水条或预埋回填注浆管等防水措施。

f. 监控量测。在施工降水、导洞开挖、主体拱部开挖、拆除临时支撑、主拱施工各阶段，分别进行地表下沉、拱顶下沉、桥桩沉降、管线沉降、水平收敛等项目的监控量测。

（3）中洞法。

该法又称中导洞法，也称中洞-台阶法，做法是先行开挖中导洞，在导洞内完成中隔墙或梁柱体系施工，以中墙或梁柱体系为两侧洞的侧墙，再以台阶法进行两侧洞的支护施工。该法主要适用于Ⅲ级及Ⅳ级地层中的连拱洞室，如地铁车站、地铁区间合建段、公（铁）路中较短的连拱隧道、地下停车场等。

该法适用于Ⅲ级及Ⅳ级地层，主要是考虑到以下内容：

① 在Ⅰ级及Ⅱ级地层中可能设计一个大断面，可以采用侧洞法、单洞施工的台阶法或全断面法进行施工；

② 为便于中墙（或柱）混凝土施工，连接件预埋、安装及防水层铺设，一般应按椭圆、半圆等较圆顺形状，高度大于中墙1.0 m，宽度不低于5 m等要求设置中洞断面；

③ 中洞距离侧洞50～100 m，当然，中短隧道可使中洞先行贯通，两侧洞开挖作业面纵向间距宜不低于15 m，以利于安全施工。

中隔墙或梁柱体系背后回填密实对施工和结构安全至关重要。

3.1.3　浅埋暗挖法中的初期支护

浅埋暗挖法的初期支护是保证地铁隧道施工安全的关键工序，常用的方法有锚杆（索）支护、喷射混凝土支护和钢拱架支护等。

1. 锚杆（索）支护

锚杆（索）支护在技术、经济方面的优越性，使其在地铁工程领域得到广泛应用。锚杆按其与支护体的锚固形式可分为端头锚固式锚杆、全长黏结式锚杆、摩擦式锚杆、早强药包内锚头锚杆以及混合式锚杆。

端头锚固式锚杆利用内外锚头的锚固来限制围岩变形松动。其优点是安装容易，工艺简单，安装后即可以起到支护作用，并能对围岩施加预应力。但杆体易腐蚀，锚头易松动，影响长期锚固力，一般用于硬岩地下工程的临时加固。

全长黏结式锚杆采用水泥砂浆（或树脂）作为填充黏结料，不仅有助于锚杆的抗剪和抗拉以及防腐蚀，而且具有较强的长期锚固能力，有利于约束围岩位移，安装简便，在无特殊要求的各类地下工程中，可大量用于初期支护和永久支护。

摩擦式锚杆是将一种沿纵向开缝（或预变形）的钢管，装入比钢管外径小的钻孔内，对孔壁施加摩擦力，从而约束孔周岩体变形。安装容易，安装后立即起作用，能及时控制围岩变形，又能与孔周变形相协调。但其管壁易锈蚀，故一般不适合用于永久支护。

早强药包内锚头锚杆是以快硬水泥卷、早强砂浆卷或树脂为内锚固剂的内锚头锚杆。

混合式锚杆是端头锚固式锚杆与全长黏结式锚杆的结合。它既可以施加预应力，又具有全长黏结式锚杆的优点。但安装施工较复杂，一般用于大体积、大范围工程结构的加固。

2. 喷射混凝土支护

喷射混凝土支护是使用混凝土喷射机，按一定的混合程序，将掺有速凝剂的细石混凝土喷射到岩壁表面，混凝土迅速固结为一层支护结构，从而对围岩起到支护作用。喷射混凝土可以作为隧道围岩中的临时支护和永久支护，也可以与各种形式的锚杆、钢拱架、钢筋网等构成复合式支护结构。它的灵活性很强，可以根据需要分次追加厚度。

喷射工艺种类有潮喷、湿喷和混合喷射3种。各工艺的主要区别是投料程序不同，尤其是加水和速凝剂的时机不同。喷射钢纤维混凝土是一种适合用作隧道支护的材料，它能将脆性的混凝土材料改造成韧性材料，柔性的喷层再加上韧性材料就能有效地吸收和控制底层的变形。喷射钢纤维混凝土已在地铁施工中广泛应用。

（1）潮喷。

潮喷是将骨料预加少量水，使之呈潮湿状，再加水泥拌和，从而减少上料、拌和及喷射时的粉尘。但大量的水仍是在喷头处加入和喷出的，其喷射工艺流程和使用的机械与干喷工艺相同。目前施工现场使用较多的是潮喷工艺。

（2）湿喷。

湿喷是将骨料、水泥和水按设计比例拌和均匀，用湿式喷射机压送到喷头处，再在喷头处添加速凝剂后喷出。湿喷混凝土质量容易控制，喷射过程中粉尘和回弹量很少，是当前发展较快的喷射工艺。但湿喷对喷射机械要求较高，机械清洗和故障处理较麻烦。较厚的软岩层和渗水隧道不宜使用湿喷。

（3）混合喷射。

混合喷射又称水泥裹砂造壳喷射法，它是将一部分砂先加水拌湿，再投入全部水泥强制搅拌造壳；然后第二次加水与减水剂拌和成二次砂浆；将另一部分砂、石和速凝剂强制搅拌均匀，分别用砂浆泵和干式喷射机压送到混合管混合后喷出。混合喷射工艺是分次投料搅拌工艺与喷射工艺的结合，其关键是水泥裹砂造壳技术。混合喷射工艺使用的主要机械设备与干喷工艺基本相同，但混凝土的质量比干喷混凝土质量好，粉尘减少，回弹量大幅度降低。缺点是使用机械数量较多，工艺较复杂，机械清洗和故障处理很麻烦。因此混合喷射工艺一般只用于喷射混凝土量大和大断面隧道工程中。

3. 钢拱架支护

钢拱架用于对锚喷复合衬砌的再加强。钢拱架整体刚度大，能很好地与锚杆、钢筋网、喷射混凝土结合，形成可靠的初期复合衬砌。钢拱架可以采用型钢、工字钢、钢管或钢筋制成。现场多采用钢筋制作的格栅钢架。

在采用暗挖法施工的地铁隧道中，目前最常用的初期支护形式是锚杆加喷射混凝土，对自稳性较差的软弱围岩，可在喷射混凝土中加入钢纤维或在锚杆端部挂设钢筋网，然后再喷射混凝土。对自稳性很差的软弱围岩，在开挖前要采取辅助加固措施，在开挖后，有时还采用钢拱架加锚喷联合支护的措施。

4. 注意事项

结合有关地铁隧道施工经验，应遵循管超前、严注浆、短开挖、弱爆破、强支护、快封闭、勤量测、速反馈的施工原则。针对城市工程地质条件及地面建筑物密集的特点，施工时应注意以下几点。

（1）根据地质条件变化情况、地层变位监测结果适时调整施工方法和支护参数，确保施工安全。

（2）开挖上断面时，尽可能缩短台阶长度，及早形成封闭结构。

（3）大管棚选用锚索钻机钻孔，以确保管棚一次性贯穿隧道浅埋地段，减少循环。注浆时严格控制注浆压力，要求既能固结破碎岩体，也可防止注浆压力过大引起地表隆起而破坏房屋。

（4）钻爆开挖时，严格按微振控制爆破技术施工，控制同段最大装药量，采用高精度非电毫秒编排起爆网络，消除爆破引起的共振现象。同时利用起爆延时人为造成振动波形成的倒相干扰，避免振速过大引起地面房屋开裂和压缩地层产生过大地面沉降。

（5）加强爆破振动对建筑物影响的监测及对地面建筑物水平位移与沉降的观测，及时反馈信息以指导施工。

3.1.4 浅埋暗挖法中的二次支护

按照浅埋暗挖法施工原理，作为复合受力的二次支护是在围岩或围岩加支护稳定后施工的，此时隧道已成形，因此二次支护多采用顺作法施工，即按照由下到上、先墙后拱的顺序连续灌注。在隧道纵向，则需要分段进行，分段长度一般为9~12 m。二次支护多采用模筑混凝土作为内层衬砌。采用顺作法进行模筑混凝土二次支护施工，须配有足够的混凝土连续生产能力和相应的便于组装就位的模板。施工程序简化，衬砌整体性和受力条件较好。

1. 施工机械

模筑混凝土衬砌施工常用的机械主要有整体移动式模板台车、穿越式（分体移动）模板台车和拼装式拱架模板。

整体移动式模板台车主要用于全断面一次开挖成形或大断面开挖成形的隧道衬砌施工。它集成了大块曲模板、机械或液压脱模、背员式振捣设备等，并在轨道上行走，有的还有自行设备，从而缩短立模时间，墙拱连续灌注，加快衬砌施工速度。整体移动式模板台车的长度即一次模筑段长度，应根据施工进度要求、混凝土生产能力、灌注技术要求以及曲线隧道的半径等条件来确定。

穿越式（分体移动）模板台车的生产能力强，可与混凝土输送泵联合作业，是较先进的模板设备。但其尺寸比较固定，可调范围较小，影响其适用性，且一次性设备投资较大。我国有些施工单位自制了较为简单的穿越式模板台车，效果也很好。

拼装式拱架模板设备简单，常由施工单位自制。拼装式拱架模板的拱架可采用型钢制作或现场用钢筋加工成桁架式拱架。为便于安装和运输，常将整个拱架分解为2~4节，进行现场组装，其组装连接方式有夹板连接和端板连接2种形式。为减少安装和拆卸工作量，可以做成简易移动式拱架，即将几个拱架连成整体,并安设简易滑移轨道。拼装式拱架模板多采用工厂制作的定型组合钢模板。

2. 灌注衬砌混凝土

在灌注衬砌混凝土时,虽然要求将超挖部分回填,但由于操作方法的原因,其中有些部位无法回填密实。这种现象在拱顶背后一定范围内较为突出。因此,要求在衬砌混凝土达到设计强度后,对这些部位进行压浆处理,以使衬砌与围岩密贴(全面紧密接触),达到限制围岩后期变形、改善衬砌受力工作状态的目的。仰拱位于隧道断面的拱底,在侧压和底压较大时,应及时修筑仰拱使衬砌环向封闭,避免边墙挤入造成开裂甚至失稳。但仰拱和底板施工占用洞内运输道路,对前方开挖和衬砌作业的出渣、进料造成干扰。因此,应对仰拱和底板的施工时间、分块施工顺序和运输进行合理安排。底板位于地下铁道的路基,仰拱和底板的灌注可以纵向分条、横向分段进行:纵向分条通常可分为左右两部分,交替进行;横向分段长度应视边墙施工缝、伸缩缝、沉降缝及运输要求来确定。当侧压力较大时,底部开挖分段长度不能太长,以免墙脚挤入。为方便施工,仰拱和底板可以合并灌注,但应保证仰拱混凝土强度符合设计要求。灌注仰拱和底板时,必须把隧道底部的虚渣、杂物及淤泥清除干净,排除积水。超挖部分应用同级混凝土或片石混凝土灌注密实。

隧道衬砌混凝土的灌注应注意以下几点。

(1) 保证捣固密实,使衬砌具有良好的抗渗防水性能,尤其应处理好施工缝。

(2) 整体模筑时,应注意对称灌注,两侧同时或交替进行,防止未凝固的混凝土对拱架模板产生偏压而使衬砌尺寸不符合要求。

(3) 若因故不能连续灌注,则应按规定进行接槎处理。衬砌接槎应顺着半径方向。

(4) 边墙基底以上1m范围内的超挖,宜用同级混凝土同时灌注。其余部分的超挖、欠挖应按设计要求及有关规定处理。

(5) 衬砌分段的施工缝应与设计沉降缝、伸缩缝及设备洞位置统一考虑,合理确定。

(6) 多数情况下,在隧道施工过程中洞内的湿度能够满足混凝土的养护要求。但在干燥无水的条件下,则应注意进行洒水养护。采用普通硅酸盐水泥拌制的混凝土,其养护时间一般不少于7d;掺有外加剂或有抗渗要求的混凝土,一般不少于14 d。养护用水温度应与环境温度基本相同。

（7）二次支护的拆模时间应根据混凝土强度增长情况来确定。一般在混凝土强度达到2.5 MPa时方可拆模。有承载要求时，应根据具体受力条件来确定。

3.1.5 隧道施工中的超前支护

对地铁隧道工作面实施直接开挖，是以地质条件良好为前提的，但事实上这个假定只在围岩的稳定性较好时才成立，对于软弱破碎围岩则不宜采用。在这种情况下，即使采用短进尺开挖方法，开挖面也会向下坍塌。其结果是造成支护和开挖面前方的更大坍塌，甚至影响后方支护部分的稳定性或引发地表沉陷。当地下水丰富时，这种情况就更为严重。隧道工程事故主要发生在这一阶段。为此，对软弱破碎围岩，须采取一些辅助稳定措施。例如，在开挖过程中留核心土以稳定工作面，以超前锚杆来锚固前方围岩，及时封闭临时仰拱，利用管棚超前支护前方围岩，注浆加固围岩和堵水等。以下对较常用的超前锚杆（或小钢管）、管棚、超前小导管注浆进行介绍。

1. 超前锚杆（或小钢管）

超前锚杆（或小钢管）是沿开挖轮廓线，将锚杆以一定的外插角斜向插入前方，即在开挖的轮廓外围形成对前方围岩的预锚固，使得开挖面的开挖作业在提前形成的围岩锚固圈的保护下进行。超前锚杆预支护的柔性较大，整体刚度较小。锚杆可以与系统锚杆焊接以增强其整体性，但在围岩应力较大时，其后期支护刚度仍不够大。

因此，这种超前支护主要适用于围岩应力较小、地下水较少、岩体软弱破碎和开挖工作面有可能坍塌的隧道工程中，适合用中小型机械施工。

超前锚杆的设计参数涉及直径、超前量、环向间距、外插角等，应视围岩类别、施工断面大小、开挖循环进尺和施工条件等参照经验资料综合选用。一般超前长度为循环进尺的3~5倍，搭接长度宜为超前长度的40%~60%，即大致形成双层或双排锚杆。超前锚杆的设置应充分考虑岩体结构面的特性，一般可以仅在拱部设置，必要时也可以在边墙局部设置。超前锚杆纵向2排的水平投影，应有不小于1.0 m的搭接长度。

超前锚杆支护宜和钢拱架支撑配合使用，并从钢拱架腹部穿过。超前锚杆宜采用早强砂浆锚杆，使其提早发挥超前支护的作用。超前锚杆应平直，尾部焊箍，顶部呈尖锥状。在安设前应检查锚杆尺寸，钢管顶入钻孔的长度不应小于锚杆长度的90%。

超前锚杆尾端一般置于钢架腹部或焊接在系统锚杆尾部的环向钢筋上，以增强共同支护作用。超前锚杆可根据围岩具体情况，采用双层或三层超前支护。

2. 管棚

管棚是以钢管或钢插板为纵向支撑，以钢拱架为横向环形支撑的一种复合衬砌形式。管棚结构的纵横向整体刚度较大，能阻止和限制围岩变形，并能提前承受早期围岩压力。

管棚适用于特殊地段，如存在极破碎岩体、塌方体、砂土质地层、强膨胀性地层、流变性地层、裂隙发育岩体、断层破碎带等的地段。在上述地段施工，在管内辅以灌浆效果将会更好。如遇流塑状岩体地段，采用管棚与围岩预注浆相结合的措施也是行之有效的预支护方法。此外，一般在无胶结的土质或砂质围岩中，可采用钢插板封闭；在地下水较多时，则可采用钢管注浆堵水和加固围岩。

短管棚一次超前量较小，与开挖作业交替进行，占用循环时间较多，而钻孔安装或顶入安装短管棚则比较容易。长管棚一次超前量比较大，可减少安装钢管次数，并减少与开挖作业之间的干扰，适用于用大中型机械进行大断面开挖的隧道工程。

管棚预支护结构设计要点：管棚预支护结构一般按松弛荷载理论进行设计，根据围岩地质、施工条件及力学计算，如需要可在钢管内灌注水泥砂浆或混凝土，也可放置钢筋笼并灌注水泥砂浆，这样可增加钢管刚度；钢管直径宜为80~180 mm，钢管中心距离为30~50 cm，钢管长度一般为10~45 m。当采用分段连接时，可采用长4~6 m的钢管，并用丝扣连接，丝扣长度不小于15 cm；纵向2组管棚间应有不小于1.5 m的水平搭接长度。钢管宜沿隧道开挖轮廓纵向接近水平设置，外插角1°~2°；钻孔孔径比钢管直径大2~3 cm，环向间距20~80 cm；钢拱架常采用工字钢拱架或钢筋格栅。

3. 超前小导管注浆

超前小导管注浆是在工作面开挖前，先对工作面及一定长度范围（通常是

5 m）内的坑道喷射厚为 5~10 cm 的混凝土，或采用模筑混凝土封闭，然后沿开挖外轮廓线（即坑道周边）向前以一定角度打入管壁带小孔的小导管，并以一定压力（注浆压力为 0.5~1.0 MPa）向管内压注起胶结作用的浆液，待浆液硬化后，坑道周围岩体便形成了具有一定厚度的加固圈。此加固圈能起超前预支护作用，在其保护下即可安全地进行开挖作业。

超前小导管注浆加固的机理：浆液被超前压注到岩体裂隙中并硬化后，将破碎岩块或颗粒胶结成整体，同时，注浆填充了裂隙，阻隔了地下水向坑道渗流的通道，起到了堵水防水的作用。

超前小导管注浆适用于自稳时间很短的砂层、砂卵（砾）石层、断层破碎带、软弱围岩浅埋地段、塌方地段、地下水较多的软弱破碎围岩地段等。

3.1.6 浅埋暗挖法施工中的监控量测

应用监控量测信息指导设计与施工是浅埋暗挖法施工的重要组成部分。应根据监控量测的各种变量如位移、应力、应变等及时绘出动态曲线，即位移-时间曲线、应力-时间曲线、应变-时间曲线，横坐标为时间，纵坐标为各类变量（位移、应力、应变）。这些曲线可能是极不规则的散点连线，如果将工序标在水平坐标上，就可以看出各工序对隧道变形的影响。这种散点图作为进行分析的第一手原始资料，是判断地层是否稳定的重要依据。

1. 监控量测的目的

监控量测在施工中有着极其重要的作用，其目的如下。

（1）保证施工安全。采用浅埋暗挖法进行地铁区间隧道施工时对周边环境会产生不同程度的影响，因此通过及时、准确的现场监测结果判定地铁隧道结构及周边环境的安全并反馈信息，对于指导施工、调整设计和施工参数是非常重要的，可以减小对周边环境的影响，保证施工安全。

（2）量测施工引起的地表变形。根据地表变形的发展趋势决定是否采取保护措施，同时为确定经济合理的保护措施提供理论依据。

（3）控制各项监测指标。根据已有经验及规范要求，检查施工中各项环境控制指标是否超过规定范围，并在发生环境事故时提供有效的仲裁依据。

（4）验证和修正支护结构设计方案。在地下结构施工设计中采用的设计原理与现场实测的结构受力、变形情况往往有一定差异，因此及时反馈施工中的监测信息，对于设计方案的完善和修正有很大帮助。

（5）进行工程总结。在地下工程施工中结构及周边环境的受力和变形资料对于设计、施工及总结经验有很大的帮助。

2. 监控量测的内容

监控量测的内容可分为必测项目和选测项目2类，其主要范围包括地下结构物纵向中心线两侧30 m范围内的地下、地面建（构）筑物及管线、地面、道路。各项观测数据相互验证，确保监测结果的可靠性，为合理确定各项施工参数提供依据，达到指导施工的目的，真正做到信息化施工。

必测项目应包括：洞内外观察；水平相对净空变化量测；浅埋地段地表下沉量测；拱顶相对下沉量测。

选测项目应包括：围岩内部变形量测；锚杆轴力量测；围岩压力量测；支护、衬砌应力量测；钢架内力及所承受的荷载量测；围岩弹性波速度测试。

3. 监控量测的方法

采用浅埋暗挖法施工时，在隧道开挖后，地层中的应力扰动区延伸至地表，围岩力学形态的变化在很大程度上反映于地表沉降，且地表沉降可以反映隧道开挖过程中围岩变形的全过程。尤其是对于城市地下工程，若其四周地表有建筑物，必须对地表沉降情况进行严格的监控量测和控制，以保证施工安全。

（1）基点埋设。

首先，基点应埋设在沉降影响范围以外的稳定区域内；其次，应埋设至少2个基点，以便基点互相校核；最后，基点的埋设要牢固可靠，采用标准地表桩时，必须将其埋入原状土，并做好井圈和井盖。在坚硬道路上埋设地表桩时，应凿开道路面和路基，将地表桩埋入原状土，或钻孔埋入1 m以上的螺纹钢筋作为地表观测桩，并同时打入保护钢管套。基点应和四周水准点联测得到原始高程。基点应埋设在视野开阔的地方，以利于观测。

（2）测点布置与埋设。

区间地面及道路沉降测点分别布置在地铁隧道中线上，测点间距10 m，并每隔100 m左右设1个主观测断面。埋设沉降测点时先用冲击钻在地表钻孔，然后放入沉降测点。测点采用直径20～30 mm、长200～300 mm的半圆头钢筋制成。测点四面用水泥砂浆填实，并在地表做保护井。

(3) 沉降值计算。

地表监测基点为标准水准点（高程已知），监测时通过测得各测点与地表监测基点的高程差 ΔH，可得到各监测点标准高程 H_i，然后与上次测得的高程进行比较，得到差值 Δh，即为该测点的沉降值。

在施工过程中，通过对四周建筑物的变形监测，随时了解施工对四周建筑物的影响程度及影响范围，便于及早发现问题、解决问题，将变形控制在建筑物安全警界值内，保证四周建筑物的安全。基点埋设时先在建筑物的基础或墙上钻孔，然后将预埋件放入，孔与测点四面的空隙用水泥砂浆填实。测点基本布设在被测建筑物的角点上，测点的埋设高度应方便观测，同时测点应采取保护措施，避免在施工和使用期间受到破坏。每幢建筑物上一般布置4个测点，重要的建筑物布置6~8个测点。沉降值计算与地表沉降值计算方法相同。

因为建筑物的开裂、沉降和倾斜必然导致结构构件的应力变化而产生裂缝，所以对裂缝发展状况的监测通常是评价开挖影响程度的重要依据之一。可采用直接观测的方法，将裂缝进行编号并标出测度位置，通过裂缝观测仪进行裂缝宽度测度。由于裂缝数量和位置无法估计，所以应根据施工及监测情况确定测点位置。在建筑物出现较大变形的同时密切关注是否有裂缝产生，并跟踪观测隧道拱顶变形情况。应根据暗挖施工时隧道初期支护结构拱顶的变形情况，通过数据分析来总结规律，以便顺利和安全施工。可沿区间隧道纵向每10 m埋设1个拱顶沉降测点，材料选用直径为22 mm的螺纹钢，埋设或焊接在拱顶，外露长度为5 cm，外露部分应打磨光滑，以减少与尺面接触时产生的不均匀误差，用红油漆标记编号。

隧道净空收敛监测是隧道施工中一项必不可少的监测内容。由于地下工程自身固有的复杂性和变异性质，传统设计方法仅凭力学分析和强度验算难以全面、适时地反映各种情况下支护系统的受力变化情况。围岩应力及环境条件发生变化时，周边围岩及支护随之产生位移，该位移是围岩和支护力学变化最直接的综合反映，因此对隧道围岩进行位移观测十分重要。

4. 监测数据的应用

（1）最大允许位移值的控制。最大允许位移值与地质条件、埋深、断面大小、开挖方法、支护类型和参数有关。经验证明，拱顶下沉是控制稳定较直观和可靠的判断依据；水平收敛和地表下沉有时也是重要的判断依据。对于地下铁道而言，地表下沉测量显得尤为重要。

（2）根据隧道周边位移（收敛）量测数据确定净空预留量。根据位移随时间变化的测试资料进行回归分析，推算最终位移值，以此作为净空预留量。

（3）二次衬砌施工时间的控制。按规定，二次衬砌是在初次支护变形基本稳定后施工的。基本稳定的标志是外荷载基本不再增加，位移不再变化，因此可用周边接触应力和位移值2项指标进行控制。当隧道断面面积小于10 m²时，周边位移率应小于0.1 mm/d；断面面积大于10 m²时，周边位移率应小于0.2 mm/d或周边接触应力变化率应小于5.0 kPa/d。目前为方便现场掌握情况，多以机械量测仪器测试位移。当达不到基本稳定指标时，应进行补救，其措施为对初期支护进行加强，并立即进行二次衬砌施工。

（4）测试数据对设计的反馈。地质条件的复杂性使地下工程设计不得不采用信息化的设计方法，即通过施工中监测到的围岩动态信息（主要是指位移信息），采用反分析技术，推求围岩的结构模型和力学参数，如弹性模量、内摩擦角、黏聚力、黏性系数等。再采用正分析技术，求出围岩和支护结构中新的应力场和位移场，验证和核实预设计的可靠性，并对其进行修改。监控量测测点的初始读数，应在开挖循环节施工后24 h内、下一循环节施工前取得，其测点距开挖工作面不得大于2 m。

3.2 盾 构 法

3.2.1 盾构法综述

1. 盾构法简介

盾构机是在与隧道形状一致的盾构外壳内，装备着推进机构、挡土机构、出土运输机构、安装衬砌机构等部件的隧道开挖专用机械。盾构法就是使用盾构机修建隧道的方法，它是在防止开挖面坍塌和保持开挖面稳定的前提下，使用盾构机在地下掘进，在机内安全地进行隧道的开挖作业和衬砌作业，从而构筑成隧道的施工法。

盾构法是一项综合性的施工技术。盾构法施工的概况如图3.1所示。先在隧道某段的一端建造竖井或基坑，以供盾构机安装就位。盾构机从竖井或基坑的墙壁预留孔处出发，在地层中沿着设计隧道轴线，向另一竖井或基坑的设计预留孔洞推进。盾构机推进中所受到的地层阻力通过千斤顶传至盾尾部已拼装的预制衬砌，再传到竖井或基坑的后靠壁上。盾构是这种施工方法的核心，是一个既能支承地层压力，又能在地层中推进的圆形、矩形、马蹄形或其他特殊形状的钢筒结构。

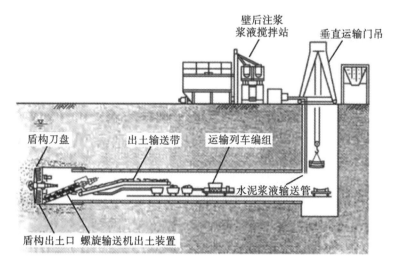

图 3.1 盾构法施工的概况

盾构隧道的基本断面形状是圆形，因为圆形断面抵抗地层中的土压力和水压力效果较好，衬砌拼装方便，构件通用性强，易于更换而应用广泛。后陆续开发应用了多圆和异形盾构，其直径稍大于隧道衬砌的直径。在钢筒的前面设置各种类型的支撑和开挖土体的装置，在钢筒中段周围安装顶进所需的千斤顶，钢筒尾部是具有一定空间的壳体，在盾尾内可以安置数环拼成的隧道衬砌环。盾构机每推进一环距离，就在盾尾支护下拼装一环衬砌，并及时向盾尾后面的衬砌环外周的空隙中压注浆体，以防止隧道及地面下沉。盾构机在推进过程中不断从开挖面排除适量的土方。

盾构法施工时还需要有降低地下水位，稳定地层、防止隧道及地面沉陷的土壤加固，隧道衬砌结构的制造，地层的开挖，隧道内的运输，衬砌与地层间的充填，衬砌的防水与堵漏，开挖土方的运输及处理，施工的量测监控，施工布置等其他施工技术密切配合才能顺利进行。

2. 盾构法的主要特点

（1）盾构法施工机械化程度高，其对地层的适应性好。

（2）能够承受围岩压力，施工安全。

(3) 适用于各种土层。

(4) 地面作业很少（除竖井外），隐蔽性好，噪声、振动等因素引起的环境影响小。

(5) 隧道施工的费用和技术难度受覆土深度的影响相对较小，适用于建造深埋隧道，其埋设深度可以很深而不受地面建筑物和交通的限制。

(6) 穿越河底或海底时，不影响通航，也不受气候的影响。

(7) 穿越地面建筑群和地下管线密集的区域时，对周围环境影响较小。

(8) 盾构机推进、出土、拼装衬砌等主要工序循环进行，易于管理，施工人员较少。

(9) 工程造价低。

(10) 施工工期短。

3. 盾构法施工流程

盾构法施工流程：始发井交付使用→盾构机托架就位→盾构机下井、安装、调试→初始掘进（初始掘进长度 $L\approx100\ \mathrm{m}$）→负环拆除及其他调整→正常掘进→盾构机到达中间站→盾构机通过中间站→盾构机再次安装、调试→盾构机再次初始掘进→正常掘进→盾构机到达终点站→盾构机解体外运→隧道清理、准备验收。

3.2.2　管片

1. 管片的类型

按适用线性分，管片可分为楔形管片和通用管片。

（1）楔形管片。

具有一定锥度的管片称为楔形管片。楔形管片主要用于曲线施工和修正轴向起伏。管片拼装时，根据隧道线路的不同，直线段采用标准环管片，曲线段施工时采用楔形管片（左转弯环、右转弯环）。由楔形管片组成的楔形环有最大宽度和最小宽度，用于隧道的转弯和纠偏。用于隧道转弯的楔形管片由管片外径和相应的施工曲线半径而定。楔形环的楔形角由标准管片的宽度、外径和施工曲线的半径而定。采用这类管片时，至少需要三种管模，即标准环管模、左转弯环管模和右转弯环管模。

（2）通用管片。

通用管片是针对同一条等直径隧道而言的。该管片既能适用于直线段隧道，也能适用于不同半径的曲线段隧道。通用管片就是由楔形管片拼装而成的楔形管环。所谓通用，就是对楔形管环实施组合优化，使得楔形管环能适用于不同曲率半径的隧道。

2. 管片的制作

（1）场地及设备要求。

管片生产场地内主要由混凝土搅拌系统、管片制作车间、钢筋成形车间、管片循环水养护池、管片成品仓储堆场及其他辅助设施组合而成。各组成部分既有独立的使用功能，又是互相匹配有机组合的整体，从而形成了能满足管片制作、储存和发送要求的总体布局。

管片生产中需要起重设备、运输设备、模具、养护设备等机械设备互相配合使用。各个设备的型号和大小需根据管片生产的实际规模和场地条件进行配置。管片生产中还需配备检测仪器，检测仪器经过质检部门检测合格后方可使用。管片生产资源配备见表3.1。

表3.1 管片生产资源配备

序号	工作内容	设备名称
1	管片制作、脱模	桥式桁车
2	熟料搅拌及运输	混凝土搅拌机、矿用电瓶车、混凝土料斗
3	管片出入池翻身	液压翻身架
4	管片检测	检漏架、内径千分尺、游标卡尺
5	管片蒸养	油锅炉、蒸养罩
6	管片脱模	水平脱模吊具
7	钢筋制作	钢筋切断机、钢筋调制机、CO_2（二氧化碳）保护焊机、交（直）流电焊机、钢筋弯曲机、钢筋滚弧机、5t桥桁、钢筋骨架胎模
8	管片试拼装	微型千斤顶
9	管片仓储及运输	汽车吊、平板车、5t龙门吊、水平吊具

（2）管模加工工艺。

钢模的结构主要由三大件（底座、两块侧板、两块端板）和相关构件组成。钢模的设计主要围绕三大件的设计。从三大件的设计着手，需考虑它们的定位方式和开启方式等。端、侧板的开启方式有多种：采用底座弧面少量变形方式开启的端板；采用铰链翻合式开启的端、侧板；采用滚轮式平移开启的端、侧板；采用铰链翻合式开启的端板和采用滚轮式平移开启的侧板相结合的方式。

制造管片钢模，关键在于先进的制造工艺，采用先进的结构件工艺、金属加工工艺和装配工艺。管片钢模制造过程中采用最先进的高精度设备和计算机编程进行控制，采用不退火工艺，减少结构件成形后内应力的积聚，并设计合理的焊缝形式和焊缝位置；从结构件的放样、下料到装搭，严格按照工艺要求执行。

钢模制造完成后还必须要有高精度的测量工具和检测手段进行检测，才能制造出符合质量要求的钢模。采用高精度的样板作为检测工具，控制钢模制造过程中的误差，使装配尺寸容易控制，提高精度；还能使模芯定位更为精确，不再产生摇摆，使管片拼装变得简易。

（3）管片生产。

根据管片生产流程，按照管片制作工艺进行生产，生产过程中，根据相关规范要求对管片生产的温度、尺寸及原材料强度进行严格把关。管片生产工艺流程如图3.2所示。

3. 管片的存放与运输

管片的存放与运输是管片施工中重要的一环，管片存放及运输过程中对管片成品的保护直接关系到隧道的质量，所以在管片的存放与运输过程中应严格遵守相关的质量要求。

（1）管片厂的管片存放及运输。

将管片按生产日期及型号排列整齐，按规定进行水养及喷淋养护。管片浸水养护完毕后方可在储运场地存放，储运场地应坚实平整，管片内弧面应向上平稳地放置整齐。管片在场内应小心搬运及堆放，使因此引发的内应力不超过混凝土抗压强度的1/3。达到设计强度的管片才可出厂。运输管片出厂时，管片内弧面应向上平稳地放置于运输车辆上，管片之间应垫有柔性材料，防止撞击。按施工进度要求和所下达的生产计划组织生产，将达到龄期并检验合格的管片有计划地由平板车运到施工现场，运输时管片之间用垫木垫实，保证管片的完好性。

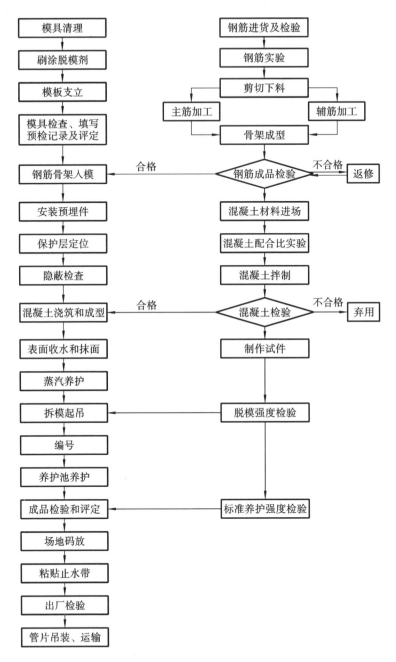

图 3.2 管片生产工艺流程

(2) 施工工地的管片存放与运输。

管片到达现场后,由龙门吊卸到专门的管片堆放区。卸之前对管片逐一进行外观检测,不符合要求(有裂缝、破损、无标志等)的管片立即退回。标准管片和左、右转弯管片分开堆放,以方便吊运和存量统计。管片贴密封垫后,经专人检查合格(位置、型号、黏结牢固性等)才可吊下隧道使用。如遇雨天,管片上加盖罩设施,以确保雨季施工不受影响。管片下井采用龙门吊进行。洞内运输采用电瓶车牵引管片车。管片运到盾构机附近后,由专门设备卸到靠近安放位置的平台上,再送到管片拼装器工作范围内,并从下到上依次拼装到相应位置上。

4. 管片的检测

(1) 材料检验。

所有材料必须经有资质的实验室和质检部门检验,试验和加工证书提交监理工程师,经确认合格后才能使用。任何材料在监理工程师批准前,不得使用。没有监理工程师的许可,不得改变材料的属性、质量、类别、型号、供应及加工来源。细心维护和严格密封水泥储罐或筒仓,以防潮湿和雨水。

(2) 管片精度及外观质量检验。

钢模采用高精度模板,拼装合龙后接缝严密,四角无积油现象。模板尺寸、钢筋加工允许偏差、钢筋骨架允许偏差等必须符合相关规范要求。

外观质量检验要求:对每块管片都进行外观检验,管片表面光洁平整,无蜂窝、露筋、无裂痕、缺角、无气泡、水泡、无水泥浆等杂物。灌浆孔螺栓套管完整,安装位置正确。对轻微的缺陷进行修饰,止水带附近不允许有缺陷。

产品最终检验由质检部门派出的质量监督员负责。检验数据做好记录,并在产品规定位置上印上标识,表示经检验合格,可以进入水池养护。不合格的产品及时隔离。

(3) 管片的试拼装。

在预制混凝土管片生产正式开始之前,制作三环完整的预制混凝土管片,包括螺帽、螺栓和其他附件,并提供检测报告供监理工程师审批,确保预制混凝土管片结构在给定的公差要求之内。管片水平放置。

每套管模每生产100环抽查3环做水平拼装检验,管片试拼装采用多点可调度平台,可调平台的数量为12个。精度测试拼装时的环向螺栓的预应力按拧紧力矩控制,拧紧力矩控制在200~250 kN·m,纵向螺栓的预应力拧紧力矩可控制在150~200 kN·m。水平拼装检验标准应符合表3.2的规定。

表3.2 水平拼装检验标准

序号	项目	允许偏差/mm	检查频率 范围	检查频率 点数	检验方法
1	拼装成环后初始椭圆率	≤25	每5环	1	尺量计算
2	第一环管片定位量	3	每环	1	尺量计算

环面平整度和相邻环高按规范及合同要求执行。

3.2.3 施工准备

1. 端头加固施工

端头加固施工方法应根据地质、水文、周围环境合理选取。应因地制宜地采用深层搅拌法、高压旋喷法、冷冻法等,有时可多种方法并用。

(1) 深层搅拌法。

深层搅拌法适用于黏性土层、淤泥质土层。搅拌桩施工程序见图3.3。

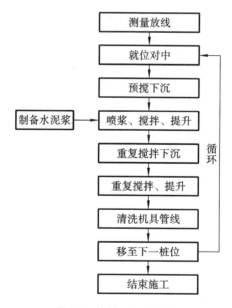

图3.3 搅拌桩施工程序

水泥搅拌桩采用深层搅拌机进行施工,配备相应的导向架、灰浆泵、拌浆机、电子监测表等。

深层搅拌桩施工工艺流程见图3.4。

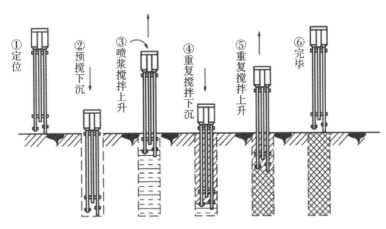

图3.4 深层搅拌桩施工工艺流程

深层搅拌施工时，搅拌桩的垂直偏差不超过1%，桩位偏差不大于50 mm，桩径偏差不大于4%。施工前确定搅拌机械的灰浆泵输浆量、灰浆经输浆管达到搅拌机喷浆口的时间和起吊设备提升速度等施工参数；通过成桩试验确定搅拌桩的配比等各项参数和施工工艺。用流量泵控制输浆速度，使注浆泵出口压力保持在0.4～0.6 MPa，并使搅拌提升速度与输浆速度同步。为保证桩端施工质量，当浆液到达出浆口后，喷浆坐底30 s，使浆液完全达到桩端。通过复喷的方法达到提高桩身强度的目的，搅拌次数以4次为宜。当喷浆口到达桩顶高程时，停止提升数秒，保证桩头均匀密实。施工时因故停浆，宜将搅拌机下沉至停浆点下0.5 m，待恢复供浆时再喷浆提升。若停机超过3 h，为防止浆液硬结堵管，拆卸输浆管路，并进行清洗。

（2）高压旋喷法。

高压旋喷法适用于砂性土、粉土。喷浆采用三重管法，单喷嘴喷浆，配备旋喷设备进行施工。喷浆导孔间距为100 mm，成孔采用XY-100型地质钻机。高压旋喷桩施工工艺流程如图3.5所示。

高压旋喷桩施工工艺做法：首先，平整场地，清除地下障碍物，迁移或保护地下管线，测定旋喷桩桩位；其次，采用XY-100型钻机，钻孔至设计孔底标高以下0.3 m处，成孔检验合格后钻机移至下一桩位，旋喷机就位，调试水、水泥浆压力和流量满足设计要求；再次，下管旋喷，提升速度为0.15 cm/min，注浆压力大于1 MPa，流量大于60 L/min，水压28 MPa，气压

0.6 MPa，试验确定浆液配方；最后，旋喷至设计顶标高以上0.3～0.8 m处停机，将旋喷管提出地面。

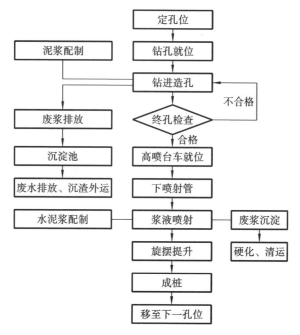

图3.5 高压旋喷桩施工工艺流程

(3) 冷冻法。

冷冻法是将自然状态下不均匀的地层通过冻结变成具有均匀力学性质的冻土。其优点是加固效果好，且冻土墙还能用温度来控制，可以确保长期处于稳定状态。冷冻法技术施工工艺流程见图3.6。

① 计算方法。

竖井前造成的冻土，是止水性好、强度高的加固层。作用于冻土的垂直荷载按总土、水压力考虑，水平荷载按静态土压和水压考虑。

冻好的冻土，因冰的冻结性质，使土体与竖井挡土墙牢固黏结在一起，所以冻土墙可当作周边被竖井墙固定的固板。另外，到达段可作为被竖井固定、被盾构支承的梁或者水平圆筒来计算。

② 设计强度或安全系数。

冻土的强度取决于土质、温度及盐分浓度。在地下水中含盐量较高的海岸沿线和填筑地进行设计时，应预先调查盐分浓度，然后按相应的强度进行设计。作为设计标准，砂质冻土的抗压强度为6 MPa。

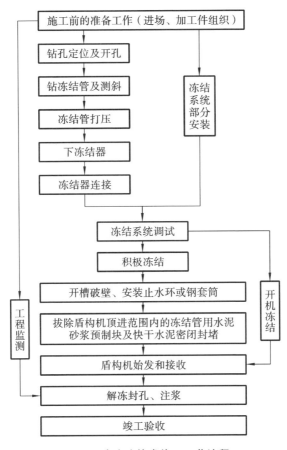

图 3.6　冷冻法技术施工工艺流程

该设计标准因使用屈服值或承载力，所以需要设定安全系数。作承重墙时取安全系数 $F_s \geqslant 2.0$，但需根据其重要程度和有效尺寸，按 $2 \leqslant F_s \leqslant 3$ 的范围进行设计。冻土墙温度分布不一样，故强度也不一样，但可将壁厚方向的平均温度对应的强度作为均匀结构物处理。

③ 主要技术要求。

a. 各种钻孔施工开孔误差不大于 100 mm。钻孔最大偏斜值不得大于 150 mm，且所有钻孔均应进行终孔测斜，并绘制钻孔偏斜图和各钻孔位置成孔图，据此确定是否补孔及补孔位置。外圈孔不进入盾构机开挖面。

b. 冻结管、测温管管材均采用优质碳素结构钢，其材料性能应符合相关规范规定，并应有合格的质量检验证书。管路连接均采用外管箍焊接连接，选择的外管箍材质应与连接管路材质相同。焊条采用 E43 系列，其质量应符合有关规定。

c.冻结孔钻进深度不小于设计值,且不大于设计值加0.5 m。不能循环盐水的管头长度不得大于150 mm。

d.冻结管下放后应注入清水试压,试验压力至少为0.8 MPa,经试压30 min压力下降不超过0.05 MPa,再延续15 min压力不变为合格,气压试验要求同水压试验。

e.施工冻结孔时的土体流失量不得大于冻结孔体积,否则应及时进行注浆,控制地层沉降。

f.设计积极冻结时间不小于40 d。要求冻结孔单孔流量不小于5 m^3/h;积极冻结7d盐水温度降至−18 ℃以下;开挖时盐水温度降至−28 ℃以下;去、回路盐水温差不大于2 ℃。如盐水温度和盐水流量达不到设计要求,应延长积极冻结时间。

g.积极冻结时,在冻结区附近200 m范围内不得采取降水措施。在冻结区内土层中不得有集中水流。

h.开挖区冻结孔布置圈的冻结壁与地下连续墙交界处温度不高于−8 ℃,其他部位冻结壁平均温度不高于−10 ℃。

i.冻结施工前,需对所有影响范围内的管线采取适当的保护措施,施工过程中加强检测,冻胀影响完全可以控制(如采用定向钻孔、局部冻结、热水循环等)。

j.冻土融化后其标高可能略低于原始地层的标高,为减少融沉量,解冻后可在隧道内进行适当的跟踪注浆,减小冻结对周围环境的影响。在冻结管拔出的同时,在孔内灌注水泥−黏土浆或粉煤灰浆。

2.盾构机始发作业

盾构机始发是指利用反力架和负环管片,将始发基座上的盾构机由始发竖井推入地层,开始沿设计线路掘进的一系列作业。

(1)始发准备。

场内门吊负责出土、吊装电瓶、下管片、吊装卸管片等。门吊安装前要向主管部门报装,并对安装调试过程进行监督,及时通过检验,投入使用。

配置砂浆拌和站时应同步布置好材料堆放场地,做好除尘密封设施,减少环境污染。

积极与电力部门取得联系,严格按照用电安全规程做好电力系统布置。根据隧道的长度及施工环境配置风机，一般设置于车站结构的中板或底板上。按照电瓶车的数量及电池组的数量设置充电柜。

（2）始发流程。

盾构机始发流程如图3.7所示。

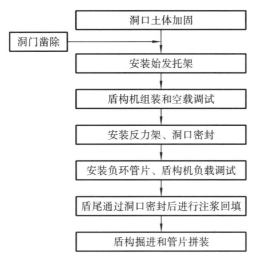

图3.7　盾构机始发流程

（3）洞门的凿除。

由于盾构机对硬岩的破碎能力有限，为了保护刀盘和电机，始发或到达前需要对洞门端头围护结构进行凿除。

洞门凿除过程中，为保证始发井或吊出井围护结构的稳定，凿洞分两阶段进行：第一阶段在端头井土体加固检验合格后开始凿除，在盾构机始发设施下井前完成；第二阶段在盾构机组装调试好和其他始发准备完成后快速进行。

开凿前，搭设双排脚手架，由上往下分层凿除。首先将开挖面桩钢筋凿出并用氧焊切割，然后继续凿至迎土面钢筋外露为止。当盾构机刀盘抵达混凝土桩前0.5～1 m时停止掘进，然后再将余下的钢筋割掉，打穿剩余部分桩的桩心及护壁，并检查确定无钢筋。

（4）始发设施的安装。

① 始发托架安装。始发前，清理基坑后，将始发托架依据隧道设计轴线安装定位好。考虑始发托架在盾构机始发时要承受纵向、横向的推力以及抵抗盾构机旋转的扭矩，所以在盾构机始发之前，对始发托架两侧用H型钢进行加固。

② 洞门密封。洞门密封采用折页式密封压板。施工分两步进行：第一步在始发端墙施工过程中，做好始发洞门预埋件的埋设工作，预埋件必须与端墙结构钢筋连接在一起；第二步在盾构机正式始发之前，清理完洞口的渣土，完成洞口密封压板及橡胶帘布板的安装。

安装步骤如下：

a. 洞门防水密封施工前，先检查材料的完好性，尤其是帘布橡胶板是否完好，径向尼龙线密集排列和螺栓孔是否完好；

b. 安装前清理完洞口的渣土和疏通预埋钢板的孔并涂上黄油；

c. 将螺栓旋入预先埋设在井圈周边的螺母内；

d. 安装帘布橡胶板及圆环板，并用薄螺母固定在井壁上；

e. 将扇形压板套在装有薄螺母的螺栓上；

f. 根据盾构机穿越洞圈时及始发后的两个阶段，注意调整扇形钢的位置。

③ 始发设施加固预埋件安装。沿线路顶进方向在车站底板上预埋钢板。

④ 反力架安装。在盾构机主机与后配套连接之前，开始进行反力架安装。在安装反力架时，反力架端面与始发台水平轴垂直，以便盾构机轴线与隧道设计轴线保持平行。反力架在工厂加工后经过试拼装合格并检查基准环的平整度合格后方可进场。安装反力架前，先将反力架位置定位，然后分节安装反力架部件并调节好位置。定位反力架和基准环，利用垂线和经纬仪测量调整基准环的平整度，使基准环与始发台水平轴垂直，调整好后将反力架与中板和底板的预埋件焊接固定。

在部分盾构施工项目中，需要在大埋深高水压的情况下进行始发和掘进。大埋深和高水压情况会对盾构机的始发洞门密封装置及始发时反力架等体系造成极高的负载。如果洞门密封橡胶帘布失效会导致淹没盾构机、冲毁反力架、反力架倾覆失效等情况。同时由于始发时的高落差及较短的环流管路，产生的水锤效应会导致泥水舱爆舱、管路垫片冲坏等现象。为了防止高水压破坏洞门密封，需要采用加强型始发洞门密封装置，可以采用多道、特制的制洞门密封刷，并且采用钢套筒、帘布式密封设计，辅以充足的注浆、注脂预埋管路来达到承受高水压的效果。甚至可以在洞门密封中安装辅助安全装置，利用在洞门密封内预埋的球阀、压力表、泄压阀防止压力过高。

3. 盾构机组装与调试

（1）设备吊装。

盾构机的组装场地一般分成三个区：后配套拖车存放区、主机及配件存放区、起重机存放区。吊装设备一般采用履带起重机1台、汽车起重机1台、液压千斤顶2台以及相应的吊具，它们的吨位和能力取决于盾构机最大部件的重量和尺寸。

盾构机组装一般宜按下列程序进行：组装场地的准备、始发基座安装、行走轨道铺设、吊装设备准备并就位、将后配套各部件组装成拖车总体（包括结构、设备、管路等）、将连接桥与后配套组装连接、主机中体组装、主机前体组装、刀盘组装、主机前移、使刀盘顶到掌子面、管片拼装机轨道梁下井拼装、管片拼装机拼装、盾尾安装、反力架及反力架钢环的安装、主机与后配套对接、附属设备的安装和管路连接。在组装前安装调试好门吊，使组装安排更加灵活，有利于缩短组装时间。

盾构机组装前必须制定详细的组装方案与计划，同时组织有经验的经过技术培训的人员组成组装班组，并对始发基座进行精确定位。履带吊机工作区应铺设钢板，防止地层不均匀沉陷。大件组装时应对始发井端头墙进行严密的观测，掌握其变形与受力状态。大件吊装时必须有90t以上的吊车辅助翻转。

（2）盾构机调试。

盾构机调试按阶段分为施工现场调试和工厂调试。施工现场调试又分为井底空载调试、试掘进重载调试：井底空载调试阶段的工作是在盾构机吊到井底后按照井底调试大纲对其总装质量及各种功能进行检查和调试；试掘进重载调试是试掘进期间进行重载调试，经调试并验收合格后即可交付使用。工厂调试阶段的工作是对设计、制造质量及主要功能进行调试。

盾构机组装和连接完毕后，即可进行空载调试。空载调试的目的主要是检查盾构机各系统和设备是否正常运转，并与工厂组装时的空载调试记录进行比较，从而检查各系统是否按要求运转，速度是否满足要求，对不满足要求的，要查找原因。主要调试内容为液压系统、润滑系统、冷却系统、配电系统、注浆系统、控制系统以及各种仪表的校正。

通过空载调试证明盾构机具有工作能力后，即可进行负载调试。负载调试的主要目的是检查各种管线及密封的负载能力，使盾构机的各个工作系统和辅助系统达到满足正常生产要求的工作状态。通常试掘进时间即为对设备负载调试时间。负载调试时，采取严格的技术和管理措施，保证工程安全、工程质量和线形精度。

3.2.4 盾构掘进施工

1. 土压平衡盾构机掘进

(1) 土压平衡盾构机的掘进模式。

土压平衡盾构机的掘进模式一般有三种,即敞开模式、局部气压模式和土压平衡模式。每一种掘进模式具有不同的特点和使用条件。

① 敞开模式。

土压平衡盾构机面对稳定性较好的岩层时,可以采用敞开模式,不用调整土仓压力。敞开模式一般用于地层自稳条件比较好的场合,即使不对开挖面进行连续压力平衡,在短时间内也可保证开挖面不失稳,土体不坍塌。在能够自稳、地下水少的地层多采用这种模式。盾构切削下来的渣土进入土仓内即刻被螺旋输送机排出,土仓内仅有极少量的渣土,土仓基本处于清空状态,掘进中,刀盘和螺旋输送机所受反扭力较小。采用敞开模式掘进时,以滚刀破岩为主,采用高转速、低扭矩和适宜的螺旋输送机转速推进;同步注浆时浆液可能渗流到盾壳与周围岩体间的空隙甚至刀盘处,为避免此现象发生,可采用适当增大浆液黏度、缩短浆液凝结时间、调整注浆压力、管片背后补充注浆等方法。

② 局部气压模式。

局部气压模式也称"半敞开式"。土压平衡盾构机对于开挖面具有一定的自稳性,可以采用半敞开式掘进;调节螺旋输送机的转速,土仓内保持2/3左右的渣土,如果掘进中遇到围岩稳定但富含地下水的地层,或者施工断面上大部分围岩稳定,仅局部出现失压崩溃的地层或者破碎带,此时应加快推进速度以便快速通过,并暂时停止螺旋输送机出土,关闭螺旋输送机出土闸门,使土仓的下部充满渣石,向开挖面和土仓中注入适量的添加材料(如膨润土、泥浆或添加剂)和压缩空气,使土仓内渣土的密水性增加,同时也使添加材料在压力作用下渗进开挖面地层,在开挖面上产生一层致密的"泥膜"。通过气压和泥膜阻止开挖面涌水和坍塌的现象发生,再控制螺旋输送机低速转动以保证在螺旋输送机中形成"土塞",从而安全快速地通过这类不良地层。掘进中土仓内的渣土未充满土仓,尚有一定的空间,通过向土仓内输入压缩空气与渣土共同支撑开挖面和防止地下水渗入。该掘进模式适用于具有一定自稳能力和地下水压力不太大的地层,防止地下水渗入的效果主要取决于压缩空气的压力。在上软下硬地层施工时多采用这种模式。在上软下硬地层施工时，滚刀破岩为主破碎硬岩，以齿刀、刮刀为主切削土层。在河底段掘进时，需要添加泡沫剂、聚合物、膨润土等改良渣土的止水性，使土仓内的压力稳定平衡。

③ 土压平衡模式。

开挖地层稳定性不好或遇有较多地下水的软质岩地层时，需采用土压平衡模式。此时需根据前面地层的不同，保持不同的压力。

盾构机在掘进开挖面土体的同时，使掘进下来的渣土充满土仓，并且使土仓内的渣土密度尽可能与隧道开挖面上的土壤密度接近。在推进油缸的推力作用下，土仓内充满的渣土形成一定的压力，土仓内的渣土压力与隧道开挖面上的水压、土压等实现动态平衡，这样开挖面上的土壤就不会轻易坍落，既完成掘进又不会造成开挖面土体的失稳。

土仓内的压力可通过改变盾构机的掘进速度或螺旋输送机的转速（排渣土量）来调节，按与盾构机掘削土量（包括加泥材料量）对应的排渣量连续出土，保证掘削土量与排渣量相对应，使土仓中的流塑性渣土的土压力能始终与开挖面上的水土压力保持平衡，保持开挖面的稳定性。压力大小根据安装在土仓壁上的压力传感器来获得，螺旋输送机转速（排土量）根据压力传感器获得的土压力自动调节。

采用土压平衡模式时，以齿刀、切刀为主切削土层，以低转速、大扭矩推进。土仓内土压力值应略大于静水压力和地层土压力之和，在不同地质地段掘进时，根据需要添加泡沫剂、聚合物、膨润土等改善渣土性能，也可在螺旋输送机上安装止水保压装置，以使土仓内的压力稳定平衡。

（2）渣土改良和管理。

① 改良的方法与添加剂。

由于添加剂的作用，土压盾构机排出的掘削土砂几乎均为含水率高和流动性强的土砂，所以必须在施工现场对掘削土砂做改良处理，进而将其作为建设污泥废弃或作再生利用。

土体改良的方法分为物理改良和化学改良：物理改良有水、土分离法，日晒法及强制脱水法；化学改良有水泥改良法、石灰改良法、高分子改良法。其中，强制脱水法与水泥盾构施工法中的二次泥水处理（加压、脱水等方式）相同。

土压盾构工法中多使用化学改良方法。无论是哪种化学改良方法，其原理都是利用水与化学材料发生反应，降低含水率，设备的规模形式也大体相同。

水泥改良法和石灰改良法两者的一个共同特点是改良土为碱性，强度高，价格便宜。高分子改良法的优点是见效快，改良土为中性；缺点是价格贵，改良效果不太稳定，运输过程中存在再次呈现流动状态的可能。因此，多数情况下采用优势互补的复合改良剂，即集上述两类方法的优点。

添加剂有单一添加剂和复合添加剂两种。单一添加剂包括矿物质类、高分子类、淀粉类等材料。复合添加剂包括三种：第一种是黏土（膨润土）＋气泡，第二种是膨润土＋有机酸，第三种是纤维素＋负离子类乳胶。

② 渣土改良的主要技术措施。

在砂质黏性土和全、强、中风化泥质粉砂岩的掘进中，拟采用分别向刀盘面和土仓内注入泡沫的方法进行渣土改良，必要时可向螺旋输送机内注入泡沫。同时，采用滚刀与齿刀混合破岩削土、全齿刀削土或增大刀盘开口率等方法来防止形成泥饼。

在硬岩地段拟采用向刀盘面和土仓内及螺旋输送机内注入泥浆的方法来改良渣土。

在富水断层带和其他含水地层采用土压平衡模式掘进时，拟向刀盘面、土仓内和螺旋输送机内注入膨润土，并增加对螺旋输送机内注入的膨润土，以利于螺旋输送机形成土塞效应，防止喷涌。

在砂土地层中掘进时，拟采用向刀盘面和土仓内注入泡沫的方法来改良渣土。泡沫注入量根据具体情况确定。

根据地层砂土的粒径累加曲线计算出矿物类或表面活性材料添加剂的使用量。另外，水溶性高分子类添加剂的用量参考矿物类添加剂的使用量。

（3）掘进过程中盾构机姿态控制。

① 盾构机掘进方向控制。

盾构机掘进施工中，盾构机操作员必须及时得到所在位置的信息反馈，实时关注盾构机轴线相对于隧道设计轴线的位置及方向，确保正确开挖。如果掘进方向与隧道设计轴线偏差超过一定的界限，就会使隧道衬砌侵限、盾尾间隙变小，管片局部受力恶化，也会造成地层损失增大而加大地表沉降。

施工中，采用激光导向来保证掘进方向的准确性，控制盾构机。导向系统用来测量盾构机的坐标（X、Y、Z）和位置（水平、上下和旋转），测量的结果可以在面板上显示，以便将实际的数据和理论数据进行对比。导向系统还可以存储每环管片拼装的关键数据。目前，PPS（poltinger precision system，定位导向系统）在国内得到了广泛应用。

PPS采用固定、自动或电动控制的全站仪来测量系统元器件，这些元器件包括：2个EDM（electronic distance measurement，电子测距）棱镜，它们安装在盾构机靠近刀盘的固定位置上；1个参照棱镜，被安装在全站仪架上，用以检测全站仪的稳定性；1个高精度的电子倾斜仪，用来测量盾构机的倾斜和扭转。这些元器件的控制由随机PPS电脑自动控制。

② 推进油缸的分区控制。

盾构机的推进机构提供向前推进的动力，通过分区操作推进油缸控制掘进方向。推进机构包括N个推进油缸和1个推进液压泵站。推进油缸按照在圆周上的区域被编为4~5个组。现一般为4组，分上、下、左、右可分别进行独立控制的4个液压区。在曲线段（包括水平曲线和竖向曲线）施工时，推进操作控制方式是将液压推进油缸进行分区操作。每组油缸均能单独控制压力。为使盾构机沿着正确的方向开挖，可以调整4组油缸的压力。油缸也可以单独控制。

一般情况下，当盾构机处于水平线路掘进时，应使盾构机保持稍向上掘进，以纠正盾构机因自重产生的低头现象。通过调整每组油缸的不同推进速度、每组压力来对盾构机进行纠偏和调向。油缸的后端顶在管片上以提供盾构机前进的反力。在上、下、左、右每个区域中各有一只油缸安装了行程传感器，通过该传感器可以知道油缸的伸出长度和盾构机的掘进状态。

③ 推进过程中的蛇行和滚动。

在盾构机推进过程中，蛇行和滚动是难以避免的。出现蛇行和滚动主要与地质条件、推进操作控制有关。应针对不同的地质条件进行周密的工况分析，并在施工过程中严格控制盾构机的状态，以减少蛇行值和盾构机的滚动。当出现滚动时，可采取正反转刀盘的方法来纠正盾构机姿态。

（4）盾构机姿态调整与纠偏。

在实际施工中，盾构机推进方向可能会偏离设计轴线并超过管理警戒值。在稳定地层中掘进，因地层提供的滚动阻力小，可能会产生盾体滚动偏差；在线路变坡段或急弯段掘进，有可能产生较大的偏差。

参照上述方法分区操作推进油缸来调整盾构机姿态，纠正偏差，将盾构机的方向控制调整到符合要求的范围。在急转弯和变坡段，必要时可利用盾构机的超挖刀进行局部超挖来纠偏。当滚动超限时，盾构机会自动报警，此时应采用刀盘反转的方法纠正滚动偏差。

2. 泥水盾构机掘进

(1) 泥水盾构机的构成。

泥水盾构机也称泥水加压式平衡盾构机（slurry pressure balance shield，简称 SPB 盾构）。泥水盾构机在机械式盾构机的前部设置隔板，装备刀盘及输送泥浆的送、排泥管和推进盾构机的推进油缸。地面上还配有泥水处理设备。

泥水盾构机由以下五大系统构成。

① 盾构掘进系统：一边利用刀盘挖掘整个开挖面一边推进。

② 泥水循环系统：可调整泥浆物理性质，并将其送至开挖面，保持开挖面稳定。

③ 综合管理系统：综合管理送排泥状态、泥水压力及泥水处理设备运转状况。

④ 泥水分离处理系统。

⑤ 壁后同步注浆系统。

泥水盾构机利用循环悬浮液对泥浆压力进行调节和控制，采用膨润土悬浮液（泥浆）作为支护材料。将泥浆送入泥水室内，在开挖面上形成不透水的泥膜，通过该泥膜的张力保持水压力，以平衡作用于开挖面压力。开挖的土砂以泥浆形式输送到地面，通过泥水处理设备进行分离，分离后的泥水进行配比调整，再输送到开挖面。

(2) 开挖面稳定机理。

① 泥膜形成机理。

泥水盾构机通过在泥水仓中保持适当的压力使泥浆在开挖面形成泥膜，支撑隧道开挖面的土体，并由刀盘切削土体表面的泥膜，形成高密度的泥浆，然后由排泥泵及管道把泥浆输送到地面进行分离处理。

在泥水平衡的理论中，泥膜的形成是至关重要的。当泥水压力大于地下水压力时，泥水按达西定律渗入土壤，形成与土壤间隙呈一定比例的悬浮液，浆液中的黏土颗粒被捕获并积聚于土壤与泥水的接触表面，泥膜就此形成。随着时间的推移，泥膜厚度不断增加，渗透抵抗力逐渐增强。当泥膜抵抗力远大于正面土压力时，产生泥水平衡效果。

② 泥膜形成的基本要素。

泥水盾构机施工时，以泥水压力来抵抗开挖面的土压力和水压力以保持开挖面的稳定，同时控制开挖面变形和地基沉降；在开挖面形成不透水性泥膜，保持泥水压力有效作用于开挖面。从泥水平衡理论中可以看出，在泥水盾构机施工中，尽快形成不透水的泥膜是一个相当关键的环节。

在开挖面，随着加压后的泥水不断渗入土体，泥水中的砂土颗粒填入土体孔隙中，可形成不透水的泥膜。而且由于泥膜形成后减小了开挖面的压力损失，泥水压力可有效地作用于开挖面，从而可以防止开挖面的变形和崩塌，并确保开挖面的稳定。因此，在泥水盾构机施工中，控制泥水压力和控制泥水质量是两个重要的课题。

（3）掘进参数管理。

盾构机切口泥水压力由地下水压力、静止土压力、变动土压力组成。切口泥水压力应介于理论计算值上下限之间，并根据地表建（构）筑物的情况和地质条件适当调整。

正常掘进条件下，掘进速度应设定为20～40 mm/min；在通过软硬不均匀地层时，掘进速度控制在10～20 mm/min。在设定掘进速度时，应注意以下几点。

① 盾构机启动时，需检查推进油缸是否顶实，开始推进和结束推进之前速度不宜过快。每环掘进开始时，应逐步提高掘进速度，防止启动速度过大冲击扰动地层。

② 每环正常掘进过程中，掘进速度值应尽量保持恒定，减少波动，以保证切口水压稳定和送、排泥管的畅通。在调整掘进速度时，应逐步调整，避免速度突变造成对地层冲击扰动和切口泥水压力摆动过大。

③ 掘进速度的快慢必须满足每环掘进注浆量的要求，保证同步注浆系统始终处于良好的工作状态。

④ 选取掘进速度时，必须注意掘进速度与地质条件和地表建筑物条件匹配，避免选择不合适对刀盘、刀具造成非正常损坏和使隧道周边土体扰动过大。

掘进实际掘削量Q可由式（3.1）计算得到。

$$Q=(Q_2-Q_1)T \tag{3.1}$$

式中：Q_2为排泥流量（m^3/h）；Q_1为送泥流量（m^3/h）；T为掘削时间（h）。

当发现掘削量过大时，应立即检查泥水密度、黏度和切口泥水压力。此外，也可以利用探查装置了解土体坍塌情况。在查明原因后应及时调整有关参数，确保开挖面稳定。

泥水指标控制包括泥水密度、漏斗黏度、析水量及pH值四个指标。

① 泥水密度。泥水密度是泥水主要控制指标。送泥时的泥水密度控制在 1.05~1.08 g/cm³，使用黏土、膨润土（粉末黏土）提高相对密度，添加 CMC 来增大黏度。工作泥浆的配置分天然黏土泥浆和膨胀土泥浆两种。排泥密度一般控制在 1.15~1.30 g/cm³。

② 漏斗黏度。黏性泥浆在砾石层可以防止泥浆损失，保持作业面稳定。在坍塌性围岩中，使用三次泥水。但是泥水黏度过高，处理时容易堵塞筛眼，造成作业性下降；在黏土层中，黏度不能过低，否则会造成开挖面塌陷或堵管事故，一般漏斗黏度控制在 25~35 mPa·s。

③ 析水量。析水量是泥水管理中的一项综合指标，它与泥水的黏度有关。悬浮性好的泥浆就意味着析水量小，反之越大。泥水的析水量一般控制在 5% 以下，降低土颗粒含量和提高泥浆的黏度，是保证析水量的主要手段。

④ pH 值。泥水的 pH 值一般为 8~9。

（4）泥水分离技术。

泥水盾构机通过加压泥水来稳定开挖面，其刀盘后面有一个密封隔板，与开挖面之间形成泥水仓，仓里充满了泥浆，开挖土渣与泥浆混合后由排浆泵输送到洞外的泥水分离站，经分离后进入泥浆调整池进行泥水性状调整，调整后由送泥泵将泥浆送往盾构机的泥水仓重复使用。通常将盾构机排出的泥水中的水和土分离的过程称为"泥水处理"。

泥水处理设备设于地面，由泥水分离站和泥浆制备系统两部分组成。泥水分离站主要由振动器、旋流器、储浆槽、渣浆泵等组成；泥浆制备系统由沉淀池、调浆池、制浆设备组成。

选择泥水处理设备时，必须考虑两个方面：一是必须具有与推进速度相适应的分离能力；二是必须能有效地分离排泥浆中的泥土和水分。同时，泥水分离站还应有一定的储备系数。

泥水处理一般分为三级：一级泥水处理的对象是粒径为 74 μm 以上的砂和砾石，工艺比较简单，用振动筛或旋流器等设备对其进行筛分，分离出的土颗粒用车运走；二级泥水处理的对象主要是一级处理时不能分离的 75 μm 以下的淤泥、黏土等的细小颗粒；三级泥水处理调整需排放的剩余水的 pH 值，使泥水排放达到国家环保要求，采用的材料主要是稀硫酸或适量的二氧化碳气体。

从泥水分离站排出的泥浆经沉淀后进入调整槽，在调整槽内对泥浆进行调配，确保输送到盾构机的泥浆性能满足要求。制浆设备主要包含 1 个剩余泥水槽、1 个黏土溶解槽、1 个清水槽、1 个调整槽、1 个 CMC（粉末黏剂）储备槽及搅拌装置等。泥浆制备时，使用黏土、膨润土（粉末黏土）增加密度，添加CMC来增大黏度。黏性大的泥浆在砾石层可以防止泥浆损失、砂层剥落，使作业面保持稳定。在坍塌的围岩中，也宜使用高黏度泥水。但是泥水黏度过高，处理时容易堵塞筛眼；在黏土层中，黏度不能过低，否则会造成开挖面塌陷。

（5）适应地质范围。

泥水盾构机最初用于冲积黏土和洪积砂土交错出现的特殊地层中，由于泥水对开挖面的作用明显，因此在软弱的淤泥质土层、松动的砂土层、砾石层、卵砾石层、砾石和坚硬土的互层等地层中均适用。

目前泥水加压盾构工法对地层的适用范围不断扩大，即使处于恶劣的施工环境中或在存在地下水等不良条件下，由于有相应的处理方法，因而几乎能适应所有的地层。

3. 管片拼装

一般工程管片拼装采用错缝拼装。管片在拼装前仍要进行一次检查。在确认管片种类正确、质量完好无缺、与密封垫黏结无脱落，管片的吊装孔预埋位置正确，逆止阀、封堵盖完好无损，以及其他主要预埋件和混凝土的握裹牢固，管片接头使用的螺栓、螺母、垫圈、螺栓防水用密封垫等附件准备齐全后，才允许拼装。每环管片拼装结束后要及时拧紧各个方向的螺栓，且在该环脱出盾尾后再次拧紧。

对掘进过程中出现的管片裂缝和其他破损，要及时观察记录并提醒盾构机操作人员注意，要选择合适时间对管片进行修补。管片拼装是盾构法施工的重要环节，其拼装质量的好坏不仅直接关系到成洞的质量，而且对盾构机能否继续顺利推进有着直接的影响。

（1）拼装顺序。

管片拼装采取自下而上的原则，由下部开始，先装底部标准块（或邻接块），再对称安装标准块和邻接块，最后安装封顶块。安装封顶块时，先径向搭接2/3，径向推上，然后纵向插入。

拼好的一环管片从盾尾脱出时，受到自重和压力的作用产生变形，当变形量过大，既成环和拼装环高低不平，影响到安装纵向螺栓时，用整圆器对管片进行临时整圆。

（2）拼装工艺。

管片拼装工艺流程见图3.8。

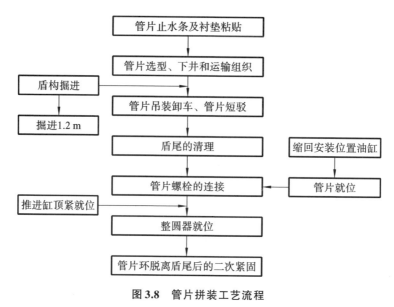

图3.8 管片拼装工艺流程

① 在防水处理前必须对管片进行清理，再进行密封粘贴。

② 安装过程中彻底清除盾壳安装部位的垃圾和积水，同时必须注意管片的定位精确，尤其第一环要做到居中安放。

③ 用管片拼装机将管片吊起，沿吊机梁移动到盾尾位置。

④ 安装时千斤顶交替收回，即安装哪段管片则收回该段相对应的千斤顶，其余千斤顶仍顶紧。

⑤ 管片拼装把握好管片环面的平整度、环面的超前量以及椭圆度，用水平尺将第一块管片与上一环管片精确找平。

⑥ 第二块管片与上一环管片和第一环管片大致对准后，先纵向压紧环向止水条，再环向压紧纵向止水条，并微调对准螺栓孔。

⑦ 边拼装管片边拧紧纵、环向连接螺栓。

⑧ 在整环管片脱出盾尾后，再次按规定扭矩拧紧全部连接螺栓。

（3）特殊地段的管片拼装。

拼装曲线段管时，平面曲线采用左转弯、右转弯衬砌环进行调整，竖曲线用低压石棉垫片调整，蛇形修正用橡胶垫片调整。施工中注意标准管片和左右转弯管片的衔接，拼装工艺与标准管片相同。

安装区间内联络通道位置处的管片时，区间隧道的联络通道与正线隧道相接处采用特殊管片，以通缝形式拼装。此时管片仍为封闭的，并在洞门周边设置一圈封闭钢梁，构成一坚固的封闭框架，在联络通道施工前，先拆除通道部位的特殊片，将洞口荷载完全传到框架上，再向里施工。此段管片拼装时由于管片分块较多，因而注意标准管片和楔形管片的衔接，拼装工艺与标准管片相同。

（4）隧道管片修补。

对已拼装好的管片出现的破损处和超过一定宽度的裂缝及所有渗水裂缝，都要进行修补处理。具体办法为选用高强度等级的环氧水泥砂浆回填修补，并压实抹光，做到既能保证强度和防水效果，又能保证美观。隧道的修补采用可移动的工作平台。修补工作开始前一个月向监理工程师提交详细的修补方案。

（5）管片拼装质量控制。

环面不平整度应小于10 mm，相邻环高差控制在10 mm以内。安装成环后，在纵向螺栓拧紧前，进行衬砌环椭圆度测量。当椭圆度大于20 mm时，应做调整。

（6）管片上浮的控制。

① 采用快凝浆液注浆，尽快封闭管片与地层的间隙，防止隧道上浮。

② 同步注浆时注意注浆的同步性和均匀性，根据总的方量计算，每100 mm需注入33～40个冲程量，注浆时均等注入空隙，同时做到上部的两个注浆管的注浆量要为总的注浆量的3/4。

③ 在同步注浆的基础上，结合聚氨酯注浆在隧道周围形成环箍，每隔10 m打一道环箍，使隧道纵向形成间隔的止水隔离带，以减缓、制约隧道上浮。

④ 加强测量和监测的频率，并及时调整盾构机掘进姿态，适当将轴线降低。

4. 同步注浆

盾构机推进时，在围岩塌落前及时对盾构空隙进行压浆，充填空隙，稳定地层，不但可以防止地面沉降，而且有利于隧道衬砌的防水。选择合适的浆液（初始黏度低、微膨胀、后期强度高），在管片外围形成稳定的固结层，将管片包围起来，形成一个保护圈，防止地下水侵入隧道。

（1）注浆方式。

注浆方式有同步注浆、管片背后二次补强注浆及堵水注浆三种。

同步注浆与盾构机掘进同时进行，浆液在盾尾空隙形成的瞬间及时起到充填作用，使周围岩体获得及时的支撑，可有效防止岩体的坍塌，控制地表的沉降。

管片背后二次补强注浆则是在同步注浆结束以后，通过管片的吊装孔对管片背后进行补强注浆，以改善同步注浆的效果，补充部分为充填的空腔，提高管片背后土体的密实度。管片背后二次补强注浆的浆液充填时间滞后于掘进时间，对围岩起到加固和止水的作用。

堵水注浆可提高背衬注浆层的防水性及密实度，在富水地区考虑前期注浆受地下水影响及浆液固结率的影响，必要时在管片背后二次补强注浆结束后进行堵水注浆。

（2）注浆材料。

采用水泥砂浆作为同步注浆材料，该浆材具有结石率高、结石体强度高、耐久性好和能防止地下水浸析的特点。水泥采用42.5抗硫酸盐水泥，以提高注浆结石体的耐腐蚀性，使管片处在耐腐蚀注浆结石体的包裹内，减缓地下水对管片混凝土的腐蚀。

（3）浆液配比及主要物理力学指标。

在施工中，根据地层条件、地下水情况及周边条件等，通过现场试验优化确定浆液配比。

同步注浆浆液的主要物理力学性能应满足下列指标。

① 胶凝时间：一般为 3～10 h，根据地层条件和掘进速度，通过现场试验加入促凝剂及变更配比来调整胶凝时间。对于强透水地层和需要注浆提供较高的早期强度的地段，可通过现场试验进一步调整配比和加入早强剂，进一步缩短胶凝时间。

② 固结体强度：1d 不小于 0.2 MPa，28 d 不小于 2.5 MPa。

③ 浆液结石率大于 95%，即固结收缩率小于 5%。

④ 浆液稠度：8～12 cm。

⑤ 浆液稳定性：倾析率（静置沉淀后上浮水体积与总体积之比）小于 5%。

（4）同步注浆主要技术参数。

① 注浆压力。注浆压力略大于该地层位置的静止土压力，同时避免浆液进入盾构机的土仓中。最初的注浆压力是根据理论的静止土压力确定的，在实际掘进中将不断优化。如果注浆压力过大，会导致地面隆起和管片变形，还易漏浆；如果注浆压力过小，则浆液填充速度赶不上空隙形成速度，又会引起地面沉陷。一般而言，注浆压力取 1.1～1.2 倍的静止土压力，最大不超过 3.5 bar（1 bar＝100 kPa）。

由于从盾尾圆周上的四个点同时注浆,考虑到防止管片大幅度下沉和浮起的需要,各点的注浆压力将不同,并保持合适的压差,以达到最佳效果。在最初的压力设定时,下部每孔的压力比上部每孔的压力大0.5~1.0 bar。

② 注浆量。根据刀盘开挖直径和管片外径,可以按式(3.2)计算出一环管片的注浆量。

$$V = \pi/4 KL(D_1^2 - D_2^2) \tag{3.2}$$

式中:V 为一环注浆量(m^3);K 为扩大系数,取1.3~2;L 为环宽(m);D_1 为开挖直径(m);D_2 为管片外径(m)。

③ 注浆时间和速度。在不同的地层中需根据不同凝结时间及掘进速度来具体控制注浆时间的长短,做到"掘进、注浆同步,不注浆、不掘进",通过控制同步注浆压力和注浆量双重标准来确定注浆时间。注浆压力和注浆量达到设定值后才停止注浆,否则仍需补浆。同步注浆速度与掘进速度匹配,按在盾构机完成一环掘进的时间内完成当环注浆量来确定其平均注浆速度。

④ 注浆结束标准及注浆效果检查。采用注浆压力和注浆量双指标控制标准,即当注浆压力达到设定值,注浆量达到设计值的85%时,认为达到了质量要求。注浆效果检查主要采用分析法,即根据压力-注浆量-时间曲线,结合管片、地表及周围建筑物量测结果进行综合评价。对拱顶部分采用超声波探测法通过频谱分析进行检查,对未满足要求的部位进行补充注浆。

(5) 同步注浆方法、工艺。

同步注浆示意如图3.9所示。壁后注浆装置由注浆泵、清洗泵、储浆槽、管路、阀件等组成。同步注浆与盾构机掘进同时进行,通过同步注浆系统及盾尾的内置注浆管,采用双泵四管路(四注入点)对称同步注浆。注浆可根据需要采用自动控制或手动控制,自动控制方式即预先设定注浆压力,由控制程序自动调整注浆的速度,当注浆压力达到设定值时,自行停止注浆。手动控制方式则由人工根据掘进情况随时调整注浆流量、速度、压力。

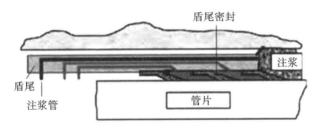

图3.9 同步注浆示意

(6) 二次注浆。

盾构机穿越后考虑到环境保护和隧道稳定因素，如发现同步注浆有不足的地方，通过管片中部的注浆孔进行二次补注浆，补充一次注浆未填充部分和体积减少部分，从而减少盾构机通过后土体的后期沉降，减轻隧道的防水压力，提高止水效果。二次注浆使用专用的泥浆泵，注浆前凿穿外侧保护层，安装专用的注浆接头。二次注浆采用水泥浆－水玻璃双液浆，注浆压力一般为0.2～0.4 MPa。

5. 刀具的检查与更换

刀具在掘进过程中，刀刃因磨耗超限或脱落、缺损、偏磨时，必须进行刀具更换。刀具可分为切刀、刮刀、撕裂刀和滚刀等，分别适用于不同的地质条件。当地质条件发生变化时，为保证施工安全和加快施工进度，亦应更换适应于该地层条件的刀具。盾构机运行时，刀盘上不同位置的滚刀磨损量不一样，可根据刀具磨损程度的不同进行位置的更换，以节约施工成本。

(1) 常压换刀。

当盾构机在硬岩或自稳能力较强的地段（整体性较好的中风化、微风化地层）掘进时，不需要带压进仓，这种情况下可在无压下直接进入刀盘作业。刀具更换程序应为：刀盘清理→刀具检查和磨损量的测量→制定换刀计划→刀具拆除→安装新的刀具→做好详细的刀具更换记录→整体检查。

(2) 带压换刀。

在需要带压进仓换刀时，严格按照带压进仓作业程序进行，制定详细的升压、减压作业细则。人员仓升压与减压按《空气潜水减压技术要求》（GB/T 12521—2008）所规定的原则进行，不得随意调整。带压进仓作业要点如下。

① 建立健全安全质量责任制，进仓、检查刀盘及换刀、减压作业、运输严格按规程操作。保证现场材料供应，确保作业过程的有效运转。

② 带压进仓换刀人员必须经过岗前培训，培训合格方能持证作业。作业人员上岗前针对进仓、检查刀盘及换刀、减压作业的特点进行安全交底，树立安全作业意识。

③ 带压进仓前及换刀过程中检测人员应检测、跟踪地面的变化情况。进仓人员应时刻注意观察刀盘内水位变换情况。

④ 实行主要领导24 h现场值班制度。且值班工程师现场24 h值班，并在值班过程中做好带压进仓作业的各种记录并整理成文，第二天及时上报公司。

⑤ 带压作业过程中,加强对各种检测仪表、空压机、气路电路的观测,如发现空压机故障,应立即启动另一台空压机;如发现停电,应立即启动内燃机发电机;如发现管路漏气,应立即汇报并及时处理,以防意外情况发生。

⑥ 人仓、自动保压系统及减压仓由专人负责操作,同时做好各项记录。

⑦ 作业人员作业时应佩戴好个人防护用品,防止意外伤亡事故发生。每班作业时,电工应加强用电管理,确保工地施工用电安全。仓内严禁易燃易爆物品,严禁使用明火,防止爆炸造成事故。

6. 洞内运输及渣土外运

(1) 水平运输。

在盾构机施工掘进过程中,应提前规划好出渣列车的运行线路。特别是在多区间标段的施工中,对于出土口和出土线路的良好规划可以大大减少运输距离,缩短运输时间。

一般左右线隧道洞内均采用钢轨铺设单线运输轨线,用压板螺栓固定钢轨,轨枕间用钢筋拉牢。在列车交会处或换车处设置道岔,在同一条运输线路上,道岔设置得越少越好。

洞内运输一般采用重载编组列车,配备2列。每列车由变频电机车牵引渣车、砂浆车和管片车组成,重载列车编组示意见图3.10。盾构机掘进每循环的出渣进料运输任务可由一列编组列车完成。

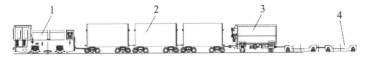

图3.10 重载列车编组示意

注:1—电机车;2—渣车;3—砂浆车;4—管片车。

当盾构机掘进时,螺旋输送机把渣土卸到渣车内,同时电瓶车牵引渣车缓慢前移,将渣车装满。在渣车装渣的前期,前面的材料车与渣车脱钩卸管片和材料,当渣车装满后再与材料车相接,电瓶车拉至工作井内,由门吊吊出卸渣,完毕后再将空车放回井内,由进料口吊装洞内所需材料。一环管片开挖土方一次运走。配备2列编组列车,当一列车装满渣体准备运出时,另一列车已装好材料停放在盾构机始发井会车道上,在管片拼装完成前此列车可到达工作面，可以继续掘进下一环。这样在盾构机掘进过程中始终保持有列车保证出渣，从而确保施工进度。

（2）垂直运输。

垂直运输分为两部分：第一部分为施工材料垂直运输；第二部分为渣土垂直运输。施工材料垂直运输由安装在出土口上的门吊完成，其移动方向为沿隧道纵向，轨料、钢管、管片及油脂、油料等材料由此门吊进行装卸和垂直起吊。左右线渣土垂直运输可由一台门吊完成，也可安装两台门吊以提高运输效率。门吊的移动方向需垂直于隧道方向，见图3.11。

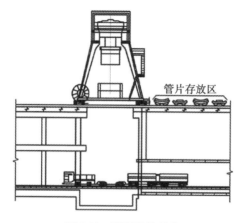

图3.11　垂直运输示意

（3）渣土外运。

渣土外运一般集中在夜间进行，利用挖掘机将渣坑中的渣土装入封闭式运输汽车，然后按照业主拟定路线运输至业主指定的弃渣点，在场地出渣门口设置洗车槽。运输车辆出施工场地前进行清洗，安排带盖的密封性良好的自卸汽车外运渣土，避免渣土在运输中撒漏，影响城市环境。

7. 盾构机到达

盾构机到达是指从盾构机到达下一站（掉头井）之前50 m，到盾构贯通区间隧道进入车站被推上盾构机接收基座的整个施工过程。其工作内容包括盾构机定位及接收洞门位置复核测量、地层加固、洞门处理、安装洞门圈密封设备、安装接收基座等。

（1）盾构机到达的准备工作。

盾构机到达，应做好以下工作。

① 制定盾构机接收方案，包括到达掘进、管片拼装、壁后注浆、洞门外土体加固、洞门围护拆除、洞门钢圈密封等工作安排。

② 对盾构机接收井进行验收并做好接收盾构机的工作。

③ 盾构机到达前100 m和50 m时，必须对盾构机轴线进行测量、调整。

④ 盾构机切口距离接收井约10 m时，必须控制盾构机推进速度、开挖面压力、排土量，以减少洞门地表变形。

⑤ 盾构机接收时应按预定的拆除方法与步骤拆除洞门。

⑥ 当盾构机全部进入接收井内基座后，应及时做好管片与洞门间隙的密封，做好洞门堵水工作。

（2）接收基座的安装与定位。

接收基座的构造同始发基座，接收基座在准确测量定位后安装。其中心轴线应与盾构机接收井的轴线一致，同时还要兼顾隧道设计轴线。接收基座的轨面高程应适应盾构机姿态，为保证刀盘贯通后拼装管片时有足够的反力，可考虑将接收基座的轨面坡度适当加大。接收基座定位放置后，采用工字钢对接收基座前方和两侧进行加固，防止盾构机推上接收基座的过程中，接收基座移位。

在接收基座安装固定后，盾构机可慢速推上接收基座。在通过洞门临时密封装置时，为防止刀盘和刀具损坏橡胶板帘布，在刀盘外圈和刀具上涂抹黄油。盾构机在接收基座上推进时每向前推进2环拉紧一次洞门临时密封装置，通过同步注浆系统注入速凝浆液填充管片外形间隙，保证管片姿态正确。

（3）到达段掘进。

根据到达段的地质情况确定掘进参数：低速度、小推力、合理的土压力（或泥水压力）。在最后10～15环管片拼装中要及时用纵向拉杆将管片连接成整体，以免在推力很小或者没有推力时引起管片之间的松动。

（4）洞门圈封堵。

在最后一环管片拼装完成后，拉紧洞门临时密封装置，使橡胶板帘布与管片外弧面密贴，通过管片注浆孔对洞门圈进行注浆填充。注浆的过程中要密切关注洞门的情况，一旦发现有漏浆的现象应立即停止注浆并进行封堵处理，确保洞门注浆密实，洞门圈封堵严密。

8. 盾构机调头

盾构机掘进施工中，常有短距离盾构隧道采用单台盾构机进行双线掘进的情况。当盾构机从始发站到达接收站后,在接收站已经进行车站封顶施工,不具备起吊条件的情况下,盾构机需在接收站进行调头施工后向始发站掘进。

盾构机调头施工包括盾构机调头和后配套台车设备调头,是一项风险较大、技术性较高的工程。在盾构机调头施工前必须做好充分的施工策划和施工准备工作。在进行盾构机调头施工的过程中,亦需要严格控制各项参数,避免安全及质量事故的发生。

(1) 盾构机调头。

① 盾构机平移前准备施工。

盾构机接收时,考虑到洞门的设计标高,必须在接收托架底部加入支墩以吻合洞门的设计标高。盾构机接收后,必须去掉支墩方可进行盾构机调头施工。具体的施工流程为:盾构机接收后盾体完全进入托架→将盾构机与托架焊接成整体→在盾体上焊接4个顶升油缸支座→使用4台100t千斤顶进行垂直顶升→抽出托架底部支墩→收缩千斤顶放下盾构机。

② 盾构机平移及调头施工。

a. 盾构机接收后,一般停在距离内衬墙较近的位置。

b. 用2个100 t液压油缸将盾构机向外平移,使盾构机整体到达调头指定位置。

c. 盾构机顺时针旋转90°。

d. 盾构机顺时针再旋转90°,累计旋转180°,完成盾构机调头。

e. 将盾构机平移至始发位置,盾构机轴线与隧道平面中线重合。

③ 调整盾构机始发位置。

将盾构机用千斤顶顶起,将支墩放入盾构机托架底部,保证盾构机标高与始发洞门标高一致。然后将油缸缩回,将盾构机和托架一起落在垫块上,油缸缩到零时,取掉油缸,割除油缸支座,并进行打磨处理,同时对始发托架进行加固处理。

④ 盾构机调头施工注意事项。

盾构机调头施工注意事项主要包括两个方面:盾构机平移和旋转。

a. 盾构机平移。盾构机在平移前,一定要将主机和托架焊接牢固。提前将盾构机平移轨道上的杂物清理干净,并涂抹黄油。千斤顶在推进过程中,严格控制推进速度,及时进行纠偏,防止托架侧移。为千斤顶提供反力的构件必须加固牢靠，防止出现意外。千斤顶行程不够时，可通过增加垫块来延长，尽量减少千斤顶的移动次数。

b.盾构机旋转。测量组提前标明需转向的点位，现场实施过程中，派专人进行跟踪、指导。在托架旋转中心的角上将一个千斤顶作为支点，用其他千斤顶在托架最佳顶推位置附近顶推托架，形成旋转力偶，使托架以固定转轴为旋转中心，按预定旋转轨迹旋转。转动角度不宜过大，过程中及时调整托架与轨道的位置关系，防止托架从轨道滑落。待调头完成后，将盾构机主体推进至始发位置，并进行初步定位。

（2）后配套台车设备调头施工。

一般情况下，如果调头场的顶板上有挂钩，可以直接将台车推到指定位置，使用手动葫芦将台车拉起，调转方向后直接放在轨道上即可完成调头施工。在调头场地内没有吊钩的情况下，可以将后配套台车和连接桥架固定在特定的列车底盘上，用吊车吊起后配套台车和连接桥架拖运到出土口进行旋转调头施工。

后配套台车的运输吊装施工顺序如下（以6节后配套台车为例）。

① 用电瓶车牵引带特制平台的渣车将6号台车、5号台车、4号台车、3号台车、2号台车依次拖至始发站吊装口，为了保持连接桥架的稳定性，将1号台车与连接桥架最后倒运。

② 将连接桥架和1号台车从端头井口吊出并旋转180°，完成调头后再调入端头井，并将1号台车与连接桥架连接，一起通过电瓶车牵引特制平台的渣车，将连接桥架与1号台车运送至已完成调头的盾构机位置，并与盾构机进行连接。

③ 将2号台车吊出井口完成旋转180°后，放置在带特制平台的渣车上，用电瓶车牵引运送至1号台车位置，并与其连接。

④ 用2号台车调头的方法依次完成3号台车、4号台车、5号台车、6号台车的调头并连接，完成后配套台车的调头施工。

9.盾构机解体及退场

盾构机的解体吊装出井与下井吊装采用相同的起吊方法。

（1）盾构机拆卸总体思路。

① 隧道贯通后，盾构机在接收架协助下移位至工作井，即进行拆卸。

② 拆卸顺序与组装顺序相反，后装的先拆，先装的后拆。

③采用450 t吊机吊装的方案。

④拆卸之前对整机各部、各系统管路、电路与组件进行详细标识。

⑤拆卸以拆卸作业指导书为依据有序进行。

（2）拆卸原则。

①拆卸方案以厂商原始技术资料为依据。

②在不影响起吊、包装、运输及保证设备不致变形的情况下，尽可能整体拆卸。

③拆卸方案围绕二次组装来制定。

④妥善保存拆卸方案与拆卸记录资料，将其作为二次组拼的依据。

（3）盾构机拆卸顺序。

盾构机拆卸顺序示意如图3.12所示。

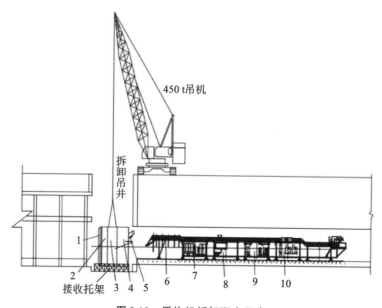

图3.12　盾构机拆卸顺序示意

注：1—刀盘；2—前盾；3—中盾；4—盾尾；5—螺旋输送机；6—桥架；7—1号拖车；8—2号拖车；9—3号拖车；10—4号拖车。

盾构机拆卸顺序：清除刀盘泥渣；断开盾构机风、水、电供应系统；拆除管线与小型组件；将盾构机主机吊出工作井，运往指定地点再组装或拆卸、解体、检修、包装；分节吊出；要装配套系统；进行零部件清理、喷漆、包装、储存。

(4) 拆卸工作注意事项。

在隧道贯通前，需全面仔细复查、补全盾构机各部件的标识，并准备好拆卸专用拖车、牵引车连接装置。检查各种管接头、堵头短缺数量、规格，并补齐加工。贯通前进行主机、后配套及其辅助设备的带负荷性能测试，以全面鉴定各机构、设备的性能状态，为拆卸后及时维护、修理和制定配件计划提供依据。

(5) 盾构机解体后在施工场地堆放。

考虑到施工场地较狭小，盾构机解体按拆卸一批运出一批的方法进行。

需注意的是，盾构机的运输、吊卸、退场由具有资质的专业大件吊装运输公司负责。现场安排安全检查小组，确保吊装安全。

3.3 沉 管 法

3.3.1 沉管法概述

随着内河及远洋航运事业的发展，在江河下游、海湾（峡）通行的轮船的吨位和密度越来越大，要求桥下通行的净空越来越高，跨度越来越大，使修建桥梁的造价及难度大增。尤其是跨越江河的城市轨道桥梁工程，由于受到城市规划和可持续发展要求的影响，两岸线路的衔接随着城市发展越来越困难。因此，发展出一种跨越江河及海湾（峡）的新方式，这就是用水下隧道代替桥梁来实现跨越江河及海湾（峡）的方法，而沉埋管段法（简称沉管法）就是20世纪初发展起来的一种修建水下隧道的新方法。它的最大优点是现场工期短，即两岸工程、基槽开挖和管节预制可同时进行。

沉管法是指把隧道管段分成若干段，在段与段之间暂时设置止水头部，在此期间，通过一些机械手段把管段送到隧道的中心线位置，并且把管段安置在预先挖出来的沟槽内，并在水下拼接各个管段，去掉止水头部。管道安装好后，填埋沟槽，以保护沉管免受其他物体的损坏，最后安装好隧道其他设施，确保整个隧道的安全性、完整性。

早期的沉管法不能得到广泛的使用。而基础处理压注法和水力压接法是沉管法的两大关键技术，至今广泛使用。

沉管隧道在土质方面的要求不高，对地基松软，甚至是河床、海岸较浅的地方均可以实施。沉管法无须挖很深的沟槽，可以节省大量的财力和物力，所需的隧道线路相比于盾构法大大缩减，沉管断面形状灵活，可圆可方，可以根据具体的施工环境来选择。

沉管法施工的主要步骤包括沟槽挖掘、管段分离、管段运输以及相关设施建设。这些步骤可以同时进行，从而缩短施工时间。

以上这些优点使得沉管法在水域方面得到广泛使用。相比于盾构法，沉管法应用于这些环境时更加经济、方便、快捷、可靠。

3.3.2 沉管段的基础施工

沉管段的基础施工是沉管隧道施工的重要工序之一。沉管隧道位于水中的沉管段对基础的要求不高，因为在长期运营工况下其抗浮系数仅为1.1。可以说，建设沉管段主要考虑的因素是抗浮，而不是对基础承载能力的要求。

在一般地面建筑工程中，如地基的工程地质条件较差，就必须建造适当的基础，不然可能发生有害沉降，甚至出现坍塌。如遇流砂，施工时还须采取疏干或其他特殊措施，否则可能会发生意外。而水底沉管隧道的情况不同，首先不会产生土体剪切或压缩而引起的沉降，因为放置管节后作用在基槽底面的应力要比原始应力小得多。

1. 沉管隧道沉管段基础施工的目的

沉管段虽对各种地质条件的适应性强，一般无须构筑人工基础，但施工时仍须进行基础处理。其目的不是应对地基土的固结沉降，而是解决基槽开挖作业所造成的槽底不平整问题。因为不论使用何种挖泥船，竣工后的基槽底表面通常有15~50 cm的不平整度（采用铲斗挖泥船时可达100 cm），使基槽底表面与管节底面之间存在众多不规律的空隙，导致地基土和管节结构受力不均而局部破坏，引起不均匀沉降。所以沉管隧道的基础处理就是将基础垫平，以消除这些有害空隙。

2. 沉管隧道沉管段基础施工的主要方法

沉管隧道沉管段基础施工的主要方法可分为先铺法和后填法两大类。

（1）先铺法。

先铺法实际上只有刮铺法一种。早期刮铺法采用简单的钢刮板对铺垫材料进行扫平,后来采用一种不受潮汐影响的刮板船替代。刮铺法因所用铺垫材料颗粒的大小不同,又分为刮砂法和刮石法两种,两种工法的操作基本相同。

① 用简易刮铺机刮平。

在基槽开挖时,往下超挖60～80 cm;然后在基槽底两侧打设2排短桩,安放控制高程及坡度的导轨;用抓斗或通过刮铺机的输料管,投放铺垫材料(粗砂或最大粒径不超过100 mm的碎石),每次投料铺垫宽度可为管节底宽加1.5～2 m,长度则与一节管节长度相同;最后按导轨调整铺垫材料的厚度、高程以及坡度,用简单的钢犁或特制的刮铺机刮平。

② 水下人工刮平工法。

铺设水下导轨支座;然后铺设行走导轨,要求导轨面标高误差不超过20 mm;最后给砂(或石)装置沿导轨行进,由工程船舶上的给料斗不断供砂(或石),由潜水员在水下人工刮平。

③ 先铺法的主要缺点。

a. 须制造专用刮铺船舶,费用昂贵。如用简单的钢犁进行刮平作业,则精度较难控制,作业时间较长。

b. 须按设计高程、坡度以及厚度要求,在水底架设导轨。导轨的安装须具有较高的精度,否则会造成基础处理失败。潜水员在水底架设导轨时间较长。

c. 刮铺完成后,仍有回淤或坍坡,必须不断加以清除,直到管节沉放完毕为止。

d. 刮铺作业时间比较长,作业船在水上停留占位时间较长,对航运影响较大。

e. 在流速大、回淤快的河(海)道上施工较困难。

f. 管节底宽超过15 m时施工比较困难。

g. 在地震区应尽量避免采用刮砂垫层,只能采用刮石垫层。

(2) 后填法。

后填法主要有灌砂法、喷砂法、灌囊法、压浆法和压砂法等几种方法。

① 灌砂法。

灌砂法是管节沉放完毕后,从工程船舶上通过导管沿着管节侧面向管节底部灌填粗砂,构成纵向垫层。此法不需要专用设备,施工方便,适用于底宽较小的钢壳圆形、八角形或花篮形管节。这是一种最早的后填法的基础处理方式。美国早期建设的沉管隧道的沉管段基础处理常用此法。

② 喷砂法。

管节宽度较大时，先铺法、灌砂法均不适用。在1942年建造荷兰马斯隧道时，丹麦的一家公司研究出了一种新的后填法基础处理工艺——喷砂法，并获得了专利。该方法主要是在水面上用砂泵将砂、水混合料通过伸入管节底面的喷管向管节底部喷注，以填满其空隙。喷砂所筑的垫层厚一般为1 m。

进行喷砂作业之前，须在沉放完毕的管节顶面上安设1套专用台架。将台架在水面以上的部分作为施工工作平台，台架可沿铺设在管节顶面上的轨道纵向移动。台架的外侧吊着1组由3根钢管组成的管组。管组下端弯成L形，以伸入管节底下的空隙，管组中间的1根为喷管，直径为10 cm。其旁为2根吸管，直径为8 cm。在喷砂、水的同时，经2根吸管抽吸回水。根据回水的含砂量判定喷填的密实程度。

在喷砂时，先从管节的前端开始，逐步喷填到管节后端，然后用浮吊将台架吊移到管节的另一侧，再从后端向前端喷填。喷砂作业的施工速度约为200 m^2/h。当管节底面积为3000～4000 m^2时，喷砂作业所需时间为15～20 h，一般2 d可完成。在喷砂开始前，可利用吸砂设备将基槽底面上的回淤土或松散的土块清除干净。

喷砂完毕后，随即将支承在临时支座上的千斤顶卸荷，使管节（包括压重层）全部重量压到砂垫层上，使之压密，此时产生的沉降量一般在5 mm以内。竣工、通车后的最终沉降量一般在15 mm以内。

到了20世纪80年代，该方法已发展为在管节底面下的空隙中设置一套能纵向（沿管节纵向）移动的导架，导架上放置横向往复移动的喷砂机械手，由水面工程船舶通过输砂管输砂，导架由水面工程船舶拖拽纵向移动。采用水下闭路电视监视喷砂充填空隙的效果。

③ 灌囊法。

先在开挖好的基槽底面铺一层砂石垫层，然后于管节沉放前在管节底面下系上空囊袋一并下沉，先铺垫层与管片底面之间留出15～20 cm的空间。管节沉放完毕后，从工程船舶上向囊袋内灌注由黏土、水泥和黄沙配成的混合砂浆，直至管节底面以下的空隙全部充填满为止。

囊袋的尺寸按一次灌注量确定，一般不宜过大，以能容纳5～6 m^3砂浆为度。制造囊袋的材料要有一定牢度，并有较好的透水性和透气性，以便灌注砂浆时顺利地排出囊袋中的水和空气。混合砂浆的强度要求不高，略高于基槽原状土的强度即可，但其流动度应较大。灌浆时，砂浆通过直径100 mm的消防软管靠其自重自行灌注,而不用加压(所以不称其为"压浆")。灌注时须采取适当措施防止管节顶起,除密切观测外,还可采取间隔轮灌等措施。

④ 压浆法。

压浆法是在灌注法基础上改进和发展而来的,可省去较贵的囊袋、繁复的安装工艺、水上作业和潜水作业。

采用此法时,沉管段基槽也须向下超挖 1 m 左右,然后摊铺一层碎石(厚 30~40 cm),但不必刮平,再堆设作为临时支座的碎石堆。管节沉放对接结束后,沿着管节两侧边及后端底边抛堆砂石混合料至离管节底面标高以上 1 m 左右,以封闭管节周边,然后从管节内部用通常的压浆设备,经预埋在管节底板上带单向阀的压浆孔(直径 80 mm)向管节底部空隙压注混合砂浆。

压浆所用混合砂浆是由水泥、蒙脱土、砂和适量缓凝剂配成的。蒙脱土也可用黏土代替,其掺用目的是增加砂浆的流动性,同时又节约水泥。混合砂浆的强度达到 5 MPa 左右即可,且不低于地基原状土体的强度。因管节作用在基槽底面上的压力很小,一般只有 1~2 MPa,最大仅 31 MPa 左右。每立方米混合砂浆的用料为水泥 150 kg、蒙脱土 25~30 kg、砂 600~1000 kg。压浆时所用压力不宜过高,以防顶起管节,一般比水压大 0.1~0.2 MPa 即可。

⑤ 压砂法。

压砂法也称"砂流法",与压浆法颇为相似,2 种方法研究目的相同、试验时间相近,思路也相仿。该法首先用于荷兰弗拉克隧道的修建(1975 年),之后荷兰的许多隧道(如博特莱克隧道等)均采用此法进行基础处理。压砂法是从管节内向管节底面以下的空隙压注混合料。混合料由沉管隧道一端经管道(直径为 200 mm 的钢管)以 2.8 MPa 的气压输入管节内(流速约为 3 m/s),再经预埋在管节底板上的压砂孔(带有单向阀)注入管节底面以下的空隙。

与先铺法相比,后填法的主要优点是:临时支座小而少,因而设置临时支座的潜水工作量远比先铺法少;高程调节简便,精度易于达到要求;作业时,施工设备占用河道时间短,对航运的干扰少。

3. 软弱土层上的沉管段基础施工方法

在选择基础施工方法时主要考虑沉管段基槽底的工程地质条件、抗震设防要求、航道通航及封航要求、管节尺寸(主要是管节底宽尺寸)、沉管隧道所在地区充填料供应条件、沉管隧道所在地区现有可供施工选择的工程船舶配备条件、河（海）水深、工期及经济性要求等。在各国的沉管隧道施工中，曾采用的施工方法主要有以下3种。

（1）水下混凝土传力法。基桩打设好后，先浇一层、二层水下混凝土，将桩顶裹住，再于其上设置砂石或碎石垫层，使管节荷载经砂石垫层和水下混凝土层传递到桩基上去。美国曾用此法于1940年修建班克赫德隧道。

（2）灌囊传力法。在管节底面与桩群顶部之间，用灌囊法（即后填法之一）填实。瑞典曾用此法修建廷斯泰德隧道。

（3）活动桩顶法。在所有的桩上设一小段预制混凝土活动桩顶。活动桩顶与预制混凝土桩之间留有一空隙，周围用尼龙布（织物，能排水与气）裹住，形成一个囊袋。管节沉放后，向囊袋里灌注水泥和砂浆，将活动桩顶升起，使之与管节底面密贴接触。待砂浆强度达到要求后，卸除支承千斤顶，管节荷载便能均匀地传到桩群上去。在使用此法时，预制混凝土桩不能直接打入土中，因顶部空腔不能承受锤击，故须先打入钢管作为套管，然后再于套管中插入预制混凝土桩。荷兰曾用此法修建鹿特丹地下铁道沉管隧道。

在以上各施工方法中，水下混凝土传力法会增加很多工程费用，且在地震区有液化的危险。丹麦的利姆水道隧道沉管隧道施工时采用了砂置换法，将软弱土层全部挖去，而后在隧道附近取砂回填。灌囊传力法除增加工料费外，不论加载多少，使地基土达到固结密实状态都需要很长时间，对工期影响太大，故一般不用。比较适宜的方法是活动桩顶法，即沿沉管隧道纵向每隔一定距离打入若干排钢筋混凝土桩或钢桩。

在沉管段中采用桩基时，会遇到一个地面建筑建设时所碰不到的特殊问题，即桩群的桩顶标高在实际施工中不可能达到绝对齐平，管节又是在干坞预制的，管节沉没后，无法保证各桩均与管节底面接触，所以必须采取一些措施以使各桩均匀受力。

如果沉管段管节底面以下的地基土过于软弱，则仅做垫平处理是不够的。这虽在实际工程中不多见，但如遇到这种情况，必须认真对待，一般解决的方法有如下几种：

① 以粗砂置换软弱土层；

② 打砂桩，并加载预压；

③ 减轻管节质量；

④ 采用桩基。

3.3.3 管节施工

管节施工包括管节制作、管节浮运、管节沉放、管节对接等施工工序。

1. 管节制作

采用传统制作工艺时,矩形钢筋混凝土管节先在临时干坞内制作,制成后往坞内灌水,使之浮起并拖运至预定位置沉放。现在,钢筋混凝土管节已由传统干坞预制发展到工厂化流水线生产。在管节的同一横断面内可以容纳4~8条车道。这种管节的优点是:横断面空间利用率较高,建造多车道隧道时优点尤为突出;车道的标高可以抬高,隧道埋深较浅,隧道长度也相应较短,因而工程量及造价较低,并可节省大量钢材。但由于矩形横断面管节宽度较大,基础处理不如圆形横断面管节的基础处理简便。同时,为满足防水、抗渗及高度要求,对钢筋混凝土管节制作工艺要求较高。但采用钢筋混凝土管节是大势所趋。

在钢筋混凝土管节预制过程中,须采取多种混凝土裂缝控制技术措施以确保其质量,特别要防止贯穿裂缝的出现。在目前世界上一些新建的沉管隧道中,除采用传统技术措施控制混凝土裂缝的产生外,为了增加管节结构的抗拉强度,还采取了纵向预应力措施。另外,也有采用钢纤维或化学纤维混凝土的,例如采用高强聚丙烯单丝或网状纤维,可以极为有效地控制管节混凝土的塑性收缩及裂缝,大大提高钢筋混凝土管节的抗渗能力。

例如,1995年7月动工修建、2000年6月建成的丹麦哥本哈根与瑞典马尔默之间的厄勒海峡大桥沉管隧道沉管段长3.5 km,由20节钢筋混凝土管节组成,每节管节长175 m,宽42 m(分8个施工段浇筑)。预制厂建于海边,东西向布置(东面临海),西端设预制车间,内有2条平行的浇筑管节生产作业线。预制场东面设置高低2个蓄水区(高蓄水区底的标高在海平面之上,低蓄水区底的标高在海平面以下,2个蓄水区的水深都能保证管节起浮的吃水深度),高蓄水区西端设置滑行闸门,低蓄水区东端设置浮运闸门,滑行道延伸至高蓄水区内(超过1节管节长度)。当浇筑完成的管节滑至高蓄水区内时,关闭两端闸门,往高蓄水区注水,管节起浮后,浮运至低蓄水区,然后打开东端的浮运闸门,高蓄水区的水排至海中,管节即可浮运出低蓄水区。

2. 管节浮运

(1) 管节浮运前的准备工作。

管节浮运前，首先，应做好管节沉放点的基槽检查工作，包括临时支座安放位置及顶面标高的检查、已完工的岸上段对接端面或已沉放好管节对接端面的检查、系泊锚块安放位置的检查等；其次，要根据预定浮运沉放段日期前后 7～10 d 的气象预报估算浮运沉放作业时的最大风速，一般应小于 10 m/s；然后，要进行浮运沉放日水文调查，浮运沉放时间宜选在上午 10：00（水文调查包括水的比重和水温、两次高潮位的时间及潮高、两次低潮位的时间及潮高、水流速度）；最后，向相关部门申请浮运沉放作业时间。

(2) 管节在干坞内起浮。

管节在干坞内起浮前，应对压载水舱注水调平，并安装好必要的附属设施，包括系缆柱、缆绳、导轮等。

为了保证管节在干坞内顺利起浮，根据需要可在干坞周边设置系缆柱及必要的系缆绞车。一般在管节起浮过程中用这种系缆系统来稳定管节。由于管节起浮时系缆系统将承受较大的冲击力，故起浮后要重新检查系缆系统。但在某些情况下不能采用系缆系统时，就要待管节起浮后，再由潜水员系上出坞牵拉缆。

为了使管节起浮，必须排除压载水舱中的部分水，此时可把压载水舱分为若干个排水区，一边观察每个排水区水位，一边用阀门来控制排水量，从而保证管节慢慢安全地起浮。

对于多管节一起预制的干坞，管节的起浮可按出坞浮运的顺序一节一节起浮。

由于管节内温度、湿度很高，可能会降低排水泵等电器设备的稳定性，因此事先要进行试运行。

管节起浮后，一侧可利用干坞的系缆柱系泊，另一侧可利用尚未起浮的管节系缆柱系泊，确保起浮的管节平稳无漂移。起浮的管节系泊好后，向坞内灌水至坞内外水位一致后，打开坞门或破除坞堤。如采用双吊驳吊沉管节，则须将双吊驳对着坞口中线在坞口附近系泊。

(3) 管节出坞。

管节可通过绞车系泊缆绳系统牵引出坞。出坞作业应选在高潮的平潮前 0.5 h 进行。

管节出坞后，移至双吊驳内，与双吊驳连接在一起，并通过缆绳系统把管节与双吊驳系泊在一起。然后，用双吊驳的2个连接横梁上的起吊系统的缆绳挂住管节上的4个起吊环。

如采用起重船（或专用船舶）起吊沉管节，管节出坞前，即先在坞口外将2艘导向拖轮沿坞口中线锚泊对称定位，出坞后的管节由拖轮拖进2艘导向拖轮之间，管节与2艘导向拖轮用绳缆系统系泊在一起。

(4) 管节浮运作业。

管节浮运应在水流速度最小时进行，并根据模型试验结果配备拖轮和拖轮马力。

大型管节从存泊区浮运到沉放位置之前，要安装拖缆。管节在浮运时，虽然其在水中重量较轻，但是由于管节质量大，惯性力和水阻力也很大，因此要用很大拖拽力才能使静止的管节起动或使运动的管节停下。在拖航时，主拖轮与侧拖轮一起实现拖航，并在管节后部用制动拖轮来系拖缆。

以广州黄沙至芳村的珠江水下隧道管节浮运方案为例，由于干坞设在芳村岸上段，管节浮运距离很短，江面宽只有400 m左右，主要采用绞车拖航方式。第一节管节与干坞对岸的黄沙侧岸上段对接，因而将拖运管节的主绞车设置在黄沙岸上段处。

3. 管节沉放

(1) 沉放作业。

管节应在高潮位时下沉就位，若一个潮期不能沉放好，要使管节保持在基槽内，以减少水流对管节的影响，待下一个潮期时再沉放，但应力争在一个潮期沉放完毕。因此，管节锚泊系统的锚泊力应能抗拒模型试验所确定的水流速度最大时整个系统的总阻力。

管节下沉过程一般分为3个阶段。

① 当管节完成吊挂作业，利用调节缆调整好管节位置时，开始强制灌水作业。管内压载水舱的注水由值班人员控制，负浮力状态由沉放船舶吊挂系统上的测力计反映，加载过程与沉放过程是一个连续的过程，管节顶面沉入水面下20 cm，即停止初始负浮力的加载，这一过程在1 h内完成。根据模型试验，负浮力控制在2000～4000kN。下沉速度一般为0.3～0.5 m/min，在平潮期下沉速度可能小于0.025 m/s。下沉至管节顶面距水面4 m时，管节受力状态最为复杂，各种作用力变化很大，必须引起重视，并要有足够的安全保证措施。

②管节底面距基槽底2～2.5 m时停止沉放，利用沉放船舶的吊挂系统对管节进行调坡（即基本上与设计坡度相似）；然后平移沉放船舶，使2个管节的对接端面相距600 mm±30 mm；初步调整各项误差，再连续下沉至距设计标高500 mm处；用对接定位装置（鼻式托座或导向定位梁）进行水平定位，定位范围为±170 mm。

③精确就位。利用对接定位装置不断减少管节的横向摆幅，并自然对中，以提高安装精度，管节继续缓慢下沉，支承装置较对接定位装置提早着地（高差100 mm），临时支承即开始起作用；当管节基本稳定后，管节对接端继续下沉至对接定位装置起垂直导向作用为止。此时通过测量校正误差，使管节的左右误差小于20 mm，高程误差小于20 mm。

在沉放过程中，管节底面下的河（海）水的浮力将随着管底与基槽间隙的减少而逐渐加大，尤其是在泥沙含量较高的江河中更为明显，须及时调整负浮力或采取其他措施，保证管节能继续下沉就位。

（2）管节沉放的辅助设备。

①管节沉放用的测量塔（如塔上设有控制室也可称为"控制塔"）。

一般是每节管节配备1套。如果测量塔兼作管节沉放对中微调绞车安装平台，则在管节顶面上配置2套（每端1套）。

测量塔的设计考虑两种工况：第一种工况为台风吹袭；第二种工况为测量。

通常在测量塔内还设置人孔井，供施工人员由水面进入管节内。

②管节微调对中系统。

微调对中系统有两种形式：一种是将微调绞车安装在测量塔顶部平台上；另一种是将微调绞车及其缆绳系统安装在管节顶面上。

③拉合千斤顶。

在管节沉放、对接时需要在管节端部配置2套拉合千斤顶，其拉力根据GINA橡胶止水带的尖肋压缩力及总长度来确定。一般每套拉合千斤顶的行程为1.00～1.20 m。拉合千斤顶有2种设置方式。第一种是将拉合千斤顶设置在已沉放好的管节内，其优点是整套液压站（包括油管）都设在管节内，而且拉合力均匀；其缺点是千斤顶活塞杆穿过的端封墙上需要设置密封装置，活塞杆端部的拉合头要在水中连接另一要对接的管节，增加水下工作量。第二种是拉合千斤顶及拉合座设置在管节顶面端头，其优点是从水面放下拉合千斤顶十分方便；其缺点是油压站设置在水面工程船舶上，需要很长的油管，拉合力偏离管节纵向中心线。

④ 管节对接定位设施。

目前沉管隧道管节沉放、对接普遍采用鼻式托座作为定位设施，它一般被放置在管节对接端的隔墙上，共2对，对称布置，每对由上下鼻托组成。上鼻托设置在准备沉放对接的管节上，而下鼻托设置在先前已沉放好的管节（或岸上段对接管节端头）上。

采用鼻式托座对接定位精度高，上、下鼻托悬臂较小，受力状态好。但在沉放对接的管节的另一端则须配置2套支承千斤顶及相应的2块临时支座。在每一套鼻托上还须配置顶升千斤顶，在基础处理完成后用配置在已沉没好的管节上（或岸上段与管节对接端）的顶升千斤顶把管节顶起，拆除鼻托，然后油缸泄压，再把沉放对接好的管节放回已处理好的基础上。顶升千斤顶的液压站设置在管节内，油管要穿过管节的端封墙，顶升千斤顶（包括连接油管）在管节沉放对接过程中都暴露在水中。

如果每节管节配置4个支承千斤顶及相应的4块临时支座，则在鼻托上可不设顶升千斤顶，而用靠近管节对接端的2个支承千斤顶代替顶升千斤顶。但此时须在被沉放的管节顶面放置2根对接定位梁，在先前已沉放好的管节（或岸上段与管节对接端）的顶面上设置对接定位设施。这种对接定位方式成功地用于广州黄沙至芳村的珠江水下隧道修建。

⑤ 支承千斤顶。

为了管节的精确定位，在管节内设置大量供微调用的支承千斤顶。其中包括安装在管节内的支承千斤顶，其活塞杆通过密封装置伸出管节底部，液压站设在管节内。安装在管节侧墙外壁的千斤顶在水中工作，液压站设置在水面的工程船舶上，油管在水中与千斤顶连接。

垂直与水平调节千斤顶可以有2种安装方式：垂直与水平调节千斤顶一并安装在临时支座上，液压站设置在水面的工程船舶上，油管在水中与千斤顶连接；垂直支承千斤顶安装在管节内，水平调节千斤顶安装在临时支座上。

⑥ 管节沉放时管内其他设备。

为了安全施工，管节内还须设置一些临时设施，包括施工临时通风系统（风机、风阀）、动力照明配电系统等，由工程船舶提供动力照明电源和供电电缆，通过管井接入管节内，管内设置配电屏对动力、照明设备进行配电。

4. 管节对接

管节沉放精确就位后，即拆除GINA橡胶止水带保护罩，派潜水员检查GINA橡胶止水带及对接端面是否有附着物或损坏。一切准备好后，吊装或安装拉合千斤顶，对GINA橡胶止水带进行预压。对接拉合的速度应不大于7 cm/min，当两端面相距210 mm时，对管节进行精细微调，直至满足设计要求的安装精度，再继续拉合到初步止水工况。潜水员检查初步止水没问题后，进行水压压接（施工人员在管节内打开排水阀及进气阀，开动排水水泵，抽掉两管节间隔舱中的水，形成负压），压接速度不小于2 cm/min。然后用垂直调整系统（支承千斤顶和鼻式托座上的顶升千斤顶）把管节顶起，顶起高度为基础处理所需的预留量，最后再灌水加载至负浮力12000～15000 kN，使其抗浮系数达1.05。

加载完毕后，撤除沉放及其他工程船舶、锚泊系统，解除封航，打开对接舱门（水密门），同时接通岸上段的电力、通风系统，测量管节安装后的各项误差。潜水员下水拆除管节预留的各种临时施工设施。安装OMEGA橡胶止水带，安装前要检验OMEGA橡胶止水带的水密性能。第二道OMEGA橡胶止水带安装完毕后，可拆除接口隔舱两侧的端封墙，沉放、对接作业即完成。

3.4　区间高架桥施工

当城市地势低、城市道路比较适合采用高架结构时，城市轨道交通通常也采用高架结构。高架结构是空中城市轨道交通运营的载体，主要包括高架车站和站间高架桥，均属永久性城市建筑物，它们必须符合安全、适用、经济、美观、环保、维修方便等基本原则。

3.4.1　高架结构施工概述

在城市建设中，除了楼房、传统道路和桥梁等重要基础设施，城市轨道交通的高架结构也是看得见、摸得着，与人们的生活有着重要关联的新型建筑。为了保证其安全、适用、经济、美观、环保和维修方便，下面介绍高架结构施工要求和施工准备工作。

1. 施工要求

高架桥的构件力求标准化、工厂化并采用机械化施工；对上下部结构进行多方案比选，选择最佳结构方案；在安全、适用和经济的前提下，尽可能使桥梁具有优美的造型并与城市建筑及环境相协调。与一般桥梁相比，城市轨道交通的高架结构还有一些值得注意的特殊要求。

（1）高架结构施工应考虑到尽可能避免对城市交通和市民生活的干扰，施工中应尽量不中断市内交通，设法降低噪声，特别要避免在靠近原有建筑物地区采用打入桩；对地下管线要调查探明，若其他结构的基础有干扰，要采取适当的避让措施等。

（2）高架桥要特别注意防水、排水，伸缩缝、栏杆、灯柱、防撞墙等配套构件要做到功能完善、外观协调，其直接影响城市形象。

（3）高架桥在必要地段要设置隔声屏障以减少车辆运行的噪声对居民产生的影响，桥上应设置供养护、维修人员使用及疏散旅客的安全通道。

（4）高架桥的主要技术标准为采用1435 mm的标准轨距，跨越铁路、公路、城市道路和河流时的桥下净空应满足有关规范关于限界的规定。高架车站是为旅客乘车服务的设施。车站的选址、布置和规模等以轨道交通运营效果为依据。车站除满足运营使用功能要求外，应保证乘客使用安全、方便和舒适，并与周围景观相协调。

2. 施工准备工作

在高架结构施工中，为了保证施工进度和施工质量，做好施工的准备工作是很有必要的。施工准备工作的主要内容包括熟悉设计文件与施工方案、技术交底与施工组织设计、测量调查与编制施工预算、劳动组织准备和施工现场准备等内容。

（1）熟悉设计文件与施工方案。

承建单位接到中标通知后，要认真组织工程技术人员熟悉、研究所有技术文件和图纸，全面领会设计意图。检查所有设计文件、图纸、资料等是否齐全、清楚，图纸与各组成部分有无欠缺、错误和互相矛盾的情况；检查几何尺寸、坐标、标高、说明等方面是否一致，技术要求是否正确；并与现场情况进行核对，必要时应进行补充调查，同时还要做好详细记录。

对投标时初步确定的施工方案和技术措施等进行重新评价和研究，以制定出详尽、符合现场实际情况的施工方案，报上级批准。施工方案的主要内容包括编制依据、工期要求、工程特点、施工方法、材料及机具数量、劳动力的布局、进度要求、完成工作量和临时设施的初步规划。对临时性结构的施工设计，应在保证安全的前提下尽量考虑使用现有材料和机械设施，因地制宜，使设计出来的临时结构经济、适用、安装拆卸方便。

（2）技术交底与施工组织设计。

技术交底由建设单位主持，由设计、监理和承建单位等参加。技术交底的主要内容有工程设计概况、设计说明、结构尺寸及相互关系、施工工艺、安全措施、规范要求、质量标准、对工程材料的要求、试验项目、施工注意事项等，其主要程序如下。

① 设计单位出示工程的设计依据、意图和功能要求，并对特殊结构、新材料、新工艺和新技术提出设计要求。

② 施工单位根据研究图纸的记录以及对设计意图的理解，提出对设计图纸的疑问、建议和变更。

③ 在统一认识的基础上，对所探讨的问题逐一做好记录，形成设计技术交底纪要，并由建设单位正式行文，参加单位共同盖章。该设计技术交底纪要是与设计文件同时使用的技术文件和指导施工的依据，也是建设单位与施工单位进行工程结算的依据之一。

施工组织设计是施工准备工作的重要组成部分，也是指导工程施工中全部生产活动的基本技术经济文件。编制施工组织设计的目的在于全面、合理、有计划地组织施工，从而具体实现设计意图，优质高效地完成施工任务。

（3）测量调查与编制施工预算。

对高架结构中线位置桩、三角网基点桩、水准基点桩等及测量资料进行检查核对，如若发现桩标志不足、不稳妥、被移动或测量精度不符合要求，应进行补测、加固、移设或重新校验。

在高架结构施工开始前的准备阶段中，应充分调查有无地下管线或其他地下建筑物等障碍物，若施工中涉及与其他部门有关的问题，应事先联系，加强协作，或者签订合同协议。

施工预算是施工企业内部控制各项成本支出、考核用工、签发施工任务单、限额领料以及基层进行经济核算的依据，同时也是签订分包合同时确定分包价格的主要依据。施工预算是按照高架结构施工图纸的工程量、施工组织设计或施工方案、施工定额等文件进行编制的。

(4) 劳动组织准备。

① 准备工作内容。按照施工组织设计的具体要求，进行必要的物资准备工作，其主要内容有：工程材料的准备（例如钢材、木材、水泥、砂石材料等，其规格、标准、生产厂家都必须符合设计要求）、工程施工设备的准备（各种各样的起吊设备、混凝土搅拌设备、浇筑设备、振捣设备和预应力机具等）及各种小型工具与配件的准备等。

② 建立组织机构。对高架结构施工进行劳动组织准备，首先需要确定组织机构，其基本原则是：根据高架结构工程项目的规模、结构特点和复杂程度来决定其机构中各职能部门的设置，坚持合理分工与密切协作相结合的原则，以使分工明确、权责具体。总之，建立组织机构便于管理与指挥。

③ 合理设置施工班组。在具体的施工过程中，需要合理建立施工班组，特别需要考虑专业与工种之间的合理配置、技工与普工的合理比例，尽可能地满足流水作业方式的要求，并制定出该工程所需劳动力数量的计划。

④ 岗位培训。要集结施工力量，组织劳动力进场，对进场前的工人必须进行技术、安全操作规程、消防及文明施工等方面的岗前培训教育，培训合格后发放相应的岗位证书和技能证书，实现持证上岗。

⑤ 建立管理制度。为了高速、优质、低耗地完成高架结构的修建，必须建立各项管理制度。其主要内容有工程技术档案管理制度、技术质量责任制度、施工图纸学习与会审制度、技术交底制度、材料出入库制度、工程材料和构件的检查验收制度、安全操作制度、机具使用保养制度、工程质量检查与验收制度等。

(5) 施工现场准备。

施工现场准备工作包括以下内容。

① 建立施工控制网。根据勘察设计单位提供的高架结构总平面图和测量控制网中所设置的基线桩、水准标点以及重要标志的保护桩等资料，进行控制网的复测。根据高架结构的精度要求和施工方案，补充施工所需要的各种标桩，建立能满足高架施工要求的平面与立面施工测量控制网。

② 四通一平。在高架结构施工前，必须完成"四通一平"工作，即路通、水通、电通、通信和平整场地等。

③ 墩（桩）位补充钻探。在高架结构初步设计时所依据的地质钻探资料往往因钻孔较少、孔位过远而不能满足施工的需要，因此必须对有些地质情况不清晰的墩位进行补充钻探，以查明地质情况和可能存在的隐蔽物，为基础工

程的施工创造有利条件。

④ 搭建临时设施。根据施工总平面图的布置，将所有的生产、生活、办公、居住和仓库等临时用房建造好，同时将便道、码头、混凝土搅拌站以及构件预制场地等建造好。

⑤ 安装施工机械。在高架结构工程开工前，对所有参与施工的机械、机具进行安装并且进行检查和调试，还要保证某些易损部件有备用件等。

⑥ 材料的试验与堆放。根据设计要求，有计划地对所用的材料进行试验，例如混凝土、砂浆的配合比与强度，钢材的机械性能等试验。同时组织好材料进场，并按指定的地点和规定的方式进行堆放储存。

⑦ 冬季、雨季施工。根据施工组织设计的具体要求，认真落实冬季、雨季施工临时设施的建设和技术措施，切实做好施工安排，尽可能避免劳动力的浪费。

⑧ 建立各种制度。根据高架结构施工的特点，制定出一套切实可行的消防、保安规章制度，安排好消防与保安人员，提出具体的消防与保安措施。

在进行现场布置时，需遵循以下几个原则。

① 缩短运距。施工场地内的运输应尽可能做到方便、合理、节约，力求来料加工或成品堆放形成流水作业，做到运距短、装卸快、费用低。大型的机具、材料和构件等，尽可能存放在施工现场。

② 危险品存放。在布置施工场地时，容易燃烧和爆炸的危险品存放地点必须符合安全和消防的有关规定和要求。

③ 场内交通。根据场地内运输要求，合理布置临时道路（便道），尽可能地满足施工要求。

④ 节约用地。在高架结构施工中，必须尽可能地节约用地。

⑤ 工地生活。施工现场应尽量满足施工人员的生活、学习和文化娱乐的要求。

3.4.2 高架桥施工

高架桥施工主要包括基础施工、墩台施工、桥跨施工和附属结构施工等部分。

高架桥的基础工程常位于地面以下或水中，并且涉及水、岩石以及城市地下管线等，从而增加了它的施工难度和复杂程度。桥梁基础工程根据结构形式和施工方法可分为明挖基础、桩基础、沉井基础和组合基础等。地铁与轻轨高架桥桥墩及车站框架柱对沉降要求较高,因此一般采用桩基础,而对于车站框架结构则应另加连续梁。下文主要介绍桩的施工、墩(台)的上部施工和桥跨施工。

1. 桩的施工

(1) 桩的类型。

用于高架结构的桩基础按施工方法分,主要有预制桩和灌注桩两种。

预制桩是在工厂或施工现场用规定的材料预先制作桩,而后运到墩台位置,依靠沉桩设备将预制桩直接打入、振入或旋入地层中。预制桩按沉桩设备划分主要有锤击沉桩、振动沉桩、射水沉桩以及静力压桩。

灌注桩是在施工现场的桩位上采用机械或人工成孔,然后在孔内浇筑混凝土(或钢筋混凝土)。灌注桩根据成孔方法的不同可分为钻孔、挖孔和冲孔灌注桩,套管成孔灌注桩,爆扩成孔灌注桩等。

(2) 桩的施工。

①桩的构造。

桩的横截面经常采用如下尺寸:预应力钢筋混凝土圆桩,桩径为600 mm;预制钢筋混凝土方桩,断面尺寸一般为450 mm×450 mm;钻孔灌注桩和挖孔桩,桩径有800 mm、1200 mm和1500 mm三种。桩长、地质情况和承载力要求按设计确定。桩基础一般坐落于粉细砂层和基岩上。桩头须伸入承台底面100 mm,桩头钢筋预留45 mm长度。

②施工要求。

预制桩特别是PHC(prestressed high-intensity concrete,预应力高强混凝土)桩一般由工厂预制,在场地允许的情况下也可以在现场制作钢筋混凝土方桩。预制桩一般分上、下2节,上节桩采用C40混凝土,下节桩采用C35混凝土。当混凝土强度达到设计强度的85%时可以吊运,打桩时混凝土强度应达到设计强度的100%,且龄期不小于28 d,贯入度控制为30~70 mm/10击。此外,还应考虑以下两种情况。

一是贯入度满足要求,但桩顶标高大于设计标高,其值小于50 cm时,继续锤击30~50次,如发现异常可停锤;其值大于50 cm时,与设计单位联系研究再做决定。

二是与灌注桩距离小于50 m的沉入桩,均应在灌注桩龄期达28 d后进行施工，或者先施工沉入桩，后施工灌注桩。根据地质情况和施工经验，钻孔灌注桩一般采用C25混凝土，成孔时采用原土造浆正循环方法。对于直径为1500 mm的桩，在钻进到孔的设计深度后使用反循环泵进行清洗。当桩尖持力层为粉细砂层且孔径较大时，为保持孔壁稳定，防止孔底坍塌，钻进时采用较浓的泥浆。特别是在孔深超过30 m进入粉细砂层时，泥浆密度应为1.25～1.35 g/cm^3，待灌注混凝土前二次清孔时再将相对密度调整至规范允许值。当钻进到设计高程后，利用钻机反循环系统的泥浆泵持续吸渣，使孔底沉渣基本清除，并同步灌入密度较小的泥浆。

钻孔灌注桩的施工，因其所选护壁形式不同，有泥浆护壁方式和全套管施工方式2种。

冲击钻孔、冲抓钻孔和回转钻削成孔等均可采用泥浆护壁施工，施工的流程：平整场地→泥浆制备→埋设护筒→铺设工作平台→安装钻机并定位→钻进成孔→清孔并检查成孔质量→下放钢筋笼→灌注水下混凝土→拔出护筒→检查质量。

全套管施工的施工流程：平整场地→铺设工作平台→安装钻机→压套管→钻进成孔→安放钢筋笼→放导管→浇筑混凝土→拉拔套管→检查成桩质量。

（3）承台的施工。

承台的施工放样采用极坐标法，在邻近的高层顶上设置控制点，然后由上至下投点。这样既可以控制较大的区域，又可以避免视线受阻的影响。承台轴线的临时控制点，应校正后再使用。

承台土方开挖到桩顶标高时，要改为人工挖土，避免抓斗破坏桩头。为防止土方塌陷，应采取放坡、加木支撑等支护方式。当承台位于边滩范围内、承台底标高高于边滩底标高时，挖去剩余淤泥，填充碎石，应清理积水后再浇筑混凝土。

承台可采用大型木模板，拼装时采用拉条螺栓，拆模后凿除外露螺栓，并用砂浆修补。在有条件的情况下也可采用钢模板。

2. 墩（台）的上部施工

墩（台）的上部施工主要是指墩（台）身和墩（台）帽的施工。墩（台）是高架结构的重要组成部分，墩（台）施工工程量大，高空作业多，其施工质量直接关系到上部结构的制作与安装质量，并且影响高架结构的使用安全。地铁与轻轨高架结构墩（台）施工常现场浇筑混凝土墩（台），也可使用预制装配法建造墩（台）。

(1) 墩（台）身的施工。

① 现场浇筑混凝土墩（台）施工。

现场浇筑混凝土墩（台）施工有2个主要工序，即制作与安装墩（台）模板和混凝土浇筑。现场浇筑混凝土墩（台）施工有3种基本方法。

a. 分节立模，间歇灌注法。将墩（台）沿高度分成若干节，分别制作各节模板。自底节开始，立第一节模板，灌注第一节混凝土，待混凝土强度达1200 kPa后，再立第二节模板，灌注第二节混凝土，这样逐节升高，直至墩（台）灌注完毕。此法的优点是需要的设备简单，其缺点是施工速度较慢，适用于一般高度的墩（台）。施工接缝处应安插接头短钢筋或埋接缝石，以提高墩台的整体性。

b. 分节立模，连续灌注法。在灌注第一节墩（台）混凝土时，同时在地面将第二节模板拼组好，待第一节混凝土灌注完后，立即将第二节模板整体吊装，并在允许间歇时间（一般为2 h）内安装完毕，继续灌注第二节混凝土，如此循环直至墩（台）灌注完毕。此法施工速度快，墩台整体性好，但应有相应的起吊设备。

c. 滑动模板施工法。滑动模板施工法是用一节模板连同工作脚手架以整体形式安装在基础顶面，依靠自身的支撑部分和提升系统，在灌注混凝土的同时，模板也慢慢向上滑升，这样可连续不断地灌注混凝土。采用此方法的优点是墩（台）整体性好、施工速度快、高空施工安全。

② 装配式墩（台）施工。

装配式墩（台）施工是指组件在工厂或工地集中预制，再送到现场装配成墩（台）。

装配式墩（台）施工的优点有结构形式轻便、建桥速度快、对现有交通影响小、预制构件质量有保证等。目前常用的有砌块式、柱式和管节式或环圈式墩（台）等。

(2) 墩（台）帽的施工。

墩（台）帽是桥墩顶部的传力部分，它通过支座承托上部结构，并将荷载传递到墩（台）身上。因此，墩（台）帽本身应有足够的强度，墩（台）帽多用强度等级为C20及以上的混凝土，并加配构造钢筋或采用钢筋混凝土（采用钢筋混凝土时，混凝土等级不低于C25）做成。

在施工时，要注意墩（台）帽混凝土浇筑前，必须对墩（台）中线、标高及各部位尺寸进行复核，并准确放样，标出预留孔道、预埋件位置，对基面进行凿毛，清理干净。钢板预埋件应设排气孔，混凝土应加强振捣防止空鼓，振捣时不得碰撞预埋件。

3. 桥跨施工

桥跨施工常用的方法有就地浇筑施工和预制装配式施工。下面介绍梁式桥跨的施工。

1）梁式桥跨的就地浇筑施工

梁式桥跨的就地浇筑施工工序为搭设支架、安装模板、绑扎钢筋、浇筑混凝土、养生、拆卸模板与支架。以下对搭设支架、安装模板、浇筑混凝土、养生、拆卸模板与支架进行介绍。

（1）搭设支架。

支架按其构造分为立柱式、梁式及梁柱式3种。立柱式支架构造简单，可用于陆地或不通航河道以及桥墩不高的小跨径桥梁施工。支架通常由排架和纵梁等构件组成。排架由枕木（或桩）、立柱和盖梁组成；根据跨径不同，梁式支架的梁可采用工字钢、钢板梁或钢桁架。一般情况下，工字钢用于跨径小于10 m的结构，钢板梁用于跨径小于20 m的结构，钢桁架用于跨径大于20 m的结构。梁可以支承在墩旁支柱上，也可支承在桥墩预留的托架上或桥墩处的横梁上。当桥梁必须在支架下设置孔道通行时，可采用梁柱式支架。梁支承在桥墩（台）及临时支柱或临时墩上，形成多跨的梁柱式支架。

（2）安装模板。

就地浇筑桥梁的模板常用木模和钢模。模板形式的选择主要取决于同类桥跨结构的数量和模板材料的供应情况。当建造单跨或多跨的不同桥跨结构时，一般采用木模；当有多跨同样的桥跨结构时，可采用大型模板块件或钢模。

（3）浇筑混凝土。

在浇筑混凝土前要进行周密的准备和严格的检查。准备工作主要是对各种施工设备进行试运转，以防止在使用中发生故障，并对支架、模板、钢筋和钢索位置等进行检查。

① 简支梁桥混凝土的浇筑。

a.分层浇筑法。对于跨径不大的简支梁桥，可在一跨全长范围内分层浇筑，在跨中合龙。分层的厚度由振捣器的能力而定，一般为15～30 cm；当采用人工捣实时，可定为15～20 cm。

b.斜层浇筑法。简支梁桥的混凝土浇筑应从主梁的两端用斜层浇筑法向跨中浇筑,在跨中合龙。

当采用梁式支架,支点不设在跨中时,应在支架下沉量大的位置先浇混凝土,使应该发生的支架变形及早完成。采用斜层浇筑时,混凝土的倾斜角与混凝土的稠度有关,一般可为20°~25°。

当桥梁跨径较大时,可先浇筑纵横梁,再沿桥的全宽浇筑桥面混凝土,桥面与纵横梁间应设置工作缝。对于中大跨径预应力简支箱梁,可分两次浇筑,第一次浇筑腹板顶部,第二次浇筑顶板及翼缘板,这样施工便于布索及绑扎钢筋。

c.单元浇筑法。当桥面较宽且混凝土浇筑量较大时,可分成若干纵向单元分别浇筑。每个单元可沿其长度分层浇筑,在纵梁间的横梁上设置连接缝,并在纵横梁浇筑完成后填缝连接。

② 悬臂梁和连续梁混凝土的浇筑。

悬臂梁和连续梁混凝土在支架上浇筑时,由于桥墩为刚性支点,桥跨下的支架为弹性支撑,在浇筑时支架会产生不均匀沉降,因此在桥墩处应设置接缝,待支架沉降稳定后,再浇筑墩顶处梁的接缝混凝土。大跨径梁桥除在桥墩处设置接缝外,还可在支架的硬支点附近设置接缝。

梁段间的接缝一般宽0.8~1.0 m,两端用模板间隔,并留出分布加强钢筋通过的孔洞。浇筑接缝混凝土时先将两端面浮浆除掉、凿毛,用清水冲洗后,再绑扎接缝分布钢筋,浇筑接缝混凝土。当悬臂梁设有挂梁时,须待悬臂梁混凝土强度达到设计强度的70%时方可进行挂梁施工。

混凝土养护、预应力筋张拉及模板拆除。

(4) 养生。

混凝土浇筑完成后进行养生能促使混凝土硬化,并在达到规定强度的同时,防止混凝土干缩产生裂缝。防止混凝土受雨淋、受日晒、受冻及受荷载的振动、冲击。由于混凝土在硬化过程中发热,在夏季和气候干燥时应进行湿润养生,而在冬季则主要保护其不受冻,采用加温养生。

(5) 拆卸模板与支架。

一般在混凝土达到设计强度的25%后拆除侧模,当混凝土强度不小于设计强度的70%后方可拆除梁的其他模板。对于预应力梁,应在预应力筋张拉完毕或张拉到一定数量后再拆除模板,以免梁体混凝土受拉。

梁的落架程序应从梁挠度最大处的支架节点开始,逐步卸落相邻两侧的节点，并要求对称、均匀、有顺序地进行。同时要求各节点分多次进行卸落，以使梁的沉落曲线逐步加大。通常简支梁和连续梁可从跨中向两端进行；悬臂梁则应先卸落挂梁及悬臂部分，然后卸落主跨部分。

2）梁式桥跨的预制装配式施工

梁式桥跨的预制装配式施工包括分片或分段构件的预制、运输、安装3个阶段。桥梁的预制构件一般在预制场或预制工厂内进行制作，再由运输工具运至桥位安装。横向分片预制件可采用吊机或架桥机架设；纵向分段在桥头串联张拉后，用吊机或架桥机架设。

（1）装配式梁桥的特点。

采用预制安装法施工的装配式梁桥与就地浇筑的整体式梁桥相比，有下列特点。

a.加快施工进度。由于装配式梁桥的梁片预制可与桥梁下部结构同时施工，能够加快施工进度，缩短施工工期，从而减少对城市的影响。

b.节省支架、模板。装配式梁桥常采用无支架或少支架施工，预制场采用钢模板浇筑预制件，模板可反复使用，达到节约木材的目的。

c.提高工程质量。装配式梁桥的预制梁片可以标准化生产，采用钢模板使得梁体表面光洁美观，生产流程可以达到自动化、机械化、梁体混凝土计量自动化，振捣及养生均能达到理想状态，梁体质量有保证。

d.需要吊装设备。预制梁片一般采用汽车吊、履带吊机、浮吊进行吊装架设，桥梁较长时可采用架桥机架设。

e.结构用钢量较大。

（2）装配式构件的预制工艺。

装配式构件的预制工艺按构件预制时所处的状态可分为立式预制和卧式预制2种。等高度的T梁和箱梁在预制时采用立式预制，这样构件在预制后即可直接运输和吊装，无须进行翻转作业。对于变高度的梁宜采用卧式预制，这时可在预制平台上放样布置底模，侧模高度由梁的宽度决定，便于绑扎钢筋和浇筑混凝土，构件尺寸和混凝土质量也易得到保证。采用卧式预制制作的构件须在预制后翻身竖起，一般在构件起吊之后进行翻身操作。

卧式预制可分为单片预制和多片叠浇2种。单片预制就是在构件预制的底座上先预制第一片构件，待其吊离后再预制第二个同规格的构件。多片叠浇则是在同一底座上预制数片构件，在前一片之上涂脱模剂后再浇筑后一片，以前一片为后一片的底模。

装配式构件的预制工艺按作业线布置不同可分为固定式预制和活动台车预制2种。固定式预制是指构件在整个预制过程中一直使用1个固定底座，立模、绑扎钢筋、浇筑和养护混凝土等各项作业依次在同一地点进行，直至构件最后制成并被吊离底座。一般规模的桥梁工程的构件预制多采用此法。在活动台车上预制构件时，因台车上具有活动模板（一般为钢模板），能快速地装拆，当台车沿着轨道从某个地点移动到另一个地点时，作业也就按顺序一个接一个地进行。预制场布置成一个流水作业线，构件分批地进入蒸养室进行养护。如果是后张式预应力构件，则从蒸养室出来后，即进入预应力张拉作业点。用这种方法预制构件，可采用强有力的底模振捣和快速有效的养护，使构件的预制质量和速度大为提高。这种方式适合大批或永久性制造构件的预制工厂采用。

装配式构件的预制按工艺不同可分为先张法和后张法2种。先张法须张拉台座，所以一般在预制场进行。在台座上绑扎钢筋，布置预应力束（筋），利用张拉台座张拉预应力束并锚固，再浇筑梁体混凝土，待混凝土强度达到规定要求后，在梁体外切割预应力束（筋）。后张法是先在梁体内按设计要求预留预应力束（筋）孔道，然后浇筑混凝土，待梁体混凝土达到规定强度时，再在预留孔道内穿预应力束（筋），并进行张拉、锚固，最后在管道内进行压浆。所以后张法预应力构件可在现场进行制造。桥位现浇箱梁均采用后张法工艺制造。

(3) 预制梁的出坑和运输。

预制构件从预制场的底座上移出来，称为"出坑"。钢筋混凝土构件在混凝土强度达到设计强度的70%时方可出坑，预应力混凝土构件在预应力张拉以后才可出坑。构件出坑一般采用门式起重机，将预制梁起吊出坑后移到存梁处或转运至现场，简易预制场无门式起重机时，可采用汽车吊机起吊出坑，或横向滚移出坑。

将预制梁从预制场运输至施工现场称为场外运输，常用大型平板车运至桥位现场。预制梁在施工现场内运输称为场内运输，常用龙门轨道运输、平车轨道运输和平板汽车运输，也可采用纵向滚移法运输。

(4) 预制梁的安装。

预制梁常采用门式起重机、汽车吊机及履带吊机进行安装，跨越河流的高架预制梁常用穿巷吊机、浮吊及架桥机等安装。

第4章 无砟轨道施工

4.1 无砟轨道的类型和特点

轨道是轨道交通运营设备的基础,它直接承受列车荷载,并引导列车运行。有砟轨道是将钢轨用连接件固定在轨枕上,轨枕埋设在道砟内。而无砟轨道则是通过连接件将钢轨与混凝土道床或桥面直接连接起来,以便满足城市轨道交通维修量小、运营时间长和维修时间短的要求。

4.1.1 无砟轨道的类型

按照结构分类,无砟轨道可分为整体结构式和直接支撑结构式。整体结构式是指支承钢轨的混凝土块与混凝土基础浇筑(或预制)成为一体,所以整体结构式按照建造工艺又可分为现浇混凝土式和预制板式。直接支撑结构式是指在基础上直接铺设无砟轨道的一种结构。

按照钢轨支承方式,无砟轨道可分为间断支承式和连续支承式两种。

4.1.2 无砟轨道的特点

(1)良好的结构连续性和平顺性。

有砟轨道采用均一性较差的天然道砟材料,在列车荷载作用下其道床肩宽、砟肩堆高、道床边坡、轨枕间距及轨枕在道床中的支承状态相对容易变化,并导致轨道几何形变。

无砟轨道的下部基础、底座、道床板均为现场工业化浇筑,双块式轨枕、轨道板、微孔橡胶垫层、轨下胶垫、扣件、钢轨等均为工厂预制件或标准产品,具有较好的均一性。由此组成的轨道整体结构与有砟轨道相比具有良好的结构连续性和平顺性,为改善乘车质量提供了有利条件。

(2)良好的结构恒定性和稳定性。

无砟轨道结构中,作为无缝线路稳定性计算参数的轨道横向阻力、轨道纵向阻力不再依赖于材质和状态多变的有砟道床,其整体式轨下基础可为无缝线路提供更恒定的轨道横向阻力、轨道纵向阻力,使无缝线路具有良好的结构恒定性和稳定性。

(3) 延长维修周期和轨道使用寿命。

无砟轨道相较于有砟轨道,维修工作量大大减少,被称为"省维修"轨道,为延长线路的维修周期和维持列车的高密度、准点正常运行提供重要保障。

城际间线路的行车速度快、密度大,所有线路地面检查、维修作业都必须在"天窗"时间内进行。

无砟轨道采用整体式轨下基础,与采用散粒体结构的有砟道床基础相比,在列车荷载作用下不会产生道砟颗粒磨耗、粉化、相对错位所引起的道床结构变形;在列车荷载反复作用下不会产生变形积累,轨道几何尺寸的变化基本由轨下胶垫、扣件及钢轨的松动和磨损等产生,从而大大降低轨道几何状态变化的速率,延长维修周期和轨道使用寿命。

(4) 减少工务养护和维修设施。

由于维修工作量减少,可以扩大每个综合维修中心和维修工区的管辖范围,从而减少维修部门的数量。同时也可相应减少每个部门配置的维修机械、停车股道等数量。

(5) 避免高速条件下有砟轨道的道砟飞溅。

行车试验表明:行车速度达到250 km/h时,道心道砟出现飞溅,造成车辆转向架部分的车轴、制动缸等被道砟打击(这种现象与线路开通前道床表面细砟、粉尘较多也有一定的关系)。根据法国TGV的运营经验,有砟轨道在列车速度达到350 km/h时,出现较严重的道砟飞溅现象,将速度降到320 km/h时,道砟飞溅现象才有所改善。在严寒冬季,冻结在车体下部的冰块融化时,冰块打在道砟上,溅起的道砟会破坏钢轨踏面。此外,在进行道床维修施工作业后,由于表层道砟松散,粉粒较多,也会出现飞溅,此时要求限速170 km/h行车。为此,法国TGV在严寒多雪地区曾采取在道床表面喷撒乳胶和雪天降速运行等措施。而采用无砟轨道可以避免高速条件下有砟轨道的道砟飞溅。

(6) 有利于适应地形选线,减少线路的工程投资。

无砟轨道的纵、横向稳定性较之有砟轨道大大增强。在选线困难的地段,可以利用无砟轨道能承受较大轮轨横向力的特点,在保证舒适度的前提条件下，适当放宽曲线允许超高、欠超高的限制，减小最小曲线半径，从而有利于选线，减少工程量。

由于轨道建筑高度小，所以在隧道内可减少隧道净空，在桥梁上可降低桥梁的建筑高度，从而降低工程造价。

4.2 无砟轨道的施工

4.2.1 无砟轨道基本施工工序

1. 板式无砟轨道基本施工工序

板式无砟轨道基本施工工序主要包括轨道板铺设与CA砂浆灌注，而这两方面都与施工现场的具体条件密切相关，同时也取决于可利用的施工工期，以及施工单位现有的机具、材料等。

板式无砟轨道铺设安装基本工序如图4.1所示。凸形挡台周围填充树脂灌注工艺流程如图4.2所示。轨道用无级调高充填式垫板施工工艺流程如图4.3所示。

2. 双块式无砟轨道基本施工工序

双块式（包括长枕埋入式）无砟轨道铺设安装有螺栓支撑调节法和钢轨支撑架法两种方法。

（1）螺栓支撑调节法。

① 钢轨、轨枕及配套扣件系统在轨排场组装成轨排，用平板车运输至施工地点，利用两台小龙门吊吊运，与已铺或已施工的轨排相接。

② 利用轨枕上预埋的带螺纹的套管及调节螺栓支承轨排，然后立模。

③ 利用基标、直角道尺、万能道尺调整轨道：利用轨排两侧轨枕与模板间的侧向支撑来调整轨排平面位置；用轨枕上的调节螺栓调整轨排高度；通过粗调、精调、微调三次调整来确定轨排的方向和高低。

④ 全面检查模板支撑、轨距、高程、水平位置等，全部合格后即可就地灌注道床混凝土。

⑤ 待道床混凝土强度达到5 MPa时拆除模板，拧下调节螺栓以重复使用。调节螺栓形成的孔洞，采用同强度的混凝土充填密实。

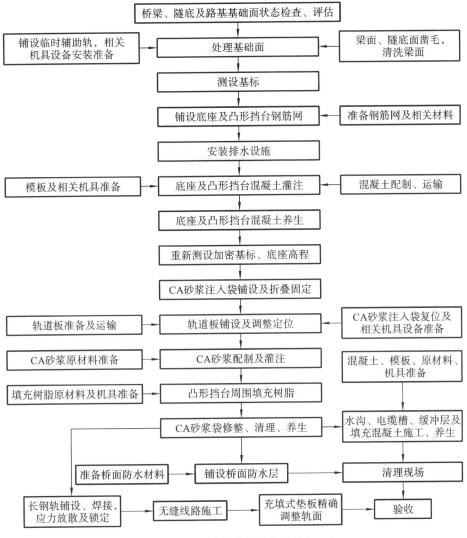

图 4.1 板式无砟轨道铺设安装基本工序

该方法更适合长枕埋入式无砟轨道。

（2）钢轨支撑架法。

① 将钢轨、轨枕及配套扣件系统按设计的支承间距组装成轨排，用平板车运输至施工地点后，采用两台小龙门吊吊运至特制的钢轨支撑架上。

② 利用钢轨支撑架精密调整轨道的方向、水平、高低。

③ 就地浇筑混凝土道床，待混凝土硬结并具有一定强度后拆除钢轨支撑架，以重复使用。

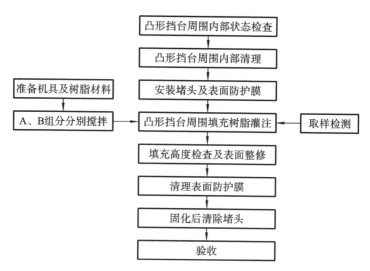

图 4.2 凸形挡台周围填充树脂灌注工艺流程

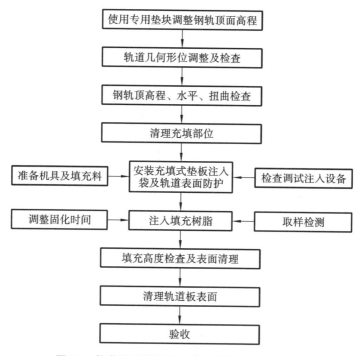

图 4.3 轨道用无级调高充填式垫板施工工艺流程

无砟轨道铺设安装时，可并行的工序应尽可能安排同时进行，顺序施工的工序应尽量减少时间间隔，以加快施工进度。轨排一次组装长度宜为 100 m。

4.2.2 基础施工

1. 基本要求

(1) 桥梁基础。

桥梁徐变上拱：自无砟轨道铺设后，梁体产生的残余徐变上拱值不大于7 mm。

梁体横向水平挠曲：水平挠曲变形不大于梁体计算跨度的1/4000，且相邻梁跨水平挠曲变形引起的钢轨相邻支点的横向相对位移不大于1 mm。

墩台沉降控制：自无砟轨道铺设后，墩台的均匀沉降不大于20 mm，相邻墩台的沉降差不大于5 mm。

(2) 隧道基础。

隧道基底承载力不应低于0.2 MPa，仰拱回填混凝土强度不应低于C20。应严格控制基础顶面高程及表面平整度。无砟轨道基础施工允许偏差见表4.1。

表4.1 无砟轨道基础施工允许偏差

序号	项目	允许偏差
1	基础顶面高程	−20～0 mm
2	基础表面平整度	凹陷深度不大于4 mm/m或长度不超过50 mm

(3) 路基基础。

路基基床底层与表层填筑应按规定进行检测。路基的工后沉降应不大于3 cm，不均匀沉降应不大于2 cm/20 m，且由建设、设计、施工及监理单位共同核对路基施工基础记录和影像资料，对路基施工工后沉降做出评估，满足设计沉降标准后方可进行无砟轨道施工。

2. 基标测设

混凝土底座施工前，应采用起闭于GPS（global positioning system，全球定位系统）点（B级）的四等导线测量的精度对线路中线进行贯通测量，并且建立独立、完整、精准的基标控制网。采用二等水准测量精度，对高程进行系统复测。

(1) 基标的位置。

按设计要求在无砟轨道施工范围内埋设基标。基标分为控制基标和加密基标两种。控制基标原则上直线段每100 m设1个,曲线段每50 m设1个。对线路特殊地段、曲线控制点、线路变坡点、竖曲线起止点均应增设控制基标。加密基标直线段每6 m设1个,曲线段每5 m设1个,加密基标间偏差应在相邻两控制基标内调整。基标桩可设置于线路中心、水沟、电缆槽、接触网电杆或挡砟墙上。

对于板式无砟轨道,在混凝土底座和凸形挡台施工完毕后,宜在凸形挡台上重新沿线路中线方向设置控制基标,并在每个凸形挡台上设置加密基标。方向基标和水准基标宜设置在同一位置。

对于双块式无砟轨道,在道床板混凝土施工后应及时在道床板表面埋设控制基标。无砟轨道铺设完成后,应对控制基标进行复测,根据复测结果调整控制基标,调整后控制基标精度应符合设计要求。无缝线路施工时,应利用调整后的控制基标精细调整轨道几何形位。

(2)基标的放样。

基标施工放样常用极坐标法,要求如下。

① 放样时应置镜于导线点且不得转点,前视边长度不得大于150 m。

② 两测回定点,一测回检核,测站限差要求同精密导线。检核水平角校差不大于6″,距离校差不大于2 mm。

③ 基标高程自水准基点引出,按精密水准方法往返观测。

④ 基标允许误差。控制基标:方向允许误差为6″;高程允许误差为±1 mm;距离允许误差为直线1/5000,曲线1/10000。加密基标:直线上偏离控制基标方向的误差为±1 mm;曲线上采用偏角法测量,在偏角方向线上允许误差为±1 mm;每相邻基标间距允许误差为±2 mm;每相邻基标高程允许误差为±1 mm。

⑤ 基标测设和施工测量应符合施工测量规范的有关规定。

3. 底座及凸形挡台混凝土施工

(1)底座及凸形挡台钢筋网绑扎前,应对底座、凸形挡台及道床板范围内的基础混凝土表面凿毛,用高压水或高压风冲洗干净,并将水排干。

(2)底座及凸形挡台混凝土采用的水泥、砂、石、水等原材料及施工要求应符合有关规范的规定。

(3)底座施工前,应先沿线路中心线检测桥面、路基面或隧道底面高程,且高程按精密水准要求往返测量,闭合于水准基点,然后根据实测高程和相应轨面设计高程推算混凝土底座实际厚度。底座实际厚度与设计值相差的允许值对于桥上为±10 mm，对于路基为±10 mm，对于隧道为−20～0 mm。

（4）底座及凸形挡台混凝土应连续灌注。混凝土灌注时，应在灌注地点随机取样制作试件，同一配合比每50 m³混凝土或每班组制作一组试件，并与底座及凸形挡台混凝土同条件养护。试件的强度应符合设计文件的有关规定。

（5）板式无砟轨道底座及凸形挡台的尺寸允许偏差应满足设计要求。根据设在凸形挡台上的水准基标测量底座顶面高程，底座顶面高程允许偏差也应满足设计要求。

（6）双块式无砟轨道底座混凝土施工完成后，其尺寸允许偏差应满足设计要求。双块式无砟轨道底座混凝土养生期满后，在其表面铺设隔离层，在凹槽的竖直侧面粘贴弹性垫层。

（7）轨道板强度符合要求后方可吊运，并必须按设计吊点位置起吊。起吊应平起平落，吊运应匀速前进。

（8）轨道板在两凸形挡台之间大致就位后，应根据凸形挡台上的水准基标采用专用机具精确调整对位。轨道板位置的允许偏差应满足设计要求。

（9）在轨道板下灌注CA砂浆。

（10）在挡台周围灌注树脂。在板底CA砂浆固化、轨道板支撑螺栓撤除后，灌注凸形挡台周围的填充树脂。凸形挡台与轨道板之间的间隔缝不得小于30 mm。

凸形挡台周围填充树脂施工应符合如下技术要求：

① 灌注前，应将填充间隙的垃圾、尘土、浮浆等异物处理干净，擦去水、油类物质，保证施工面干燥、清洁；

② 树脂A、B组分及配制后的填充材料应符合规定；

③ 树脂应在混合后20 min内注入；

④ 树脂应缓慢、连续注入，防止带入空气及水分，保证灌注密实；

⑤ 相同材料、相同配合比情况下，每作业班次随机取样制作两组强度及弹模试件；

⑥ 树脂材料注入过程中，应用塑料薄膜覆盖凸形挡台周围的轨道板，溢出、漏泄的树脂应立即擦除，不得残留脏污；

⑦ 树脂灌注施工应避开明火，隔离热源。

4.2.3 CA砂浆的施工

CA砂浆的配制与灌注技术是板式轨道施工的关键技术之一。

1. CA砂浆的概述

CA砂浆即水泥沥青砂浆,是由乳化沥青、水泥、砂、水及外加剂等拌和而成的。CA砂浆属于水泥系和沥青系中间领域的注入材料,是利用沥青的弹性和水泥的刚性而制成的半刚性的胶泥。CA砂浆的强度主要由水泥砂浆提供,而弹性主要由沥青来提供,但从微观上说,CA砂浆的性能绝不是两种材料性质的简单叠加,而是各组成成分之间相互作用、相互影响的结果。

CA砂浆垫层是板式无砟轨道的中间垫层,除了要具有一定的强度和适宜的弹性,还应具有良好的稳定性和耐久性。为了填充轨道板与混凝土基床板之间的间隙,要求CA砂浆具备适当的注入流动性。由于水泥和乳化沥青一经混合就会产生反应,致使黏度逐渐增大,因此CA砂浆的可使用时间有限。CA砂浆的流动性受气温、配合比以及搅拌设备和工艺的影响,故CA砂浆必须在现场进行配合、搅拌、注入等作业。为保证已调整定位的轨道板不产生移动,一般采用自流式灌注,而不是压力注入。

为了满足灌注施工需要,CA砂浆未固化物应有适当的黏度并可保持一定的时间,使其能够灌满板下的空间。CA砂浆还应具有较好的施工环境适应性,以满足在不同季节、气候环境下施工的要求。CA砂浆的固化速度应满足后续工作需要,从灌注到固化的不同时期应有不同的强度指标,固化后各组成成分应保持混合时的均匀状态,不能分离。CA砂浆初步固化后应有一定程度的膨胀,以完全充满所处的空间,同时提供一定的预应力,防止在四角的支承螺栓卸下后轨枕板下沉。

CA砂浆混合液和固化物的性能指标要求如表4.2所示。

表4.2 CA砂浆混合液和固化物的性能指标要求

内容		指标要求
混合液	砂浆温度 / ℃	5~30
	流动速度 / (m/s)	16~26
	可工作时间 / min	≥30

续表

内容		指标要求
混合液	含气量/（%）	8～12
	单位容积质量/（kg/L）	>1.3
固化物	抗压强度/MPa　1 d	>0.1
	抗压强度/MPa　7 d	>0.7
	抗压强度/MPa　28 d	1.8～2.5
	弹性模量/MPa	100～300
	材料分离度/（%）	<3
	膨胀率/（%）	1～3
	泛浆率/（%）	0
	抗冻性	300次冻融循环试验后，相对动弹性模量不得小于60%，质量损失率不得大于5%
	耐候性	外观无异常、相对抗折强度不低于100%

2. CA砂浆的配制

（1）原材料。

① 水泥。为了获得较好的早期强度和对环境的适应性，应该使用高强和早强水泥，一般采用强度等级为42.5R的普通硅酸盐水泥或快硬硫铝酸盐水泥。

② 乳化沥青。乳化沥青是CA砂浆的关键原料，应具备较好的稳定性，在与水泥、砂子混合后应有适宜的破乳速度，同时沥青乳化后不能过多地损失沥青的原有性能。根据国内乳化沥青使用的情况，我国提出的乳化沥青的性能指标如表4.3所示。

表4.3　我国提出的乳化沥青的性能指标

项目	指标要求
外观	浅褐色液体、均匀、无机械杂质
颗粒电荷	+
恩氏黏度（25℃）	5～15
筛余物（1.18 mm）/（%）	<0.1
储存稳定性（1 d，25℃）/（%）	<1.0

续表

项目		指标要求
低温储存稳定性（−5 ℃）		无粗颗粒或块状物
水泥混合性 / （%）		<1.0
蒸发残留物	残留物含量 / （%）	58~63
	针入度（25 ℃,100 g） / (0.1 mm)	60~120
	延度（15 ℃） / cm	>100
	溶解度（三氯乙烯） / （%）	>97

注：表中外观指标考察乳化沥青的直观性质，颗粒电荷表明乳化沥青为阳离子型，恩氏黏度、筛余物、储存稳定性和低温储存稳定性主要考察乳化沥青的黏度及稳定性，水泥混合性表明乳化沥青属于慢裂乳化沥青。

③ 聚合物乳液。聚合物乳液的加入是为了改善 CA 砂浆的耐久性等性能。聚合物乳液必须具有与乳化沥青、水泥的相容性，不能对 CA 砂浆的流动性产生过大的影响，其采用的乳化剂必须与乳化沥青所用的乳化剂相容，以防止出现凝聚、结块等现象。聚合物乳液应具有优良的综合性能和经济性，可起到改性、防水、黏结等作用。

④ 细集料（砂）。砂的粒径分布对 CA 砂浆的分离度影响很大。细度模数过小时，为获得合适的流动度，所需的水量较大；细度模数过大时，则砂子易产生沉降。细集料的最大粒径应小于 2.5 mm，细度模数为 1.4~2.2。砂子应洁净、坚硬、耐久，不应含有泥土和有机质等杂质，含水量也应控制在较小的范围内。

⑤ 混合材料。使用混合材料的目的是防止砂浆材料分离、收缩，并增加流动性。混合材料是有一定膨胀性的水泥混合料。混合材料应具有较好的分散性和膨胀性，主体成分为硫铝酸钙矿物。

⑥ 铝粉。铝粉作为 CA 砂浆凝结前的膨胀剂，同水泥和水发生膨胀反应而使 CA 砂浆完全充满所处的空间，并形成一定的膨胀应力，以克服拆除支撑后预制板的自重造成的轻微下沉，同时使 CA 砂浆与预制板结合更加紧密。铝的活性成分含量应较高，细度应较小，尽量减少大气泡产生的数量，以免对强度和抗冻融性产生不利的影响。

⑦ 消泡剂。采用消泡剂的目的是消除搅拌过程中产生的大气泡。

⑧ 引气剂。加入引气剂是为了在 CA 砂浆中引入一定量均匀分布的微小独立气泡，提高尚未凝固 CA 砂浆的和易性，减少材料的分离度，而且也能增强

固化后CA砂浆的抗冻性。

(2) CA砂浆配制。

根据使用环境的不同，CA砂浆配方可分为温暖地区配方和寒冷地区配方，两者的区别主要表现在对抗冻性的要求上：前者较少考虑产品的耐寒性，在配方中不添加或少添加聚合物乳液；后者考虑低温冻融的影响，添加聚合物乳液以提高产品的低温性能，同时通过添加消泡剂和引气剂，控制搅拌速度和时间，并引入一定数量的微小气泡，提高砂浆的抗冻性能。

CA砂浆的配制应在精确计量的基础上按基本配合比进行。现场配制时，应根据原材料、施工温度、施工机具设备、拌和工艺等具体条件，在基本配合比的基础上相应调整。

(3) CA砂浆的灌注。

板式轨道CA砂浆调整层的厚度在一般区段不得小于40 mm，在板底粘贴橡胶垫层区段，厚度不得小于30 mm，但不得超过100 mm。

CA砂浆的施工应符合以下技术要求。

① 配制CA砂浆的乳化沥青、水泥、细砂、水及外加剂等及配制后的CA砂浆的技术性能必须符合规定。CA砂浆所用的各种原材料应精密称量，误差应控制在1‰以内。CA砂浆拌制必须严格按照标准拌制工艺进行操作。

② 现场拌制CA砂浆前，应根据具体工点的温度、湿度、原材料的性能等现场具体条件，通过现场试验修正标准配合比，满足设计要求后，方可拌制灌注。

③ CA砂浆注入袋应铺开安放在指定位置，固定后不允许有褶皱。

④ CA砂浆搅拌好后放置在缓冲灌注罐中，灌注罐必须保持30 r/min的搅拌状态。

⑤ CA砂浆的灌注宜在5~25 ℃的温度下进行。CA砂浆灌注时，应将注入口与CA砂浆注入袋袋口牢固连接，由专业施工人员控制阀门注入。拌制后的CA砂浆应在规定时间内灌注完成。

⑥ 每块轨道板下的CA砂浆应一次灌注完成。在纵坡及曲线地段，应从较低一侧注入口灌注CA砂浆，且CA砂浆注入袋必须固定牢靠。

⑦ 注入作业结束时，CA砂浆注入袋四周边缘应饱满圆顺。

⑧ CA砂浆强度指标达到0.1 MPa（可承受轨道板重量）后，应及时撤除支撑螺栓。

⑨ 同一配合比每班次制作两组强度及弹模试件，以备验收。

4.2.4 道床板混凝土施工

路基与隧道内道床板底层钢筋绑扎前,应将道床板范围内的基础面清扫干净,排除积水。桥上可直接在底座的隔离层上绑扎钢筋。混凝土浇筑前,应将轨枕混凝土表面充分润湿。

道床板混凝土浇筑前,应复测轨排几何形位、保护层厚度,且由专业人员检测长轨排绝缘性能,符合要求后(每一块道床板单元的钢筋网架绝缘指标均需经检测、确认、签字记录)方可进行混凝土浇筑。

在浇筑过程中应加强对轨枕底部及其周围混凝土的振捣,应随时监测轨排几何形位的变化。道床板混凝土浇筑振捣密实后,道床板表面需按设计要求做好横向排水坡整平、抹光及高程复核工作。

道床板混凝土施工完成后,其尺寸允许偏差应满足设计要求。当道床板混凝土初凝后应及时松开所有钢轨扣件。

道床板混凝土强度达到5 MPa时可拆除支承架,混凝土强度达到设计强度的75%时方可承重。

4.2.5 道岔区无砟轨道施工

道岔区无砟轨道采用轨枕埋入式结构,该结构由道岔、扣件、岔枕及道床板组成。主要施工要点如下。

(1)道岔预组装、调试及运输。每组道岔出厂前均需进行厂内预组装。调试组装完毕后,要严格检测道岔各部分尺寸和几何形位,消除超限点位。同时应安装电务转换和锁闭装置,进行道岔工务和电务系统的联合调试。预组装、调试合格后,对道岔各部件做出对号标记,拆解后包装发运。如果道岔较短(如12号道岔),可在厂内预铺后分段直接装运,不再分解成散件,避免重复预铺。道岔运输应符合相应技术条件的规定。

(2)道岔的现场组装、吊装及调整。在施工现场,建立道岔组装平台,进行道岔预铺组装。道岔轨排分段运至铺设地点,用大型吊车和道岔专用吊具整体吊装。采用平移小车抬轨梁,使道岔轨排轨向及高低达到粗调精度。采用方尺调整道岔始端与尖轨尖端,调整尖轨、心轨顶铁间隙,同时调整轨距和支距,反复调整直至满足设计要求。精调起平道岔,道岔高低、水平不超过设计限值;滑床台板坐实坐平,精确控制垫板与台板的间隙不超标。精确安装道岔尖轨、可动心轨转辙机，进行工电联调。使用轨检小车检测道岔方向、高低、水平、轨距等几何形位指标，对超限点做局部精细调整。

(3) 道岔区道床混凝土施工。道岔区无砟轨道道床混凝土施工工艺的特殊要求如下。

① 施工前，首先检查模板加固、混凝土泵送和捣固设备的状态，确保混凝土浇筑施工能够顺利进行。道岔位置应由调整螺栓牢固保持，在混凝土初凝后，调整螺栓应及时取出。为保证道岔的铺设精度，道床应隔块浇筑。

② 道岔区与区间轨道高度不一致时，应在区间混凝土支承层上调整。

③ 施工期间应封闭作业，自道岔精调后至道床灌注完 2 d 内，严禁行人和施工车辆行驶。

4.2.6 过渡段施工

过渡段施工后沉降差应符合设计要求，下部结构物和上部轨道结构的过渡点应相互错开施工。

1. 桥上有砟轨道与隧道内板式轨道间的过渡

轨道过渡段长度一般为 45 m，其中有砟轨道长 20 m，板式轨道长 25 m，即与隧道相连的第一跨桥上 20 m 有砟范围内，采用 2.6 m 过渡段轨枕及配套的弹性分开式扣件，有砟道床厚度在与隧道相邻的 9 m 范围内由 250 mm 逐渐过渡到桥上道床设计厚度 350 mm。从隧道口第一块轨道板开始的五块轨道板底粘贴 20 mm 厚微孔橡胶垫板，微孔橡胶垫板应符合相关技术要求。对应隧底回填层在轨下位置按 400 mm 间距埋设门形连接钢筋，钢筋伸出部分与混凝土底座内钢筋网相连。

桥上设置 50 kg/m 钢轨作为过渡段辅助轨，延伸长度为 4.8 m，且要求辅助轨在 25 m 过渡段范围内采用 50 kg/m 新轨，辅助轨弯折后与基本轨中心距为 520 mm。

2. 路基上双块式无砟轨道与有砟轨道间的过渡

过渡段总长度一般为 45 m，其中双块式无砟轨道长 25 m，该范围对应轨下位置在混凝土承载层基础上按 400 mm 间距预埋门形钢筋，钢筋伸出部分与道床板内钢筋相连。

有砟轨道长 20 m，采用长度为 2.6 m 的过渡段轨枕，基本轨扣件采用弹条Ⅱ型扣件。路基上无砟轨道的混凝土支承层延伸至有砟轨道的长度为 15 m，板厚由 300 mm 递减至 210 mm，对应过渡段内道砟厚度由 210 mm 逐步渐变到 300 mm。

过渡段设 60 kg/m 的辅助轨及配套扣件，辅助轨长度 25 m，伸入无砟轨道内 4.8 m，辅助轨与基本轨中心距为 520 mm。

3. 不同无砟轨道间的过渡

不同无砟轨道间的过渡与基础结构物的过渡段应错开设置。减振型板式轨道与普通型板式轨道，或与框架式板式轨道连接处，采用不同静刚度的轨下弹性垫板过渡，过渡长度为每边 15 m。板式无砟轨道与双块式无砟轨道间直接连接，不设置过渡段。

4. 道岔区与区间无砟轨道过渡段

按设计规定通过调整道岔区前后扣件弹性垫板的静刚度来实现刚度过渡。

4.2.7　长轨排组装及架设

双块式轨枕、钢轨、扣件等轨道部件进场时，必须按相应技术条件及有关标准进行检验。应采用无损伤、顺直、合格的新钢轨组装轨排。扣件锚固螺栓拧紧扭矩为 700 N·m，T 型螺栓拧紧扭矩为 300 N·m。轨排组装经检查合格后方可使用。

轨排组装时，应根据设计图纸要求正确安放扣件。轨枕应与轨排中线垂直，枕间距允许偏差应符合设计规定，并应采取必要加固措施，保证轨排在吊装、运输中不发生变形。

轨排采用专用运输车与龙门吊进行吊装运输，吊运到施工位置后，应对轨排位置进行复测，以基标为基准，调整轨排的方向、高低、水平和中心线位置。轨排架设时，直线上以左股钢轨为准、曲线上以内股钢轨为准来调整轨顶高程和方向，然后再调整右股或外股钢轨。轨排架设符合要求后，应对所有支承架的竖直顶丝、水平顶丝和轨卡螺栓进行复检。

轨排支承架设计与加工制造时，应充分考虑灌注混凝土时轨排的上浮及变形。支承架自重不宜太轻，单台支承架重量应在 250 kg 以上。

第5章　无缝线路施工

5.1　无缝线路的构造及特点

5.1.1　轨道线路的特点

1. 普通线路

（1）钢轨接头。

普通线路是由许多根标准长度的钢轨或标准缩短轨用夹板连接而成的，为适应热胀冷缩的需要，钢轨与钢轨接头之间要预留一定数量的轨缝。有轨缝的钢轨接头是普通线路结构不可缺少的组成部分，又是普通线路上的薄弱环节之一，它为线路运营和养护维修带来诸多弊端。线路上钢轨接头的数量是由钢轨的长度决定的。而钢轨长度又受制于制造、运输、铺设、养护和轨缝的允许限值等方面的技术。钢轨长度主要由轨缝的允许限值来控制：在夏天，当轨温升高时，钢轨接头必须为钢轨的膨胀提供条件，以减少钢轨内部的温度力；在冬天，当轨温降低时，钢轨收缩，钢轨接头轨缝不能过大，必须保证列车安全通过线路。钢轨越长，接头越少，但需要预留的轨缝就越大，车轮通过轨缝时产生的振动也越大，所以钢轨不能过长。

（2）接头病害。

多年来，为了改善钢轨接头的工作状态，提高线路运行质量，延长轨道各部件的使用寿命，工务部门加强了对钢轨接头的养护和维修，并从接头的构造、材质上采取了多项措施。为提高线路质量，人们做出了不懈的努力，但均未从根本上解决问题，接头病害依然存在，主要有以下方面。

① 淬火钢轨端部的鞍形磨耗：磨耗深度一般为2.5～6 mm，长度一般为200～300 mm。

② 低接头：这种病害一般均发生在捣固不良地段，尤以曲线下股比较多见。

③ 钢轨破损：主要是淬火区钢轨顶面剥落、掉块和螺栓孔裂纹。这类病

害多发生在淬火层分界处和轨端，多见于曲线上股。

④夹板弯曲或断裂：主要是顶部中央出现细小裂纹，以后逐渐扩大。

⑤混凝土轨枕破裂：主要发生在轨下断面。

⑥道床硬结、溜塌，翻浆冒泥：前者主要发生在铺设混凝土轨枕并有鞍形磨耗的地段。

产生接头病害的原因主要有两个。第一个是钢轨接头受到较大的破坏力，这是由它本身的特点所决定的。因为接头破坏了钢轨的整体性，列车通过时产生较其他部分更大的挠度。这种情况犹如线路上出现一段很短的轨道不平顺一样，会引起较大的冲击力。引起接头冲击力主要有三个因素：轨缝（接头处两根钢轨之间存在的缝隙）、台阶（接头处两根钢轨的端部不在同一水平面上，驶入端高于驶出端，或驶入端低于驶出端）和折角（低接头形成）。我们可以把接头看成线路上先天性的不平顺，这种不平顺是潜在的，只有当列车通过时才出现，列车通过以后就不存在了。第二个是接头上的较大破坏力导致线路病害，增加养护维修工作的难度。养护维修不当进一步增加冲击力对接头的破坏作用，由此造成接头破坏力加大和接头病害扩大的恶性循环。

综上所述，普通线路钢轨接头不仅对线路设备和车辆设备的使用寿命、旅客的舒适程度等有一定的影响，而且还直接威胁着行车安全。因此，对钢轨接头的功能应有两个基本要求：一是温度变化时钢轨能伸缩；二是接头构造要坚固稳定。这两个要求对普通线路来说是相互矛盾的，保证了伸缩就保证不了稳定，否则在构造上将增加难度。过去为解决接头构造问题提出了很多设想，但均未解决钢轨接头的稳固问题。实践证明，只有将一根根短轨焊接为长轨条成为无缝线路，才能保证钢轨接头稳固和平顺。

2. 无缝线路

铺设无缝线路消灭了绝大部分钢轨接头，消除了接头的冲击，使行车平稳，降低了噪声，给旅客带来舒适感；节省了接头材料，如接头夹板及接头螺栓等；减少维修工作量，节省维修费用；延长线路设备和机车车辆的使用寿命；减少了行车阻力，适应列车高速运行。但是，与普通线路相比，普通线路上钢轨每隔25 m或12.5 m有一个接头，随温度的变化（夏天轨温升高，冬天轨温降低）伸缩，钢轨里积存的温度力较小。而无缝线路则不同，钢轨被焊接成长轨条，仅在长轨两端的伸缩区有一些伸缩量，中间区段是不能热胀冷缩的。当温度升高而钢轨不能伸长时，钢轨内部将承受巨大的压力；当温度降低而钢轨不能缩短时,钢轨内部将承受巨大的拉力。所以无缝线路上的钢轨比普通线路上的钢轨承受的温度力要大得多。

铺设无缝线路的实践经验证明,无缝线路与普通线路相比,在技术经济上有明显的优越性。根据统计资料,在节约劳动力和延长设备使用寿命方面,无缝线路比普通线路可节约线路维修费用35%~75%。此外,无缝线路的平顺性好,舒适度高,在地铁中得到迅速发展,从地下无缝线路发展到地上无缝线路,从轨长几百米发展到轨长几千米,使地铁线路轨道结构跨入一个新阶段。

5.1.2 无缝线路的类型与构造

无缝线路可分为两大类:一类是温度应力式无缝线路,另一类是放散温度应力式无缝线路。

1. 温度应力式无缝线路

在自然界中,钢轨的热胀冷缩是自然规律,其伸缩量同轨温的升降值成正比。无缝线路虽然在相当长的一段距离内消灭了钢轨接头,但是在钢轨温度发生较大变化时,并不能完全避免钢轨的伸缩,如果不给这种伸缩留出一定的空间,就会产生巨大的温度力,造成钢轨的变形和破坏,发生胀轨、跑道或折断事故。

为了解决这一问题,在温度变化不太大的地区,可以用强有力的联结零件(包括接头联结零件、中间联结零件和防爬设备)锁定无缝线路,加上轨枕和道床上的加强措施,将钢轨的伸缩限制在很小的范围内。同时在长轨条的两端加入标准轨,留出一定的轨缝,使长轨条有一定的伸缩空间。靠长轨条两端的这些轨缝,就足以调节长轨条的限制伸缩量,使无缝线路处于稳定状态。因为在温度变化不大的地区,钢轨的伸缩量本身就不是很大,加入标准轨预留出的轨缝可以满足长轨条在限制范围内伸缩的需要。

由于钢轨不能自由伸缩,在轨温不断变化的条件下,长轨条内部经常积蓄一定的温度力,我们把这种无缝线路叫作"温度应力式无缝线路"。温度应力式无缝线路是无缝线路的基本结构形式。温度应力式无缝线路的钢轨由一根长轨条及两端各2~4根标准轨组成,标准轨接头采用夹板式的接头方式。长轨条及标准轨示意如图5.1所示,图中1、2分别为长轨条与标准轨之间和标准轨与标准轨之间的轨缝。

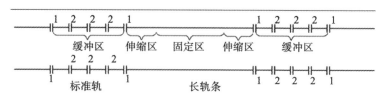

图 5.1　长轨条及标准轨示意

长轨条在用扣件锁定后不能自由伸缩,轨温升高到一定程度时,限制伸长量传递至接头处,由轨缝 1 来调节,轨缝 1 调节后仍不能满足时,传递到轨缝 2 继续进行调节。如锁定不良,伸长量太大,可将标准轨换短,以满足伸长量和预留轨缝的需要。相反,限制缩短量也可通过轨缝 1、2 调节。如锁定不良,缩短量太大,可将标准轨换长,以满足缩短量和预留轨缝的需要。一般情况下,如果无缝线路处于稳定状态,又按规定预留了轨缝,仅轨缝 1 就可以满足钢轨伸缩的需要,而且不会出现瞎缝和超限大轨缝。调节轨之所以要配置 2~4 对,是为了留有余地和在中间轨缝中设置绝缘接头。因为两长轨条之间的 2~4 对标准轨具有这一特殊作用,所以我们称它为"调节轨",它所在的范围叫作"缓冲区",长轨条不能伸缩的区段称为"固定区",长轨条两端大约 100 m 范围内随轨温的变化还能够伸缩的区段叫作"伸缩区"。

在使用过程中,长轨条随温度的变化产生一定的温度力。为控制钢轨的伸缩量,要求轨道具有较强的纵向阻力。温度应力式无缝线路结构简单,铺设及维修方便,在轨道中广为应用。目前无缝线路多为温度应力式无缝线路。在我国,根据计算,全年轨温变化幅度小于 90 ℃ 的地区,均可采用 50 kg/m 钢轨的温度应力式无缝线路。例如北京地铁采用的就是温度应力式无缝线路。

2. 放散温度应力式无缝线路

放散温度应力式无缝线路又分为自动放散温度应力式无缝线路和定期放散温度应力式无缝线路两种。一般在温差较大的地区,为了减少长轨条内温度力的影响,可以采用放散温度应力式无缝线路。

(1) 自动放散温度应力式无缝线路。在特大桥和大桥上铺设的无缝线路,伴随气候的变化,无缝线路中既有长轨条的伸缩又有桥梁本身的伸缩,两种伸缩加在一起,会产生很大的力。这种力必须随时放散出去,以免对桥梁支座和桥墩产生不良影响。所以,我们在这些桥上设置温度调节器,即钢轨伸缩接头,并使用特殊的中间联结扣件,不设防爬器,使钢轨在垫板上能随温度的变化而自由伸缩，以自动放散长轨条钢轨和桥梁的伸缩力。我们把这种设有钢轨伸缩接头的无缝线路叫作"自动放散温度应力式无缝线路"。自动放散温度应力式无缝线路由于设备复杂，缺点很多，所以很少使用。

（2）定期放散温度应力式无缝线路。在年温差较大的地区，由于长轨条的伸缩量很大，在运营中单靠调节轨的轨缝来自行调节长轨条的伸缩量是远远不够的，长轨条中存在较大的温度力，也使线路难以保持稳定。因而在每年的春季和秋季的适当轨温条件下，松开联结零件，放散温度力，预先使钢轨自由伸缩较大的值，使余下的伸缩量能像温度应力式无缝线路那样通过轨缝自行调节。同时调节缓冲区标准轨长度，以保证轨缝不超限。这个过程称为"放散"，这样的无缝线路称为"定期放散温度应力式无缝线路"。

5.2　无缝线路长钢轨的焊接

长钢轨的焊接是铺设无缝线路的重要环节，其几何外形尺寸的平顺和内部质量是保证无缝线路正常运行的关键。实践证明，若钢轨焊接质量不良，将使线路维修工作后患无穷，严重者将危及行车安全。现代焊接技术可使焊接接头的机械性能基本和钢轨母材相同，这样就可以将标准长度的钢轨用焊接的方法焊接成一定长度的长轨条。目前经常采用的方法是：铺轨或换轨前采用接触焊（电阻焊）或气压焊将不钻孔的 50 m 或 100 m 标准轨焊接成 200 m 左右的长轨条，然后送至铺轨现场，再用铝热焊或气压焊将其焊接成设计的长度，以备施工。

5.2.1　接触焊

无缝线路长钢轨的焊接中主要采用接触焊法，该法焊接质量好，效率高，在世界各地普遍采用。

1. 接触焊原理

接触焊的基本原理是利用电流通过其电阻时所产生的热量熔接焊件，再经顶锻以达到焊接目的。

当两焊接钢轨之间通过电流时，由于两钢轨接触面之间存在着较大电阻，电热效应迅速加热钢轨。两钢轨的接触面从微观上看仍是凹凸不平的，因此，首先接触的是一些凸出点。这些接触点通电后在瞬间被加热到熔化状态，从而在钢轨接触面之间形成多个液体金属过梁。这些过梁在进一步加热的过程中被"爆炸"而破坏，使熔化的金属从钢轨接触面的缝隙中飞溅而出，形成闪光，同时，进一步加热钢轨。钢轨经过继续加热和连续闪光的作用，端面的温度逐渐均匀一致，形成熔化金属薄层，防止周围气体侵入。迅速施加顶锻力，迫使焊面相互挤压，使闪光时形成的火口充分闭合，并挤出全部液体金属，将两钢轨焊接成一体。

2. 焊接工艺

接触焊焊接工艺参数较多，具体参数值也因机型而异，但各参数对质量的影响有共性。这里只简单介绍一些常用的参数，不进行具体分析。

在进行钢轨焊接时，一般选择以下几个参数来控制焊接质量。

（1）伸出长度。伸出长度指的是钢轨从焊机钳口伸出的长度。伸出长度不足，电极散热慢，使温度场变陡，加热区变窄，以致产生塑性变形困难，增加了淬火倾向。伸出长度过量，使温度场变缓，加热区变宽，顶锻时容易破坏焊件的同轴性。一般 50 kg/m 钢轨的伸出长度为（135±1）mm，60 kg/m 钢轨的伸出长度为（138±1）mm。

（2）闪光流量。焊接钢轨在预热和连续闪光过程中所消耗的钢轨长度为闪光流量。其主要作用是清除焊接面氧化物，保证焊接面温度均匀。闪光流量不足，焊道中易残留杂质。闪光流量过大，塑状金属流失，易形成冷焊，使顶锻量减小，焊接面可能出现灰斑。50 kg/m 钢轨的闪光流量为（24±1）mm，60 kg/m 钢轨的闪光流量为（30±1）mm。

（3）闪光初速。闪光初速指的是连续闪光以前的移动速度，它直接影响钢轨焊接时的预热温度及加热温度。速度低则焊接时间短，钢轨加热区窄，易导致未焊透。速度高则焊接时间长，钢轨加热区宽，易导致过热或过烧。一般 50 kg/m 钢轨的闪光初速为 1.8～2.1 mm/s，60 kg/m 钢轨的闪光初速为 1.0～1.4 mm/s。

（4）闪光末速。闪光末速适度可减少钢轨端面被氧化的可能性。闪光末速要大于闪光初速。闪光末速过大或过小都直接影响焊接质量。一般 50 kg/m 钢轨的闪光末速为 2.6～2.9 mm/s，60 kg/m 钢轨的闪光末速为 2.1～3.1 mm/s。

（5）焊接时间。焊接时间包括预热、连续闪光和顶锻的时间。焊接时间过短，易导致未焊透。焊接时间过长，会使加热区加宽，易导致过热或过烧。

（6）接触压力。焊接面的接触压力小，则电阻增大。接触压力大，则电阻减小。电阻的过大和过小都将影响焊接质量。一般 50 kg/m 钢轨的接触压力应达到 50 kN，60 kg/m 钢轨的接触压力应达到 60 kN。

（7）夹紧压力。为使钢轨在接触或顶锻时不打滑，焊接时夹钳夹持钢轨的夹紧压力，对于 50 kg/m 钢轨应达到 450 kN，60 kg/m 钢轨应达到 580 kN。

（8）顶锻压力。顶锻压力的大小与钢轨断面的大小和加热状态有关。顶锻压力过小，会导致未焊透、产生气泡、无光泽斑点等。随着顶锻压力的增加，焊接钢轨的冲击性能及疲劳强度将提高，缺陷将减少。但顶锻压力过大，反而影响焊接钢轨的机械性能。一般 50 kg/m 钢轨的顶锻压力应达到 240 kN，60 kg/m 钢轨的顶锻压力应达到 320 kN。

（9）加速时间。50 kg/m 钢轨和 60 kg/m 钢轨都应选择在伸长量达到 130 mm 时开始加速。

5.2.2 气压焊

1. 气压焊原理

金属构件的气压焊接是用气体燃料燃烧时产生的热能将金属构件的焊接端加热到熔化状态或塑性状态，再施以一定的顶锻压力，把施焊的金属构件焊接端焊接起来。焊接热源多采用氧乙炔焰。其焊接原理是将被焊金属构件的焊接端加热到熔化状态或塑性状态时，在顶锻力的作用下，焊接的金属端面的熔体或塑性的原子之间相互扩散渗透再结晶，使两金属构件融合成一体。

在地铁与轻轨工程中，气压焊主要用于移动焊接联结接头，使用的设备是小型移动式气压焊机。小型移动式气压焊机具有设备简单、体积小、重量轻的特点，在工地移动和操作都比较方便，焊接质量接近厂焊水平。

2. 焊接工艺

（1）钢轨端头处理。

钢轨端头处理是焊接前的关键工序，其主要内容是钢轨端部除锈和端面整平。这一工序关系到钢轨焊接的外形尺寸和内部质量。主要包括以下几点。

① 钢轨调直：焊接前必须对钢轨的垂直面和侧面进行调直，调直后用 1 m 直尺检查，其矢度不得超过 0.3 mm。

② 钢轨端面的加工：应使钢轨端面与钢轨轴心线垂直，其偏差不得大于

0.25 mm，其平直度也不得大于 0.25 mm。

③ 钢轨的除锈：钢轨端面的除锈与整平是否达到标准，直接关系到焊接质量的优劣，对这一工艺程序应从严掌握。

（2）钢轨的焊接。

气压焊的钢轨焊接工艺依次为钢轨固定、加热、顶锻、焊接接头的整修、钢轨正火。

① 钢轨固定：相互焊接的钢轨接缝要对齐找平，两端面对齐后要相互吻合，缝隙不得大于 0.25 mm。

② 加热：焊接时为获得理想的加热温度，必须对加热器进行多次调试，以确定加热器的摆动量和频率、钢轨的顶锻力和顶锻量等参数，加热孔眼的设置也是通过测试确定的。加热器摆动量的大小和频率的高低是否合适，直接影响到钢轨加热温度是否均匀，而钢轨加热温度均匀是保证焊接质量的前提。

③ 顶锻：钢轨焊接工艺中，顶锻是一个重要环节，它直接影响焊接质量。顶锻由顶锻力和顶锻量两个参数来控制。顶锻使加热到塑性状态的对焊钢轨产生塑性变形，两轨对接面之间的空隙消失，焊接面金属具备分子扩散和再结晶条件，以完成对接钢轨的互焊。

④ 焊接接头的整修：顶锻后切除凸出量时，一般均有一定的残留量，再经整修、打磨和调直后，方使焊缝外形与原轨一致。

⑤ 钢轨正火：采用专用的正火设备，在轨温降至 450～500 ℃ 之后进行正火处理，以改善焊缝的金属结构和力学性能。

5.2.3 铝热焊

1. 铝热焊原理

铝热焊利用焊剂中的铝在高温条件下与氧有较强的化学亲和力这一原理，能从重金属的氧化物中夺取氧，使重金属还原，同时放出热量，将金属熔成铁水，从而浇铸施焊。

铝热焊法是将配置好的铝热焊剂放入特制的坩埚，用高温火柴引燃焊剂，产生强烈的化学反应，得到高温的钢水和熔渣。待反应平静后，将高温的钢水注入扣紧钢轨并经过预热的砂型中，将砂型中对接好的钢轨端部熔化，冷却后去除砂型，并及时对焊好的接头整形，两节钢轨即焊接成一体。

2. 焊接工艺

该种焊接工艺采用大剂量、宽焊缝、三片模卡箱、定时预热和自动浇铸技术，主要用于50 kg/m钢轨、60 kg/m钢轨和75 kg/m钢轨的焊接。

工艺程序为：制作砂型和坩埚→工地布置→切轨→对轨→扣箱及封箱→坩埚装料及安放支架→预热→浇铸→推凸及整修→质量检查→正火。

主要用到的工艺装备包括制作砂型设备、制作砂型原料、制作砂型成品、热源及预热设备、焊接材料和其他辅助设备（如锯轨机、推凸机、砂轮、大锤等）。

5.3 无缝线路的铺设

5.3.1 铺设方法

根据施工规模和施工现场的条件，通过对采用的施工机具与施工成本进行比较，一般采用过渡轨排法进行施工，即先在铺轨基地利用待焊的25 m无孔钢轨拼装过渡轨排，整道作业后，换铺长钢轨，最后锁定线路。这种方法能保证轨排的组装质量，加快铺轨施工进度，达到在运营开通前完成无缝线路铺设的目的。其优点是施工方便、灵活和成本较低。

5.3.2 准备工作

了解与轨道施工有关的工程进展情况，核实铺轨进度计划。调查沿线交通运输条件和地貌情况，选择铺轨基地位置。搜集沿线气温、轨温资料，建立气温、轨温观测点，以便在不同季节条件下，选择无缝线路锁定的作业时间。按铺轨进度计划，落实轨道材料和设备来源、材料供应计划及运输、储备办法。按规定做好线路复测工作。

5.3.3 铺设无缝线路的基本要求

（1）长轨条的长度。

在设有自动闭塞的区段，无缝线路的长轨条长度通常以自动闭塞区段两信号机轨端绝缘之间的距离为设计长度，按式（5.1）计算。

$$L_{\text{长}} = L_{\text{绝}} - (L_{\text{前缓}} + L_{\text{后缓}})/2 \quad (5.1)$$

式中：$L_{\text{长}}$为每段无缝线路的长轨条设计长度；$L_{\text{绝}}$为自动闭塞区段两信号机轨端绝缘之间的距离；$L_{\text{前缓}}$为长轨条前段的缓冲区长度；$L_{\text{后缓}}$为长轨条后段的缓冲区长度。

在小半径曲线或大坡道地段，钢轨容易磨耗或擦伤，钢轨更换周期相对较短，可单独设计一段无缝线路，如采用优质全长淬火钢轨则不受限制。

（2）钢轨锁定。

铺设无缝线路时，由于单元长轨条较长，很难在同一时间内、同一温度下把长轨条铺设到位并锁定好，因此单元长轨条在实际锁定时其各截面之间必然存在轨温差。在铺设过程中，锁定轨温的测定应分段进行，取其平均值作为该单元长轨条的锁定轨温。各分段的实际锁定轨温可能有差异，但任何分段的锁定轨温均不得超出设计锁定轨温范围。

（3）位移观测。

无缝线路长轨条在运营中由于下列原因可能发生位移：一是铺轨时没有及时锁定钢轨，铺设后整修工作又没有及时跟上；二是养护维修作业方法不当，局部线路阻力下降；三是在无缝线路区段进行其他施工作业，没有遵守无缝线路技术规定。

为了了解运营中无缝线路钢轨是否发生了不正常位移，检验无缝线路在长期养护维修中是否锁定牢固，以及在各种施工中原锁定轨温是否改变，应定期对无缝线路钢轨进行位移观测，或进行零应力轨温检测。

普通无缝线路每段设5~7对位移观测桩。固定区段较长时可适当增加观测桩数量，一般固定区中间点设一对，伸缩区起点、终点各设一对。

在锁定钢轨的同时，对准线路两侧观测桩基准点拉线，以拉线为基准在两股钢轨上设好位移观测标记，即零点标记。

（4）长轨条拉伸。

低温条件下铺设无缝线路时，可以采用钢轨拉伸机拉伸钢轨的技术，把长轨条拉伸到锁定轨温的允许范围。

5.3.4 注意事项

1. 安排施工的原则

（1）若施工期间轨温始终处于该段无缝线路的锁定轨温范围内，则施工方案可与普通线路相同，无须采取特殊措施。

(2)若轨温处于规定的允许作业范围内,则应根据相应作业轨温条件所要求的内容,采用与之相适应的施工方案,以保安全。

(3)若轨温处于禁止作业的轨温范围内,为保证施工安全,应进行两次应力放散,一次为放高或放低,另一次放散为恢复设计锁定轨温。根据放散后的轨温条件,再采取相应的措施。

(4)某些改变轨下基础工作状态的施工作业项目,应在该段无缝线路锁定轨温下完成,或采取加强措施后低于锁定轨温完成。在作业后,应有适当措施,以确保该段无缝线路的稳定和安全。

(5)处于伸缩区的轨下作业,应采用两次放散应力的方法,并根据轨温变化情况,适当采取加强措施。

(6)加强措施主要根据无缝线路稳定性降低的程度和阻力值损失的大小来安排。

2. 分割无缝线路的施工原则

无缝线路铺设以后,有时因增设道岔、增设车站、增设轨道绝缘等而需要分割无缝线路,现场称之为"开口"。此时,应按下列原则进行。

(1)无缝线路被分割以后,留下的长度不得小于300 m。

(2)无缝线路被分割以后,重焊接头的位置应按有关规定确定。

(3)重新组成的无缝线路,若施工时锁定线路的轨温与设计锁定轨温允许范围不符,应放散应力重新锁定。

(4)除特定工程所需长度外,切口长度不应考虑前后衔接新增缓冲区长度,以及焊接顶锻量和预留轨缝等。

(5)切割及加焊时的轨温应与原锁定轨温一致,否则应放散应力重新锁定。

(6)原有钢轨如已磨耗,接头处应采用磨耗相近的钢轨,以保持接头轨面平顺。

3. 大坡道上、小半径曲线上铺设无缝线路的要求

(1)曲线上施工时,要处理好钢轨易拉而引起的长度差的影响。

(2)连续有几个曲线段时,施工应分段进行,铺设后再焊接成一体。

(3)整修工作中,要加强道床捣固,以提高道床阻力。同时,要按规定拧紧扣件。

(4) 缓冲区应避开坡顶和坡底。

(5) 铺轨时,应做好始端钢轨接头的联结和固定工作。

5.4 无缝线路的应力放散与调整

无缝线路的应力放散与调整是无缝线路的两个大型作业项目,需要人员多,耗费时间长,施工组织严密,技术要求较高。无缝线路在很多情况下都要进行应力放散与调整。

5.4.1 应力放散与调整的概念

无缝线路铺设后,到了夏天,随着气温的不断升高,轨温也不断升高,实际锁定轨温高于设计锁定轨温,钢轨变长,但无缝线路固定区钢轨因受到限制,不能自由地伸长,这时候钢轨内就产生较大的压应力。为了保证运营安全,就要放散钢轨内的压应力,使钢轨缩短一些。到了冬天,随着气温的不断降低,轨温也不断降低,实际锁定轨温低于设计锁定轨温,钢轨缩短,但无缝线路固定区钢轨因受到限制,不能自由缩短,这时候钢轨内产生较大的拉应力。为了保证运营安全,就要放散钢轨内的拉应力,使钢轨伸长一些。此外,为了保证行车安全,如果无缝线路的温度力太大,也要"释放"一部分,这些都叫应力放散。应力放散使长轨条长度发生变化,通常用改变缓冲区钢轨长度的方法来调节。

在自由伸缩状态下,钢轨的长度和轨温呈线性关系,其关系式见式 (5.2)。

$$\Delta l = \alpha \cdot l \cdot \Delta t \quad (5.2)$$

式中:Δl 为钢轨伸缩量;α 为钢轨的线膨胀系数;l 为钢轨长度;Δt 为钢轨温度变化幅度。

无缝线路应力放散的条件之一就是松开部分或全部扣件,让钢轨基本处于自由伸缩状态,达到预计的伸缩量后立即锁定,此时锁定轨温也正是我们需要的温度。有时,通过自由伸缩达不到预计的伸缩量,我们还可以用人为强制的办法使钢轨发生伸缩,只要伸缩量达到了预计的长度,锁定轨温也就达到了与之对应的温度。

通过钢轨伸缩释放温度力,并重新确定锁定轨温的过程叫作应力放散。

应力调整则是对锁定轨温不均匀的无缝线路进行的局部应力放散。它并不改变长轨条的原有长度和锁定轨温。

应力放散的实质是释放积聚在钢轨断面上的温度力。但这是一种人为有序的释放，而不是像胀轨、跑道或折断那样自然的、破坏性的释放。

应力放散的过程既然是释放温度力和重新确定锁定轨温的过程，那么它最终将使无缝线路的锁定轨温由不合理变为合理，使无缝线路承受的温度力由大变小。这样，通过应力放散，就可以杜绝胀轨、跑道或折断的隐患。这就是应力放散的作用。

5.4.2 应力放散与调整的基本原则

1. 实际锁定轨温不在设计锁定轨温范围内，或左右股钢轨的实际锁定轨温差超过 5 ℃

实际锁定轨温不在设计锁定轨温范围内，可分为两种情况：一种是因为铺轨时受到工程进度和设备条件的影响，不得不确定一个比实际锁定轨温低或高的锁定轨温；另一种是在长期的运营和养护维修过程中，无缝线路受到外力的干扰，加上违章作业和线路阻力不足，长轨条不正常地伸缩，不得不放散一部分应力，使锁定轨温发生变化，超出了设计要求。为了修正实际锁定轨温，必须在轨温处于设计锁定轨温范围内时，使长轨条基本处于零应力状态，重新锁定。

铺轨总有一个过程，线路上两股钢轨无法同时铺设和锁定，加上其他原因，两股钢轨的锁定轨温往往不一致。这种不一致不能超过5℃，如超过5℃，两股钢轨承受的温度力就明显不一致，从而造成钢轨伸缩和轨道爬行不一致，带来轨枕歪斜等病害。因此必须对其中一股钢轨进行应力放散，使两股钢轨的锁定轨温差不超过5℃，以改善其受力状况。

铺轨时两股钢轨的锁定轨温是一致的，但在运营和养护维修过程中，同样可能发生两股钢轨的实际锁定轨温不一致的情况，如曲线的上股和下股因存在未被平衡的超高和半径不一致，其受力难免不均衡，导致锁定轨温的不均衡。这种不均衡超过了规定的限度，也应进行应力放散。

2. 锁定轨温不清楚或不准确

因种种原因铺轨后交付验收无缝线路的资料不全或不清楚；另外，经过多年的运营，无缝线路经过技术改造、设备更新等，线路状况发生了较大的变化，实际锁定轨温与设计锁定轨温有出入，但又无详细的资料。以上两种情况都使维修养护作业缺乏了重要的依据，即不知道轨温变化度数和温度力，此时，只有放散应力，重新确定一个明确的锁定轨温，才能使后期的维修养护作业有根据。

3. 铺设或维修作业方法不当

铺设不当，使长轨条产生不正常伸缩。这里所说的"不正常伸缩"是指超出限制伸缩量的不正常伸缩，包括人为的强制伸缩。例如，铺轨合龙（在两侧缓冲轨间插入长轨）时，因计划不周，长轨有可能长出一段放不进去或短了一段造成轨缝过大。遇到这种情况时，往往采用人为的强制手段，用撞轨器将长轨撞短或用拉伸器将长轨拉长，然后合龙、锁定。长轨的长度发生了变化，就意味着实际锁定轨温同计划锁定轨温有了出入。百米长度上强制缩短1.2 mm，就相当于改变了1℃锁定轨温。本来应该将强制伸缩量折算成轨温变化度数，并据此改变实际锁定轨温，但有时却忽略了这一点，依然将此时的轨温作为锁定轨温。这样一来，实际锁定轨温就与记录锁定轨温有误差，有时差值还较大。这个差值只有放散应力才能消除。

维修作业方法不当，使长轨条产生不正常的过量伸缩的情况就更普遍，如冬季低温焊接钢轨、夏季拆开接头螺栓作业等。这些作业都势必改变原锁定轨温，使无缝线路的受力状况恶化，因而也必须在合适的轨温条件下放散应力，使锁定轨温恢复正常。

4. 固定区出现严重的不均匀位移

当固定区钢轨出现严重的爬行不均时（或局部位移量超过10 mm），意味着局部应力严重不均匀，或锁定轨温变化超过5℃，即在不同的轨段上有高有低，如不加以调整，这些轨段就有可能发生胀轨、跑道或折断。应力调整必须在爬行不均匀的全范围内进行。

5. 夏季线路轨向严重不良或碎弯多

轨向严重不良或碎弯多都是胀轨的迹象，说明无缝线路承受的压力超过了允许压力，已经失稳，正在丧失行车条件。作为设备事故处理，固然可以采用浇水降温的方法减轻压力，拨回线路，恢复行车，但也只是权宜之计，因为轨温回升后，失稳现象可能再次出现。彻底解决的办法只有一个，就是放散应力。如果线路失稳是锁定轨温偏低造成的,也需要通过应力放散或调整,使锁定轨温趋于合理或使长轨条内应力均匀。如果线路失稳是由线路阻力不足造成的,则应加强线路养护维修,以增大线路阻力。

6. 通过测试发现温度力分布严重不均匀

这里所说的"温度力分布严重不均匀"与"固定区出现严重的不均匀位移"并不一样。后者的不均匀位移可以通过位移观测桩观测出来并可用公式粗略计算出锁定轨温的局部变化范围,前者却不一定能通过位移观测桩观测出来,因为其不均匀范围可能较小,还没有达到桩距的长度,温度力分布严重不均匀仅仅潜藏在局部地段的钢轨断面上,而且并没有失稳的严重表现。这种情况虽暂时还不至于影响行车,但存在胀轨、跑道或折断的隐患,所以也要进行应力调整,使钢轨各断面受到的应力趋于一致。

7. 因处理线路故障改变了原来的锁定轨温

这是一种经常发生的、不得已而为之的情况。如夏季发生严重的胀轨,有的时候切割一段钢轨,使两端长轨条合龙,再用鼓包鱼尾板和断轨急救器加固后放行列车,然后临时处理。这样会提高锁定轨温,但为了行车的需要,却不得不这样做。再如冬天发生钢轨折断进行临时处理后,行车恢复了,速度也达到正常,却降低了锁定轨温。诸如此类的事故处理后,都应在合适的时候进行应力放散,焊复钢轨,使锁定轨温恢复设计值。

8. 低温铺设长轨条使拉伸不到位或拉伸不均匀

低温铺设长轨条时,为达到设计锁定轨温,应用机械拉伸长轨条。但拉伸时没有拉伸到设计位置,或由于各种阻力影响,距离拉伸器近的钢轨拉伸量过大,距离拉伸器远的钢轨拉伸量不足,其不均匀的程度达到第5条的标准时,都要进行应力放散或调整,使锁定轨温正确、均匀。

无缝线路应力放散与调整就是释放温度力,目的是改变锁定轨温,或使应力均匀一致。作用是避免胀轨、跑道或折断,保证行车安全。

上述8条可归纳为两大类:一是高温季节线路严重失稳,需要放散应力以维持行车,有些大型施工也要先放散应力才能保证施工顺利;二是各种原因造成了锁定轨温不详、不合理或不均匀,也要进行应力放散和调整,以确定合理、均匀的锁定轨温。前者是为了保证行车安全,可以把它叫作"安全性放散"；后者是为了改善无缝线路的受力条件，可以把它叫作"稳定性放散"。

5.4.3 应力放散的方法

无缝线路应力放散的基本方法是：在轨温达到或接近锁定轨温时，部分或全部松开接头扣件、中间扣件和防爬设备，采取一定的辅助措施，使钢轨发生自由伸缩，释放温度力。当达到预计的伸缩量或轨温时，重新锁定。

应力放散的第一个难题是钢轨的自由伸缩。运营中的无缝线路可能因钢轨所受的阻力不足而发生过量伸缩。应力放散时的无缝线路可能因钢轨所受的阻力太大而不能自由伸缩，无法达到预期的伸缩量。而放散应力时钢轨所受的阻力主要是钢轨底部与垫板之间的摩阻力。为了克服或减轻这种摩阻力，通常采用两个办法：变静摩擦为动摩擦；变动摩擦为滚动摩擦。变静摩擦为动摩擦，就是借助列车的碾压力克服钢轨底部与垫板之间的摩阻力，因此有了应力放散的第一种方法——列车碾压法。变动摩擦为滚动摩擦，就是让钢轨底部在一种特制的圆筒上滚动伸缩，从而让摩阻力大大减小，因此有了应力放散的第二种方法——滚筒放散法。

应力放散的第二个难题是轨温达到或接近锁定轨温。通常每年春秋季节轨温达到或接近锁定轨温，但天气变化多端，不可预测。假设轨温达到或接近锁定轨温，在放散应力时就能以轨温为准。如预计放散后锁定轨温为30 ℃，在实际轨温为30 ℃左右时锁定线路即可。这就是温度控制法。滚筒放散法就属于温度控制法。但在多数时候，轨温是无法达到或接近锁定轨温的，如果这时必须放散应力，可以借助轨温和自由伸缩的线性关系来放散应力，即先算出达到计划锁定轨温时钢轨应有的伸缩量，用人为强制的方法使钢轨伸长到这个量，然后立即锁定线路，其锁定轨温自然是我们预期的值。这样就形成应力放散的长度控制法和撞轨法。

应力放散的方法按性质可分为长度控制法和温度控制法，按施工特点可分为滚筒放散法、列车碾压法和撞轨法。采用长度控制法和温度控制法放散应力时，轨温均需在设计锁定轨温范围内，且应兼顾放散长度。

5.4.4 位移观测桩的设置

位移观测桩是检查爬行位移量、内应力是否均匀的重要辅助设施。
（1）位移观测桩必须预先埋设，而且埋设牢固，埋设时不得损坏路基和整体道床。在长轨条就位后或长轨条拉伸到位后立即在轨腰上标注，涂红底白铅油注明桩号、锁定轨温、埋设日期、桩号与桩号间的长度。标记应明显、耐久、可靠，字体清晰端正，观测桩连线与线路中心线垂直。

（2）每段无缝线路应设位移观测桩5~7对，固定区较长时可以适当增加对数。其中，伸缩区始点一对、伸缩区终点一对、固定区中间点一对，其余设置在固定区。

（3）跨区间和全区间无缝线路单元轨条长度大于1200 m时设置7对位移观测桩。具体位置是单元轨条起点、终点，分别距单元轨条起点、终点100 m、400 m处和单元轨条中间点。

（4）跨区间和全区间无缝线路单元轨条小于1200 m时，设置6对位移观测桩。具体位置是单元轨条起点、终点，分别距单元轨条起点、终点100 m、400 m处。

（5）单元轨节始终端位移观测桩应与单元轨节焊接接头尽可能对应，纵向相错量不得超过20 mm，每单元轨节内的位移观测桩之间的距离应符合要求，与固定区中点相对称。

5.4.5 施工作业程序

1. 施工准备

（1）单元轨节应按照轨条布置图进行划分，一般情况下单元轨节的长度为900~1200 m。

（2）位移观测桩的埋设位置应根据单元轨节划分情况在无缝线路锁定前进行埋设。

（3）有砟轨道地段位移观测桩设置在路肩上，位移观测桩与路肩边缘的距离为600 mm，埋入路基深600 mm，坑内周围填混凝土并抹平，桩顶与路基面持平。

（4）位移观测桩采用C30混凝土制作，中间置入直径为10 mm的钢筋，露出10 mm，顶部锯成十字豁口。位移观测桩外围采用300 mm×300 mm砖砌结构，露出路基面200 mm，保护位移观测桩。

（5）位移观测桩在U形结构及地下区间地段设置在距两侧墙不小于500 mm的整体道床上，在此应充分考虑到有接触轨一侧的情况。高架桥上的位移观测桩应设置在桥梁以外的某一固定参照物上。

（6）整体道床地段位移观测桩应设置在走行轨两轨枕之间，高度略低于钢轨轨底。

（7）位移观测桩设置时应与线路方向保持垂直，曲线上应与切线方向垂直。

（8）位移观测编号应按小里程到大里程方向进行，编号方法为"C－D－乙"，C代表长轨条编号，D代表单元轨条编号，乙代表单元轨节内位移观测桩顺序号及上、下行（奇数为上行、偶数为下行）编号，以阿拉伯数字标注（白底红字）。

（9）将埋设位移观测桩的结果填入"单元轨节应力放散及锁定作业记录"。

（10）固定端的设置一般为50 m，将待放散的单元轨节的前端与上一单元轨节（已锁定）的后端焊接。

（11）拆除待放散的单元轨节范围内及与之焊接的锁定无缝线路末端50 m范围内的全部扣件，并按安装要求将拆除扣件分别置于钢轨两侧。

（12）扣件拆除及安装时严禁锤击、敲打，扣件应内外有别，钢轨内侧扣件点红漆加以识别，以防混装。直线地段"隔一拆三"，曲线段"隔一拆二"。

2. 应力放散及锁定

单元轨节中的两根长钢轨应同时进行应力放散，同时进行锁定，放散方法应根据现场实际情况确定。

（1）原位复焊法。

当锁定轨温明确、钢轨断缝值与断缝两侧标记准确，切除钢轨长度、预留轨缝准确及本单元轨节和相邻单元轨节位移观测值均匀、位移量较小时，采用原位复焊法。

（2）自然放散法。

当实测轨温处于计划锁定轨温（26±4）℃范围内时，采用垫聚四氟乙烯块配合撞轨器等设备进行应力放散。

（3）综合放散法。

当实测轨温低于计划锁定轨温（26±4）℃时，则需要利用拉伸器、撞轨器等设备联合作业。均匀拉伸单元轨节使其达到实际锁定轨温时应有的长度，从而使锁定轨温一步到位。其作业程序为：施工准备→拆除扣件→顶起聚四氟乙烯块→安装撞轨器→撞轨→测轨温，计算锯轨量和拉伸量→安装拉伸器→设临时位移观测点→拉轨并撞轨→观测位移量→拆除聚四氟乙烯块，钢轨落槽→组装扣件，线路锁定→反算实际锁定轨温值→设置位移观测桩。

① 零应力。在计划放散段自然温度的条件下松开全部扣件，钢轨下垫入聚四氟乙烯块，取出原有橡胶垫，使钢轨能自由伸缩，以100 m为单位进行爬行观测，并用撞轨器沿钢轨走行方向撞轨，当钢轨发生反弹现象或曲线上钢轨位置居垫板中间时，即视为零应力，此时在各观测点上做出拉伸位移的零点标记，以便观测。

② 计算拉伸量。钢轨放散至零应力状态后根据计划锁定轨温和现场实际轨温计算出钢轨拉伸量，长轨拉伸量按式（5.3）进行计算。

$$\Delta L = \alpha L (T_{\text{计划}} - T_{\text{现场}}) \quad (5.3)$$

式中：ΔL 为长轨拉伸量（mm）；α 为钢轨线膨胀系数，一般取 0.0118 mm/(m·℃)；L 为单元轨节长度（m）；$T_{\text{计划}}$ 为计划锁定轨温（℃）；$T_{\text{现场}}$ 为锁定作业时钢轨的实际轨温（℃）。

③ 计算锯轨量。当结合放散应力整治线路爬行时，锯轨量应为放散量、计划预留轨缝与放散前原有轨缝之差、整治线路爬行时钢轨位移量三者的代数和，即锯轨量＝放散量＋（预留轨缝－原有轨缝）＋钢轨位移量。如不结合整治线路爬行，钢轨位移量一项可不计；如单元轨节之间应力放散，轨缝一项可不计，应另加重新焊接的铝热焊灌注宽度25 mm。

④ 安装拉伸器。将单元轨节与无缝线路不锯开的一端设为固定端，在锯开的一端安装拉伸器。

⑤ 观测位移量。在钢轨拉伸过程中，同时观测各观测点位移量的变化，拉伸量达到计算长度后通知各观测点人员做记号，此时撞轨器仍继续作业，当观测点在所做记号处出现反弹时（应力放散已均匀），停止撞轨，各观测点向现场负责人报告所在观测点钢轨的位移量，各观测点的位移量可根据式（5.4）计算。

观测点的位移量＝（总放散量/观测点点数）×观测点号数　　（5.4）

在计算总放散量时，如考虑线路爬行导致的锁定轨温的变化，则计算公式见式（5.5）。

轨温变化度数＝爬行量/（长钢轨长度×0.0118）　　（5.5）

⑥ 拆除撞轨器及轨下聚四氟乙烯块，安装好轨下垫板，使长轨条平稳地落入承轨槽内。

⑦ 测量轨温。单元轨节两端各测取三个轨温值，每次选取三个轨温值中比较接近的两个轨温值，取其平均值作为该端轨节的锁定轨温，然后取两端单元轨节的锁定轨温平均值作为本单元轨节的锁定轨温，并做好记录。

⑧ 锁定线路。当单元轨条头尾温度相差不超过 2 ℃ 时，可以认为放散是均匀的，此时可以进行锁定：首先把无缝线路尾端 50 m 范围内的扣件全部上紧，此时拉伸器继续保压，进行铝热焊的钢轨焊接；将作业人员分为 5 组，作业人员均匀分布在已完成应力放散的单元轨节范围内，同时进行紧扣件作业，每个小组从各自管辖范围的两端向中间紧固，采用"隔二紧一"的原则，当紧固至中间后，再向两端紧固其余的扣件。

⑨ 计算实际锁定轨温值。在锁定线路完成后，应拆除拉伸器，复核长轨条实际长度，换算出对应的实际锁定轨温值，若该值在计划锁定轨温范围内则认为合格，将换算出的实际锁定轨温值填入表内，否则重新进行锁定作业。

⑩ 设置位移观测桩。锁定作业完成后应立即进行零点标记，以线路两侧观测桩顶端刻画线为基点，拉出一道横线，以横线与线路中心线的交叉线为基线，在轨头外侧做耐久、清晰的标记，并在外测轨腰上标出位移观测桩桩号。

5.4.6 注意事项

（1）线路锁定前应掌握本地区轨温变化规律，根据各施工区段的特点，选定锁定轨温及施工时间，严格执行轨温测量制度，即作业前、中、后。

（2）应力放散时，应每隔 100 m 设置一个临时观测点测量钢轨拉伸前后的位移量，用实际位移与计算位移相比较，如果按实际锁定轨温应在设计锁定轨温 ±4 ℃ 范围内的规范来要求，位移差为 2～3 mm 即认为拉伸均匀。密切观察放散时钢轨的位移量及放散后钢轨的反弹，确保应力放散均匀。

（3）锁定轨温应准确、可靠、符合设计规定，测量轨温时要对钢轨不同位置进行多点测量，取其平均值。

（4）应力放散后，两股钢轨应同步锁定，锁定后在钢轨轨腰位置设置位移观测点"零点标记"。

（5）线路锁定时实际轨温应严格控制在计划锁定轨温范围以内，执行无缝线路放散与调整的基本原则。

（6）无缝线路锁定后，单元轨节左、右两股钢轨始、终端相差宜不超过 100 mm。

（7）撞轨器的安装位置应为顺放散方向在焊头的后方不得小于 5 m，直线上应每 400 m 放置一台，曲线地段每 300 m 放置一台。

（8）铝热焊焊头距轨枕边缘不得小于 40 mm，并用油漆编号（白底红字），铝热焊焊接时拉伸器必须保压 5 min 以上。

（9）联合接头距整体道床和碎石道床交界处应大于 4 m。

（10）放散时钢轨曲线外股锁定轨温不得高于里股。

（11）锯轨时，轨端不垂直度不得大于 0.5 mm。

（12）关于无缝线路位移观测情况，一般月份每两月观测一次，冬季的 12 月、1 月和夏季的 5~8 月为每月观测一次，月底同分析报告上报上级主管部门，同时做好一月一次钢轨单向、双向伸缩调节器观测记录。

（13）保证扣件、接头扭力矩达到规范要求，缓冲区接头扭力矩应达到 900 N·m。

（14）建立健全无缝线路台账，施工中建立技术、质量保证体系，做到分工明确、责任到人，实行记名施工。

5.5　特殊地段的无缝线路

特殊地段的无缝线路包括桥上无缝线路、大坡道地段无缝线路和小半径曲线地段无缝线路。这些地段的无缝线路受各种附加力的影响，其结构和设计同普通地段的无缝线路有所不同。

5.5.1　桥上无缝线路

桥上铺设无缝线路可以减小列车动力作用，改善桥梁运营条件，减少轨道维修工作量，延长轨道部件和桥梁的使用寿命。

高架桥分钢筋混凝土梁桥和钢梁桥，桥上道床又分整体道床和碎石道床，一般在单体桥上采用碎石道床，其他桥采用整体道床。

1. 特点

（1）桥梁和无缝线路处在悬空的位置，空气流通，轨温变化比地面无缝线路轨温变化要小，因而作用于钢轨断面上的温度力较小。

（2）无缝线路的轨道框架安装了防脱护轨，高架桥上半径 $R \leqslant 400$ m 的曲线缓圆点、缓圆点前后 50 m（圆曲线部分 20 m，缓和曲线部分 30 m）下股钢轨内侧安装了新型护轮轨装置，从而使轨道框架刚度增大。

（3）桥上无缝线路的钢轨用扣件与桥枕连接，而桥枕又通过道床与桥梁连接，这就形成了一个紧密、牢固的整体框架。钢轨在轨温变化时要产生伸缩，这同地面上的普通无缝线路一样。同时，桥梁也不可避免地要产生伸缩。桥梁的伸缩力与钢轨的温度力叠加，桥梁的挠曲力与钢轨的动弯应力叠加，这就使桥上无缝线路的钢轨在承受巨大的温度力之外，还要承受巨大的纵向附加力，从而使其受力状况变得更加复杂。对于有砟桥面而言，由于梁和轨之间有一个起缓冲作用的道砟层，加上钢筋混凝土梁刚度较大，实际挠曲度较小，伸缩量也较小，所以给钢轨带来的纵向附加力也相对较小。

2. 要求

（1）有砟桥。

① 有砟桥上铺设无缝线路，可按一般无缝线路处理，但线路接头应在桥头两端 10 m 以外，以避免列车对桥梁的冲击力。

② 跨度在 32 m 及以下的有砟桥，桥全长应在无缝线路固定区内，桥头两端 100 m 范围内按伸缩区锁定。

③ 有砟桥上应使用分开式扣件。

④ 有砟桥面较路基面窄，道床宽度受到限制，往往在起道后，道床宽度缩小，势必减小道床横向阻力，对无缝线路的稳定不利。

（2）无砟桥。

① 尽量使固定区位于桥上。

② 尽量使桥上长轨条锁定轨温和桥外长轨条锁定轨温保持一致。

③ 尽量避免在桥上设铝热焊缝。

④ 梁上主轨不设防爬器是为了钢轨和桥枕不致扣得太紧，减少纵向附加力影响。

⑤ 采用分开式扣件。

⑥ 大跨度桥上设置伸缩调节器。

大跨度桥上无缝线路安装伸缩调节器，可使桥梁在伸缩和挠曲时对长轨条产生的纵向附加力通过该装置得到放散。从这种意义上说，设置了伸缩调节器的大跨度桥上无缝线路，其性质已由温度应力式无缝线路变为自动放散温度应力式无缝线路。

伸缩调节器设在桥梁活动支座端对应处的轨道上。伸缩调节器由基本轨、尖轨、导向卡（轨撑）等组成，如图5.2所示。

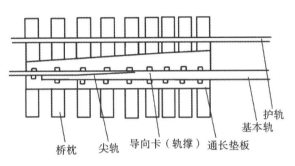

图5.2　伸缩调节器结构示意

综上所述，桥上无缝线路除承受温度力外，还要承受桥梁伸缩和挠曲传递给钢轨的纵向附加力和挠曲附加力。纵向附加力的大小随气温、梁跨、线桥连接状况、桥头线路阻力、行车密度和支座设置方式等因素的变化而变化，但其分布形式却有一定规律，即固定支座附近是附加拉力，活动支座附近是附加压力。纵向附加力使桥上无缝线路受力增大，状况复杂，因而桥上无缝线路有其特殊的结构形式和铺设要求。

5.5.2　大坡道地段无缝线路

大坡道地段无缝线路是指坡度大于12‰的无缝线路。其特点主要有两个。

（1）由于下坡列车制动或上坡牵引，制动力或牵引力和坡道分力会导致轨道爬行较其他地段严重，使钢轨内应力发生变化，对轨道的强度和稳定性产生不利的影响。

（2）下坡制动和上坡牵引的瞬间，车轮会对轨面造成擦伤、剥离和磨损等较严重的损伤，从而使钢轨寿命和更换周期缩短。解决的根本措施就是提高线路阻力，采用加强线路阻力的设备等。为防止轨道过量爬行造成应力集中，在两坡道相交的纵断面处还设有缓冲区。

5.5.3　小半径曲线地段无缝线路

实践证明，在半径小于600 m的曲线地段铺设无缝线路时，轨道结构稳定，维修工作量少，发挥了无缝线路应有的技术经济效益。但是曲线上的钢轨随半径减小,磨耗量增大,使用寿命缩短。考虑到上述因素,在小半径曲线地段设计、铺设、使用无缝线路时,应注意以下几点。

(1) 最小曲线半径小于 400 m,要根据具体线路的运量、机车、轨道的变化,并考虑原轨道的磨耗情况来决定。

(2) 轨道结构要适当加强。钢轨不低于 50 kg/m,并尽量采用淬火轨铺设。

(3) 按规定选择、配置轨枕,道床内、外侧肩宽和堆高要按相应规定设置。

(4) 一段小半径曲线最好单独铺一节长轨,伸缩区最好设在直线上。

(5) 为防止胀轨、跑道,应控制残余变形,用 5 m 弦测量的正矢值 $f \leqslant 9$ mm。

(6) 合理设置轨距、超高等几何参数,并采取对曲线钢轨涂油等措施,延长钢轨使用寿命。

第6章 城市轨道交通施工质量管理

6.1 施工质量控制计划

6.1.1 项目前期质量策划

1. 质量方针

城市轨道交通工程项目坚持"百年大计,质量第一"的质量方针,目标明确,有的放矢,科学策划,制定措施,确保工程施工质量满足设计要求。

2. 质量目标

工程项目建设期间,不发生一般及以上工程质量责任事故,不发生质量事故瞒报、谎报、拖延不报行为;有效投诉为零,顾客满意率达90%以上。全部工程达到国家和现行的工程质量验收标准,主体工程质量零缺陷;开通速度满足设计要求;内部资料相对更加真实可靠,保证规范和统一;各检验批和所有分项质量都能够达到工程预期的质量要求,单位工程一次验收的合格率能够达到100%;所有工程满足设计使用寿命内正常运营要求;争创精品优质工程。

3. 创优规划

(1) 创优组织。

创优本身是一个系统性的、对工程质量进行全面优化的过程,具体包括了所有单项目标达到整体创优目标,并在项目建设中成立一个创优工作领导小组,下设办公室,负责对项目建设进行组织和协调,并负责相关工作的全面开展,小组组长可以让指挥长兼任,副组长可以由项目的总工程师担任。创优工作领导小组提出的质量策划书和具体的实施细则可以由业主、监理等相关人员认同之后,再和承包商协商确定。各承包单位的项目负责人是各单位达到质量创优目标的主要责任人员,对其所建设的工程负有责任。各参建单位的所有职能部门要把创优工程建设作为本部门的主要工作，并在后期工作中履行好自身的职责，通过自己的行动对其他员工产生直接影响。选择技术能力强、熟悉操作流程的员工，严格结合施工设计、规范、技术交底等相关的要求开展施工作业，通过多种手段和举措全面落实质量意识，并在后期的施工过程中严格要求。

（2）施工过程控制节点的设置。

工程项目质量从根本上说是由施工技术综合确定的，同时也是由施工水平决定的，过程控制是推进创优工程的关键要素。城市轨道交通工程要不断坚持将精品工程建设作为具体的施工目标，保证整个工程处于优良水平，以便为施工工作的全面推进提供有力基础。在施工过程中，全面、严格落实施工过程质量控制制度，强化现场管理，以便达到施工质量要求。具体可以开展以下几个方面的工作。

一是对施工目标予以明确。将工程创优的总体目标划分为分项工程目标。明确所有施工单位的分项工程质量目标和各个阶段的质量责任，所有施工作业必须保持统一认识，并协同开展各项工作，保证施工后期阶段的所有工作处于正常状态。

二是开展现场标准化管理工作。建立项目质量保证计划，落实质量责任制，保证工程质量。

三是抓好分承包商的质量控制。对于承包商和劳务分包单位，除实施"合同制约"外，要协调和配合，并为相关项目提供服务，将管理的所有工作融入分包管理工作。

四是要有精心组织和统一策划施工，以指导所有工种和专业人员开展施工作业，避免各自为政的发展格局，确保工程总体上的统一性，同时有效防治一些工程质量通病，对主要节点的操作工艺进行设计和控制，严格执行施工程序，达到业主要求。

（3）资料管理。

项目部要和资料人员紧密配合，统一发放技术资料、质保资料、施工过程记录、竣工资料等，保证这些资料的准确性和全面性。

技术资料方面，管理施工图纸、设计交底会议纪要等相关文件，并且在技术部门同意的情况下发放给相关的施工作业人员。

质保资料方面，所有材料进场必须要持有质量保证书，并且保证现场材料和质量保证书等相关资料达到要求，也就是说，送货单位必须盖章，指明原件存放的单位。质量保证书由材料员接收,并最终交由资料人员保管。需复试的材料要在使用之前准备好,试验结果达标的情况下才能使用。复试资料由试验人员交给材料员管理。

施工过程记录方面,施工中的所有质量记录要真实,具体工作的开展可以由管理、监理、设计、业主等相关人员填写,并由保管人员保管资料。

竣工资料方面,在竣工验收之前,项目负责人员必须对资料开展验收。工程竣工之后将竣工资料交给业主或指定单位(如地方档案馆)。竣工资料包括隐蔽工程、检验批、分部分项工程、单位工程等;工程施工中及竣工后评选为市以上级别的先进证明文件;工程竣工图,具体包括工程竣工总平面图和全部施工竣工图。

上述所有文字和印章要保持字迹清晰,所有资料必须由资料人员收集,并进行整理和分类,在后期还要装订成册,便于检索,可随时交监理、业主等相关人员验收。如果其他管理人员要借阅,则必须办理相关手续。

6.1.2 土建工程项目质量管理计划

1. 施工准备阶段质量控制重难点

设计图纸、审核设计图纸是工程质量控制的标准和主要依据,要认真对待设计交底和图纸审核工作,熟悉和掌握设计图纸的质量要求,并排除图纸中的质量隐患。

要根据设计图纸要求,编制高质量、指导性强、操作性强的项目施工组织设计和施工方案,落实设计要求,通过工法、工艺保障施工质量。

原材料采购指挥部统一公开招标和采购在工程施工过程中可能直接影响工程质量的主材,如钢筋、混凝土等,必须确保原材料质量符合要求。材料进场后,选择有资质的质量检测单位按规范要求的批次对原材料进行进场检验,出具检测报告,对于检测不合格的产品坚决不允许投入使用。

2. 施工阶段质量控制重难点

(1)分部分项工程质量控制,如钻孔灌注桩、地下连续墙等。
(2)关键工序质量控制,如综合接地、防水工程。
(3)特殊工程和特殊时期质量控制,如冬季、雨季施工。
(4)质量通病防治,如项目部预先列出施工过程中易出现的各类质量通病，在施工过程中重点把控。

（5）质量控制持续改进，原材料、半成品和预制品的管理，缺陷处理。

3. 项目质量控制工作计划

（1）编制施工组织设计和方案。

在城市轨道交通统筹开工前，由项目技术负责人即总工程师编制项目实施性施工组织设计，对不同工法提出纲领性的技术要求，统筹安排施工周期，指导施工准备、实施、控制、资源配置等工作。在每个单位工程开工前组织编制施工组织设计，根据工程实际进展和周边环境现状，对实施性施工组织设计进行细化和调整，指导单位工程施工。根据设计图纸提前确认危险性较大的分部分项工程，列出清单，在具体的分部分项工程开工前编制安全专项施工方案，对控制策略和保证措施等进一步细化和落实，指导现场施工。通过对施工组织设计和方案的落实，能够针对性解决项目工法种类多、施工周期长、自然环境差、社会环境复杂等难题。施工组织设计和方案编制工作计划见表6.1。

表6.1 施工组织设计和方案编制工作计划

项目	项目实施性施工组织设计	单位工程施工组织设计	危险性较大的分部分项工程安全专项施工方案
目的	施工组织的总纲，对项目实施进行综合、统筹安排	对施工组织设计和方案的细化和动态调整，指导单位工程施工组织设计	对单位工程施工组织设计尤其是控制策略和保证措施进一步细化，可直接指导现场施工作业
实施人	企业总工程师和项目总工程师、工程管理部负责人、工程技术人员		
地点	项目所在地办公区		
实施时间	项目开工前	每个单位工程开工前	涉及的分部分项工程开工前
工作步骤	工程管理部负责人、工程技术人员编制施工组织设计和方案完成初稿后，由项目总工程师进行审核，通过后报企业总工审核，需要组织专家论证的还需要经过专家论证通过，最后总监理工程师批准后允许实施；实施前需对涉及的管理和作业人员进行技术交底		

（2）建立质量管理体系。

在项目开工实施前，由项目负责人或技术负责人组织建立质量管理体系，包括成立职能健全的组织机构，配足相关技术、管理人员，制定完善的管理制度（如质量责任制度、质量检验制度等），明确责任划分，确定质量管理工作程序。结合前期项目质量策划、创优规划、质量管控重难点等内容，为实现质量目标，有序开展各项质量活动，建立质量管理体系，以文件的形式发布，并将其作为内部管理工作要求，解决项目管理难度大的问题。质量管理体系建设工作计划见表6.2。

表6.2 质量管理体系建设工作计划

项目	成立项目组织机构	制定管理制度	建立质量管理体系
目的	按照全面质量管理的思路，按照不同职能组建不同的部门，配齐管理人员，目的是在各部门、各岗位、各环节全面开展质量控制管理	制定以质量责任制为核心的管理制度，落实各机构、各岗位的质量责任，明确质量管理标准要求和工作程序	为实现质量目标，对项目前期准备、组织机构、管理制度等进行有机整合，编制并发布质量管理体系文件，包括机构、职责、程序、活动、资源配置等
实施人	指挥长、综合部负责人	指挥长、各部门负责人	总工程师、各部门负责人
地点	项目所在地办公区		
实施时间	项目开工前		
工作步骤	综合部主任根据上级公司要求和合同约定，提出成立各部门建议，经指挥长批准后正式实施并向上级公司报备	指挥长组织建立质量管理制度清单，各部门根据职能和项目实际情况分别编制相关管理制度，经指挥长批准后正式发布实施	总工程师组织各部门根据项目策划编制质量管理体系文件大纲，各部门根据归口业务分别编制具体内容，汇总后经总工程师审批后正式发布实施

（3）制定质量控制策略。

城市轨道交通工程项目规模大、施工周期长，相同或类似的工艺、工序较多，施工后出现的质量通病也往往有相同原因。因此，分析梳理项目施工过程中重复出现的工艺、工序或质量通病，制定针对性的控制策略，可以有效控制项目施工质量。由项目技术负责人牵头，组织技术、质量管理人员，根据内外部环境因素分析结果和梳理出的质量管理重难点，在该项工程实施前制定钻孔灌注桩等分部分项工程质量控制策略、综合接地等关键工序质量控制策略、特殊工程和特殊时期质量控制策略、极易出现的质量通病防治策略,并根据项目周期长、同类工序反复出现的特点,制定质量控制持续改进措施,持续提高工程质量,而且可以有效解决各工序质量控制的问题。控制策略制定工作计划见表6.3。

表6.3 控制策略制定工作计划

项目	分部分项工程质量控制策略	关键工序质量控制策略	特殊工程和特殊时期质量控制策略	质量通病防治策略	质量控制持续改进策略
目的	针对任何单位工程都可能出现的分部分项工程制定控制策略,可以有效控制施工质量	综合接地和防水工程对地铁项目完工后的使用有严重影响,必须严格进行过程控制	对于在例如隐蔽工程等施工后无法追踪检测的特殊工程和哈尔滨特有的冬季、雨季这样的特殊时期进行的施工,要重点做好质量控制	根据国内外地铁的施工经验和已完成地铁项目出现的质量通病,要提前制定措施,避免问题重复出现	地铁项目施工周期长,施工过程中要持续做好试验检测工作,同时对于出现过的质量问题要及时纠正,避免其再次出现
实施人	总工程师、工程技术人员、质量监督检测人员					
地点	项目所在地办公区				办公区或作业现场	
实施时间	项目开工前				项目开工前和施工过程中	
工作步骤	总工程师组织工程技术人员、质量监督检测人员提前分析、梳理分部分项工程、关键工序、特殊工程和特殊时期清单,以及可能出现的质量通病清单,分工编制控制策略和防治策略,最后经总工程师批准后发布,施工过程中按质量职责分头落实				项目开工前,总工程师组织制定试验检测程序;现场出现质量问题后,组织分析原因,制定具体的改进措施,并向施工管理者报告	

(4)落实质量保证措施。

在城市轨道交通工程项目施工建设过程中,根据质量体系和项目质量控制策略,按照全面质量管理的理论,从组织保证、经济保证、技术保证三方面落实质量保证措施,确保质量体系有效运行,质量控制策略落实到位,最终保证工程施工质量。质量保证工作计划见表6.4。

表6.4 质量保证工作计划

项目	组织保证	经济保证	技术保证
目的	开展全面质量管理,保证质量管理体系健全并有效运行	通过激励约束机制,督促各方履职尽责	技术措施质量控制的依据和基础,必须在源头上通过技术手段保证质量
实施人	指挥长	质量领导小组成员	总工程师和专业技术人员
地点	项目办公区和作业现场		
实施时间	项目管理全过程		
工作步骤	指挥长要在开工前配置满足管理需要的人员,组织编制切实可行的质量制度,并在项目实施全过程中保证人员适配、制度适用	质量领导小组定期对各方履行质量职责情况进行考核,不定期对质量行为进行考核,奖优罚劣	总工程师带领专业技术人员认真做好图纸审核,掌握设计意图,编制切实可行的施工组织设计或方案,不能流于形式,要能够指导施工、指导现场

6.2 施工质量控制策略

6.2.1 城市轨道交通工程施工特点

城市轨道交通工程的建设特点有:工程建设规模大、投资高;施工复杂、工程风险大;控制标准严;防水标准高;协调内容多。

(1) 工程建设规模大、投资高。建设规模大体现在:一是线路长,城市轨道交通工程的线路规划里程通常高达上百千米甚至数百千米;二是线路建设涵盖的工程专业多、配套项目多、工种复杂,包括线路、地下管道、地上地下建筑、防水设施、桥梁隧道等。城市轨道交通工程建设和运营的费用也极其高昂。城市轨道交通工程每千米造价通常为4亿~5亿元,某些线路单位造价甚至可高达8亿~9亿元。其年运营费用通常高达500万~1000万元。建设规模大,且建设及运营单价高,决定了城市轨道交通项目建设的高投入。

（2）施工复杂、工程风险大。城市轨道交通项目施工涉及环境保护、水土保持、文物保护等诸多因素。施工工艺需考虑雨季防水、夏季防暑降温、防汛防台、防雷和露天作业的防暴晒工作，冬季需重视大风对塑性开裂及脱模后温度裂缝的影响，采取必要保湿措施等，因而施工复杂、工程风险大。

（3）控制标准严。城市轨道交通项目造价高，多经过人口稠密区，因而对工程地面过量沉降、坍塌等控制标准极其严格。

（4）防水标准高。与一般建筑工程项目相比，城市轨道交通工程防水标准更高。工程运营过程中一旦发生渗漏水现象，可能产生严重后果；一旦发生事故造成人员伤亡，将产生重大的社会影响。因此，必须加强工程防水设计与施工管理，从各个环节严格把控防水标准。

（5）协调内容多。首先，需协调的利益参与方多，包括勘察、设计、设备供应、施工、监理、监测、检测等单位；其次，需协调的项目管理因素众多，包括项目全寿命周期构成中涉及的所有人力、物力、财力、信息等；最后，需协调的环节多、接口多。需考虑轨道交通发展与其他交通方式的协同、轨道交通发展与城市发展的协同，注重资源共享。

6.2.2 分部分项工程质量控制策略

1. 钻孔灌注桩质量控制

（1）监测控制。施工前必须按照设计图纸放样，经监理工程师审核通过之后才能够按照施工方案开始施工，护筒掩埋工作完成之后测量桩位数据，判断桩位数据是否符合要求。要在水准点以及测量位置安装保护装置，以保证测量结果的准确性。

（2）终孔检查。钻孔完成后应立即检查成孔质量。

（3）钢筋笼检查。钢筋笼的制作允许偏差应符合设计规定；连接方式采用机械连接的，钢筋的接头要采用切割机切平，丝扣深度满足设计要求，无丝牙缺口，套筒与丝扣必须紧凑；钢筋螺旋筋或箍筋间距均匀，箍筋必须与主筋垂直；螺旋筋必须按设计要求保证焊接接触点总数大于50%；纵向受拉钢筋接头面积百分率宜不大于50%；在焊接过程中，焊接参数必须满足设计要求，电弧焊接接头的焊缝表面应平顺，无缺口、裂纹和较大的金属焊瘤，其缺陷及尺寸的允许偏差应符合规范要求；钢筋笼对中过程中四周放置垫块，确保保护层的厚度满足规范要求。

(4)混凝土灌注控制要素。混凝土拌制前必须审查配合比设计,控制好坍落度,检查混凝土和易性;灌注前要严格检查导管的密闭性,杜绝在浇筑过程中发生漏浆现象;需连续灌注的混凝土,中间不能间断;每一根钻孔桩灌注过程中,必须有抗浮措施,确保混凝土桩高程不出现偏差;钻孔桩灌注过程中,如果混凝土表层有积水,混凝土振捣前,应先清除液面浮水。

2. 地下连续墙质量控制

(1)严格控制单元槽段开挖尺寸。单元槽段成槽开挖宽度保证成槽结束后接头管和钢筋笼能顺利下放到位。单元槽段开挖要严格控制每次进尺,保证成槽后垂直度的允许偏差符合设计要求。后续槽段挖至设计标高后,需用特制的刷壁器清刷,直到刷壁器的毛刷面上无泥为止。开挖结束前注意做好清底工作。

(2)泥浆检查。定期检查泥浆的指标,并根据实际情况调整。成槽过程中应及时往槽中灌浆,而且在挖槽以及刷壁这两道施工工序结束之后,对不同层段的泥浆进行检测,检测内容主要包括黏度、pH值、含砂率等指标,将检测结果与标准值进行对比,通过要求才能验收。

(3)钢筋笼制作注意事项。钢筋笼的制作过程中存在的难点是确保各钢筋的位置尺寸符合要求,因此应该在水平平台上完成制作,以此来保证加工精度,使钢筋笼加工时钢筋能准确定位。注意保证钢筋笼的保护层厚度,在钢筋笼外侧焊定位垫块。

(4)检查槽深。应在钢筋笼安放后在4 h内灌注混凝土,灌注前先检查槽深,判断有无坍孔。灌注过程中保持连续下料,不得中断。

3. 基坑开挖质量控制

在基坑周围,根据设计图纸的要求开挖排水沟以及集水井等设施,并安排专人经常进行抽水作业以及管理,让排水沟以及集水井的排水保持正常状态,避免基坑内出现积水。

基坑施工过程中,开挖深度符合设计要求之后,在短时间内开始垫层施工作业,在施工过程中需要从多个方面来保证基坑底部原土不受较大影响。

基坑开挖应遵循"开槽支撑,先撑后挖,分层开挖,严禁超挖"的原则。必须按施工技术要求架设支撑,支撑架设后必须通过验收方可进行下一步施工。

4. 钢筋工程质量控制

（1）开展有针对性的技术培训。施工过程开始前，针对施工人员进行技术培训，培训的主要内容包括三个部分：第一个部分是施工步骤，第二个部分是施工技术手段，第三个部分是质量标准。为了确保钢筋工程质量符合标准，在施工的各个阶段进行质量检测，检测的内容主要包括钢筋的规格、材料的使用数量以及钢筋的相对位置尺寸等。

（2）柱插筋位置把控。柱插筋位置是否符合要求对于钢筋工程的质量有较大的影响，因此要对这一指标进行重点监控，防止在施工作业过程中钢筋发生位移。在捆扎柱钢筋前，确保钢筋上没有附着物，严格控制竖筋的垂直度，如果垂直度不符合要求，不能进行施工。

（3）钢筋选择。严格遵循设计要求选用钢筋，不能在缺少钢筋物料的情况下拿其他型号的钢筋来代替，如果面临缺料需要替换的情况，必须征得相关负责人同意之后才可以进行替换，而且要填写申请单，相关责任人签字。

（4）工程质量监督。施工现场的质量监督管理人员在隐蔽工程验收单上签字才能够认定该工程质量符合要求，而且质量监督管理人员要在钢筋工程建设的各个阶段开展质量研讨会，对工程建设中出现的质量问题进行讨论并制定解决方案，听从监理工程师在质量方面的意见，及时整改，监理负责人签署验收单之后开始下一阶段的施工。

5. 模板工程质量控制

（1）进行针对性技术交底。在施工前，模板排列以及支撑装置设计人员与作业人员进行充分沟通，向其交接工艺图纸以及技术要求文档，指导模板拆装，检查施工现场的模板以及配件是否符合要求。

（2）按图施工。确保模板制作与图纸规定相符，不允许出现拱凸、扭曲等质量问题。

（3）设置模板支撑系统。模板支撑系统的水平度以及垂直度都要得到保证，支撑点的紧固力矩符合要求。根据图纸文件安装模板，禁止施工人员根据个人经验安装。

（4）质量检查。在每层模板施工结束之后进行质量检查，符合标准签署验收单之后才能浇筑混凝土。

（5）模板拆除。模板拆除工作开始之前，应获得试验室以及质量管理部门的签字同意。

（6）缺陷处理。模板拆除完成之后，对墙面的缺陷进行处理和整修。

6. 混凝土工程质量控制

（1）根据浇筑令施工。根据混凝土浇筑令制度来施工，在浇筑令签发前完成技术复核以及隐蔽验收工作。

（2）合理考虑天气因素。掌握未来的天气情况，根据天气信息调整混凝土浇筑施工作业安排，在大雨以及大雪天气时，不允许进行混凝土浇筑作业。如果在施工过程中突遇大雨，采取有效的遮盖措施。

（3）做好充分的准备工作。准备工作包括混凝土浇筑过程所需的设备、照明设施等。

（4）浇筑前进行各项质量检查。在浇筑之前，由质量检验人员对钢筋、预留洞以及预埋插筋等进行检测，检测合格之后才能浇筑，而且应该按照施工方案进行。

（5）技术指导与监督。在浇筑之前，以书面的形式向施工人员传达施工方案以及质量控制标准，由技术人员解决施工人员的疑惑，并强调施工中需要重视的工序。在浇筑的过程中，安排专人进行振捣以及模板的监督工作，必须确保现场人员对施工进度以及相关情况非常了解，落实好交接班工作并进行交接记录存档。

（6）振捣方式合理。施工人员以"快插慢拔"的方式使用振捣器，其中快插的主要目的是避免将表面振实而导致混凝土离析，慢拔的目的是避免抽出的过程中混凝土出现较大的孔隙以及气泡。

（7）振捣时间控制。插入之后控制振捣的时间，无论振捣的时间过长还是过短都会对混凝土浇筑质量造成影响。

（8）混凝土试块制作。根据技术要求完成混凝土试块的制作以及试压任务，制作的地点、工序，拆模的时间以及养护的方法按照要求选取，并且对工作内容进行记录。

7. 盾构法隧道工程质量控制

（1）进行施工测量工作。盾构掘进过程中要加强施工测量，采取盾构自动测量先行、人工测量随时校核的措施，确保隧道线形正确，不超限界。

（2）合理选择掘进参数。严格按照设计、施工规范组织掘进，提高盾构掘进质量。

（3）提高信息化管理水平。及时反馈质量信息，进行分析处理，指导现场施工。

（4）盾构管片质量控制。盾构管片在满足龄期、达到设计强度后及经出厂检验合格后方可运至施工现场，经验收后方能使用。严禁使用破损、有裂缝的管片。管片验收后，按标准和左、右转弯管片分类堆放，管片搁置在柔性垫条上，堆放高度不超过3层。

（5）管片下井控制。下井运输管片的过程中需要覆盖防护装置，避免管片以及止水条损坏。只有确保管片清洁度达标，才能粘贴止水条。在管片的存放区域安装雨篷等防雨设施。粘贴止水条时应涂缓膨剂。

（6）管片拼装区管理。确保管片拼装区域环境整洁，对污水以及污泥进行处理。

（7）转弯环管片拼装。如果要安装转弯环管片，根据管片拼装的技术要求重新设置盾构间隙与推进油缸行程差，这是保证特殊管片能正常安装的必要条件。

（8）管片错台控制。管片拼装的过程中难免会出现错台，为了解决这一问题，可借助管片拼装微调装置，在调整内弧面纵面的过程中，不能有较大幅度的操作，否则会使得管片损坏。

6.2.3 关键工序质量控制策略

基坑开挖至坑底标高后，按设计位置人工配合机械挖沟，施作水平接地体。先施工水平接地体梯形沟槽、垂直接地体孔洞和接地引出线，将拌好的降阻剂浆料灌入沟槽内，待初凝后细土回填，洒水夯实，然后施作底板垫层尽快封底，防止基底遇水浸泡软化。每一部分做完后，实测其接地电阻，记录每次测量的数据，以便及时调整接地装置的设计规模。整个接地网敷设完毕后，按要求实测接地电阻，接触电位差及跨步电位差。

防水工程对于工程质量的影响比较大，也是整个工程的重要组成部分，因此进行防水工程施工作业时，严格把控质量，主要从两个方面来进行：第一个方面是施工准备阶段的质量把控，主要的内容为检测防水材料的质量，避免在工程施工过程中使用不符合质量标准的材料，而且要对基层平整度、转角、坡度等进行检测；第二个方面是施工操作，做好收头处理和节点密封，薄弱节点要有增强措施，比如防水卷材接缝处多贴一层，最后做好清理、修整工作，检查合格后及时施作保护层。

6.2.4 特殊工程和特殊时期质量控制策略

1. 特殊工程质量控制策略

确定特殊工程时，遵循以下原则：设计文件或合同文件指定有特殊要求的工序；尚无施工技术规范及操作规程的工序；公司引进、创新或未曾接触过的工序；施工过程中无法实施质量跟踪检查的工序；有特殊危险的工序。

根据以上原则，城市轨道交通工程施工中，通常包括以下几种特殊工程：基坑开挖；围护结构；结构支撑；综合接地；防水施工；地基处理。

特殊工程控制策略如下。

（1）组织作业人员。项目经理要负责组织符合特殊工序施工操作要求的作业人员。

（2）项目实施。专业技术人员及作业队长（或班组长）负责特殊工序的操作实施，同时做好施工记录。

（3）提前编制特殊工程的作业指导书。在施工前要针对施工作业开展技术交底工作，项目工程技术人员对作业队长进行技术交底，作业队长则逐步向下级部门进行技术交底。

2. 冬季施工质量控制策略

（1）撰写冬季施工方案。为保证工程质量，重要工程项目尽量避开冬季施工。如必须安排冬季施工，必须让相关的作业人员撰写施工方案、具体的施工方法和措施，同时对所撰写的施工方法和措施进行认证，以便保证所有措施科学合理。

（2）落实各项措施。冬季施工前，应该收集历年的施工技术和资料，设置工地气象的观测要点和相关制度，全面了解施工现场的天气情况，并准备好施工所需要的材料，同时落实相关的施工设备和人员。全面关注冬季施工的组织管理。根据各工程特点制定具体实施方案，进行施工工艺设计。切实落实各项冬季施工方案和措施，保证施工安全和工程质量。

（3）做好原材料和浇筑混凝土保温工作。冬季施工要注意做好原材料和混凝土运输过程中的保温工作，现场检测每车混凝土的入模温度，必须保证入模温度符合要求。灌注完成后,做好蓄热养护。拆除模板后的混凝土表面宜采取临时覆盖措施。

(4)钢筋加工区设置施工棚。冬季钢筋加工必须搭设施工棚,棚内采用暖风取暖,尽量避免棚外钢筋施工。加工好的钢筋尽量保存在室内,若必须置于室外,则架空后覆盖棚布保存,防止表面结冰瘤。对于绑扎好的钢筋,尽快安装、就位,并在混凝土灌注前,清除钢筋上的积雪、冰屑。

3. 雨季施工质量控制策略

雨季正常施工,施工期间要加强各生产、生活设施的防汛设施建设。项目部结合工程特点编制雨季施工方案和措施,经指挥部、监理单位审查后,按雨季施工方案施工。要做好雨季施工的各项施工措施,以确保施工顺利进行。具体质量控制策略如下。

(1)防汛准备。施工现场由专人收集气象资料,准备进场塑料布、潜水泵、编织袋、水管等防汛物资,做好防汛准备。

(2)钢筋原材料储存。钢筋原材料应用方木垫高,并加盖彩条布。小型怕淋水物资应移入库房内存放。

(3)避开雨天浇筑混凝土。混凝土连续浇筑前应预先了解天气情况,尽量避开雨天施工。如遇雨应合理留置施工缝,混凝土浇筑后及时覆盖,避免被雨水冲刷。

(4)钢筋焊接质量控制。钢筋焊接不得在雨天进行,防止焊缝或接头脆裂。

(5)避免雨水流入底板。为防止雨水流入底板后浇带中,使钢筋由于长期遭水浸泡而生锈,可在底板后浇带、洞口上覆盖木胶板,并座浆封闭。

(6)电力机械设备做好安全防护。电力机械设备配备接地保护装置。所有机电设备设置防雨罩,雨后全面检查电源线路,保证绝缘良好。

(7)临时用电检查。雨季前仔细检查现场配电箱、闸箱、电缆临时支架等,需要加固的及时加固,缺盖、罩、门的及时补齐,确保用电安全。

(8)成立抗洪防汛领导小组,建立雨季值班制度。在雨季来临之前,指挥部、施工单位要建立雨季施工领导小组,责任到人,分片包保。在雨季施工期间定期检查,严格执行雨季施工"雨前、雨中、雨后"三检制,对发现的问题及时整改。

(9)建立抗洪专责队伍,配备足量防汛物资。工作时队伍开展施工,下雨时队伍抗洪防险。各施工地点都必须有充足的设施与装备，例如铁锹、雨衣、水泵、雨鞋、草袋等，做到防汛规范、方法得当，抗洪相关装备设施不可以移作他用。

（10）时刻关注气象情况，做好防汛相关工作。突发大水或汛期时，应当时刻同气象台保持联络，实时掌握洪水情况和天气情况，与施工作业结合起来，完成施工过程中的防汛工作。

（11）落实防汛工作预案。制定汛期开展工作的指导手册，做好防汛工作预案，使之成为汛期施工时必须执行的文件，抓好落实。

（12）汛期防范措施到位。汛期施工过程中，工作现场必须第一时间做好排水工作，实时巡查土方作业、脚手架以及支架情况，避免出现坍塌或者倒伏的情况。针对汛期存在淹没危险位置所存放的装备和设施需防范妥当，工人、管理人员需提前准备撤离事宜。工程长期处于汛期时，须按照具体情况建立防雨棚。工作时若有强对流天气必须停止工作。

（13）施工现场用电设备及相关电路维护。工作场地应当配备对应规格的雨棚或者雨罩，用电设备应当做好防护接地，电缆轴应当配备漏电保护器。工作用电力线路应当埋入地下，未埋入地下的电力线路、电线杆应当做好防风固定工作。汛期到来前应提前做好电力绝缘性检查。

（14）设备与原材料储存。针对不使用的设备设施和水泥、钢筋耗材必须加强防潮和遮蔽雨水的措施，放置设备设施、耗材材料的位置必须垫高，避免被水侵蚀。

（15）汛期值班。应在关键位置派专人盯守，做好观测深路堑边坡和深基坑工作，做好巡视周围公路以及跨河流的工程工作，及时清理、检查工作现场的排水管道，保证排水系统正常工作。

6.2.5 质量通病防治策略

1. 钻孔桩工程质量通病防治策略

（1）桩位监测。工作开始前，检测定位，做好所需护桩的埋设，定位水准基点。工作过程中应当周期开展水平与中线测试，避免灌注桩标高出现误差。

（2）浇筑控制。应当建设坚实的钻孔桩施工平台，并保证定位准确、基座稳定。测量准确，做好误差纠正，做到同护筒顶面中心的误差小于5 cm。按照要求搭配泥浆，避免塌孔。考察钻孔所属地质，确保桩基符合设计规定，根据有关要求做好检测，应当具有检测报告。灌注混凝土过程应连续，避免出现断桩。施工中若发生断桩或施工误差，其处理记录必须完整、有效。

（3）坑壁维护。明挖基坑挖掘根据要求做好坑壁维护，避免出现坍塌。应确定基底强度符合设计规定。针对隐蔽工程，应当在监理人员检查并做好签证之后开展进一步工作。

（4）钢筋绑扎控制。钢筋数量以及所需规格应当满足设计规定，绑扎过程应当按照规程进行，在监理人员做好检查并签认之后，再开始混凝土的加灌。

（5）同步跟进试验工作。做好试验，仔细计量，必须根据比例做好混凝土的搅拌。混凝土的拌和、捣固、浇筑、运输和养护都需要根据规程和要求开展。

2. 站台立柱质量通病防治策略

模板交由外面厂家加工，将模板的尺寸、技术指标等要求明确提供给厂家。加工期间和加工完后，及时按照技术标准进行检查，使模板达到合格要求。

每次使用模板后，对其进行清理，铲除灰浆及混凝土残渣，对模板进行修整，脱焊部分进行补焊，必要时用板厚相同的钢片修补，并用砂轮等设备磨平、打光。经过清理修正的模板，涂刷脱模剂和防锈油后妥善保存。对无法完全修复的模板作报废处理。对各类模板配件，及时清理、整修，各类螺栓的丝牙应及时清理，并上防锈油，分类装箱使用。

施工中，模板应保持完好无损，保证模板具有足够的强度及规定的外观、尺寸。

3. 基坑防渗漏策略

（1）严格审查防水材料及安装。防水材料厚度必须符合要求，耐刺穿性好、柔性好、耐久性好。使用防水板之前，应当复查是否存在孔洞、变形或者断裂等质量问题，安装防水板时，应当提前做好基层表面找平工作，去除外露钢筋尾，在防水板铺设成功、接缝符合要求之后，方可进行后续施工。

（2）防水板检查。防水板的搭接、焊缝焊接质量应按充气法检查。

（3）原材料试验。对施工现场所有原材料的透水性、抗变形能力、有效孔径进行试验。

（4）止水带安装。混凝土施工中，接茬位置应当根据设计要求做好止水带安装工作，应当配有专责人保证安装工作正确完成。

（5）原材料检查记录。仔细检查原材料的进货情况，应当对全部施工材料的使用情况与储存情况进行详细记录和标识，避免不符合要求的材料流入工程实体使用，保证可追溯性。

4. 钢筋混凝土工程质量通病防治策略

通常来说，容易出现的钢筋混凝土质量问题有：钢筋混凝土开裂；钢筋混凝土存在孔洞；钢筋混凝土钢筋外露；混凝土缺棱掉角。具体预防措施如下。

（1）钢筋混凝土开裂预防措施。

① 确保原材料质量。实施混凝土品质的管理措施，保证混凝土符合规程规定和设计需要。

② 合理选择配合比。商品混凝土搅拌站应选择适当的水泥种类、水灰比和水泥使用量。为了满足混凝土抗裂防渗需要，应当采用干缩小、具有较低水化热以及较低泌水性的常用硅酸盐水泥，其强度等级不低于42.5。

③ 精选骨料。选择合理的碎石子大小，如果石子太大，混凝土将出现较大的裂缝，但如果石子太小，势必增加水泥的用量，不利于防渗。粗骨料石子大小应当小于40 mm。采用中砂能够有效提升混凝土和易性，增强防渗能力，避免收缩裂缝。适当调整灰砂比和砂率，能够增强混凝土的防渗透能力，利用试验获取比例。

④ 改善混凝土和易性。掺用减水剂，控制水泥用量，改善混凝土的和易性，减少混凝土干缩变形，同时视其情况，掺用膨胀剂，抵消混凝土收缩产生的变形。

⑤ 选择混凝土混合材料水灰比。如果水灰比太小，使用困难，对混凝土密实度有影响；如果水灰比太大，混凝土可能出现较大的收缩，从而出现裂缝。通常水灰比小于0.45。

⑥ 确保混凝土连续浇筑。采用泵送混凝土的方式。浇筑之前检查好混凝土搅拌器械，认真做好混凝土运输工作，尽可能减少浇筑时间与混凝土运输时间，保证混凝土连续浇筑。

⑦ 实时检查混凝土温度与坍落度，防止坍落度异常。测试混凝土注入时的温度值，实时调节混凝土注入速度，保证混凝土灌注均匀，水化热散发，防止由于混凝土同环境之间存在较大温度差而出现裂缝。

⑧ 提高混凝土注入时的捣固质量。保证混凝土捣固高质量完成，混凝土

密实度应达标。

(2) 钢筋混凝土孔洞预防措施。

① 钢筋密集位置应当掺入细石混凝土进行振捣。

② 在预留孔洞位置,双侧一起下料,同时侧面打开,振捣密实之后再封模向上浇筑。

③ 使用正确的振捣手段,避免出现漏振。

④ 对下料加以实时控制,混凝土自由下落的高度必须低于2 m,超过2 m时需要借助串筒和溜槽等辅助设备。

⑤ 避免砂石料内夹杂杂质。

⑥ 提升检查巡查工作与施工过程管控管理工作质量。

(3) 钢筋混凝土钢筋外露预防措施。

① 施工之前,复核保护层的厚度以及钢筋位置。

② 在与模板邻近的钢筋位置,应当根据规定绑扎混凝土垫块。

③ 钢筋较密集时,应选配适当的石子。

④ 为避免钢筋出现移动,应当避免振捣棒与钢筋碰撞。

⑤ 钢模板应当涂刷脱模剂。

⑥ 对下料加以实时控制,混凝土自由下落的高度必须低于2 m,超过2 m时需要借助串筒和溜槽等辅助设备。

⑦ 应当按照试块试验结果确定拆模时间。

⑧ 操作过程中,不能直接踩踏钢筋。

(4) 混凝土缺棱掉角预防措施。

① 承重结构拆模时混凝土需要有较高的强度。

② 不能暴力拆模,应当做好棱角的保护。

③ 做好成品的保护,在运输通道和人员密集的位置,应当做好措施保护混凝土棱角。

5. 防水工程质量通病防治策略

开工之前应当做好防水工程施工方案的编制工作,针对可能存在质量隐患的部位制定一定的措施。

在转角位置做好钢筋补强,制作一个L形、和墙体钢筋一样规格的钢筋。浇筑混凝土过程中,应当加强振捣。

混凝土必须连续浇筑,避免出现施工缝。应当处理好可能出现的施工缝,使上、下两层混凝土结合紧密，避免地下水出现渗漏。加强施工缝位置混凝土振捣，确保捣固密实。

6.2.6 质量控制持续改进策略

1. 试验检验程序

检验批或相关的分项工程可以由施工单位项目专业质量检查员、项目专业技术负责人和监理工程师开展验收作业。施工过程所有工序、所有检验批的验收首先必须由施工单位的主要技术负责人审核，确认符合设计要求、达到相关规定要求的质量后，项目专业质量检查员和项目专业技术负责人分别在检验批和分项工程质量的记录上签字，然后交由监理工程师审查和验收。

标段项目部的主要质量检查员将标段检查评定合格的分部（子分部）工程、单位（子单位）工程的各项表格都填写好之后，交给相关的负责人验收，监理单位组织相关人员到施工现场验收施工质量。

所有分项工程施工必须是在自检工作合格的基础上推进的，填写分项工程报检申请表，并且加上分项工程评定表。属于隐蔽工程的项目还必须报送到监理单位，并由相关人员验收。

分部工程由总监理工程师组织施工方开展验收工作。地基与基础、主体结构分部工程的勘察、设计单位等相关单位要参与工程的部分项目的验收作业。单位工程施工完工之后，施工方自行组织有关人员评定质量，并把评定报告交给业主。单位工程如果指定了分包商施工，指定分包商对所要承包的项目要按照给定的程序验收，总承包单位必须参与质量检验工作，合格后把相关的工作资料交给总承包单位。

2. 原材料半成品和预制品检验复验制度

（1）基本要求。

在材料进场之前，进行材料质量检查和验收工作，清理存放场地、垛位，校验验收计量器具等，最终达到要求的标准。

① 材料进入施工现场之后，先核对进场材料质量保证书、合格证等相关证书，再核对材料品种、规格等相关指标是否能够达到规定的要求。

② 重要结构材料（如钢材）进场之后，必须由监理、业主和施工方共同检验。

③验收之前,必须对质量和数量进行验收。数量验收按照规定分别采取称重、点件等相关方法,以便能够保证进场材料的质量达标。

④经数量、质量验收合格的材料要及时办理好验收手续,入库登记,质量检验资料要及时存档。

⑤验收中如果出现明显质量问题,要做好详细记录,并上报相关部门。在解决质量问题之前,不得对材料验收。

⑥出于某些非主要因素无法验收或者是验收过程中存在问题,供需双方存在分歧但是工程急需推进的情况下,可作暂估验收,问题解决好之后才能开展正式验收作业。

(2) 现场见证取样。

取样和送检是针对工程质量进行验收的重要环节,其真实性和代表性直接对检测数据的真实性产生了较大的影响。

(3) 见证取样送检的程序。

①项目部及时向工程监督机构和相关的工程检测单位提交"见证单位和见证人员授权书"。

②项目部取样人员在现场必须对原材料进行取样和验收工作,见证人员也必须在检验现场。

③见证人员要对试样进行监督,并和施工公司取样人员一起将试样送至检测单位或采取有效的封样措施送样。

④检测单位要检查委托单位,试样上的标识、标志等。

⑤检测单位应按照有关规定和相关的技术标准开展检测,出具合格的报告并盖上公章。

⑥检测单位接收检验业务的同时,必须由送检单位填写委托单,然后由其他人员签字。

⑦检测单位应在检验报告单备注栏中注明见证单位和见证人员姓名,如果出现了质量问题,则第一时间通知受监工程的质量监督机构和相关单位。

3. 不合格控制

应按不合格控制程序控制不达标的材料、设备等进入施工现场,严禁在不合格工序未经处理的情况下进入下道工序。

对验证中发现的不合格产品和验证过程,要进行鉴别、标识、记录、评价、隔离和处置。要求开展不合格评审。处置要结合具体情况,进行返修、返工等。如果出现了质量事故，则要按照国家规定处理。对返修或返工后的产品，要按照相关规定重新检验，并把记录保存好。对于影响建筑主体结构安全和使用功能的不合格情况，应邀请发包人代表或监理工程师、设计人共同提出解决方案，并报送建设单位同意。

重大质量事故发生之后，必须采用最快的方式处理，将事故的简要情况上报上级主管部门和事故发生地主管部门，并在一个工作日内写出书面报告。重大质量事故书面报告要对具体的事件内容、单位、伤亡人员和事件经过进行说明。一般质量事故发生后，要向当地的建设主管部门报告。事故发生后对现场重要的证据进行保护。

6.3 施工质量保证措施

6.3.1 组织保证措施

1. 组织机构

（1）建立组织机构。

城市轨道交通工程施工质量管理可运用"指挥部—各标段项目部—施工队"的模式。指挥部组建综合管理部、安全质量部、财务资金部等部门。安全质量部为质量监督管理职能部门。指挥部和各标段项目部配备技术、质量负责人及质量管理、项目科技、质量检测工程人员等。相关施工队、工班设兼职质量检测人员，构成机制健全、责任清晰的质量检测监管体系，开展综合的工程实施质量管理。相关部门与员工分工明确，各自坚守自己的岗位，履行自己的职责。逐级落实质量责任制。依靠体制与对策确保质量自我调节机制顺利运转。

（2）人力资源管理。

① 人力资源配置合理。招聘项目经验丰富、技术过硬、管理能力强的项目经理，由技术过硬的专业技术人员任职总工，创建精简实干的项目团队，确保项目能够得到良好的管理。

② 技术过硬。调集拥有相同项目实施经验、技术过硬、装备完善的工程团队投入本标段项目实施，以确保项目的品质。

③ 完善的体制。构建并完善"水平至边，竖直至底，管理高效"的质保

体制。工程的经理部下设安全质量部、环境保护部以及试验基地，并召集专业的质量检测人员：施工团队招聘专业的质量检测人员，工班招聘兼职的质量检测人员。工程实施过程中推行三检制，构建项目、施工队、工班、劳动者四级质保体制。

④ 建立技术责任制。完善技术管理体制，推行项目部、施工团队两级技术质量管理制度。

2. 规章制度

指挥部根据《建设工程质量管理条例》（2019修订）和有关法律法规，落实工程质量强制性标准，结合项目实际情况，组织编制一系列配套的规章制度，建立完善的质量制度体系，规范质量管理行为，让工程质量得到有效控制。主要如下。

（1）工程质量责任制管理办法。为切实实现"全员质量管理"，以期质量目标达到投标文件要求，明确各部门、各级人员的质量管理责任，确保工程质量管理制度、措施落到实处。

（2）工程质量培训教育管理办法。目的是不断提高员工质量管理水平，保证施工质量。

（3）工程质量检查办法。该办法规定了指挥部对施工现场的施工质量检查工作要求和处置程序。现场检查包括日常检查、专项检查、月度检查、季度综合检查和年度考评。

（4）工程质量奖惩办法。为提高标段项目部创先创优的积极性，保证工程质量达到规范、设计要求，明确奖励或处罚的范围和标准，通过奖优罚劣达到实现投标承诺的质量目标。

（5）工程质量三检制管理办法。三检制包括自检、专项检、交接检。三检制要贯穿整个施工过程，要充分发挥质检员的作用，把施工现场质量管理工作的重点从"事后把关"转移到"事前控制"，做到防检结合，对工序严格把关，把质量问题消灭在施工过程中。

（6）成品、半成品保护管理办法。按照《地下铁道工程施工质量验收标准》（GB/T 50299—2018）要求制订，保证施工中不污染或损坏已竣工的项目或已完成的工序，减少返工、维修损失。

（7）工程质量试验检测办法。明确对检测单位的管理要求，规范质量检测工作流程，明确进场材料、施工项目和验收检测的频率。

6.3.2 经济保证措施

推行质量保证金制,在签订承包协议后、开始工程实施前,对所有项目部的项目预留质量保证金。在项目质检合格的质保期到期之后,如未出现质量问题则全额返回质量保证金。如果在质保期内出现质量问题,处理费用将从质量保证金中扣除,并且计入施工单位的成本。这样可以加强项目管理者的质量意识,让项目管理者认识到,施工质量直接影响项目的经营效益,从而督促现场严格控制施工质量。

坚持优质优价的原则,按照指挥部的工程质量奖惩办法,在整个施工周期内,按时检验评估项目的质量,对质量合格的企业与员工进行奖励,对质量不符合要求的项目给予一定的惩处,并要求重新施工。质量考核可以促进施工单位做好质量控制。

6.3.3 技术保证措施

(1)图纸会审。在收到施工图纸后,项目总工程师要组织技术人员做好图纸会审工作,充分理解设计意图。必要时要到现场进行实地踏勘,如现场条件限制可能影响施工质量,要及时与设计单位沟通,合理优化设计,提前解决问题,避免影响施工质量。

(2)施工技术交底。由于项目施工方法种类多,工序交叉多,指挥部要组织各单位对管理人员做好分部分项工程交底,对作业人员按工种做好技术质量交底,保证施工质量,避免返工。

(3)施工测量。选派有资质的测量人员成立测量队,负责项目的测量工作,施工过程中要保证测量放线准确,避免测量原因导致施工质量问题。

(4)仪器设备。项目施工过程中,现场使用的检测仪器、测量仪器、试验器材的精度、技术指标等要达到设计需要的标准,使用过程中注意维护,定期检验标定。要尽量避免使用老旧、磨损严重或容易出现故障的设备,最好选择功能先进、稳定的设备,以设备保证工艺水平,以工艺水平保证质量。

(5)作业人员。对于劳务或专业分包队伍,要优先选择信誉好、经验丰富的队伍,作业人员操作要熟练。项目部要加强培训,不断提高作业人员的业务水平,保证施工质量。

第7章 城市轨道交通施工安全管理

7.1 车站施工安全管理

7.1.1 围护结构施工安全

1. 地下连续墙施工安全

地下连续墙施工安全管理的重点在于导墙施工时防止附近大型机械使导墙变形坍塌，泥浆面不稳定和地下水位有变化时防止槽壁坍塌，成槽过程中防范机械伤人，钢筋笼焊接、吊装、接长过程中防触电、防火灾、防人员坠入槽孔以及起重吊装事故，混凝土灌注过程中防人员摔倒、防人员坠入槽孔等。在作业过程中的安全措施如下。

（1）地下连续墙施工与相邻建（构）筑物的水平安全距离宜不小于1.5 m。

（2）地下连续墙施工应设置施工道路，成槽机、履带吊应在平坦坚实的路面上作业、行走和停放。导墙养护期间，重型机械设备不宜在导墙附近作业或停留。

（3）位于暗浜区、扰动土区、浅部砂性土中的槽段或邻近建筑物保护要求较高时，宜先采用三轴水泥土搅拌桩对槽壁土体进行加固。

（4）地下连续墙施工，应考虑地下水位变化对槽壁稳定的影响。

（5）成槽施工时应符合下列规定：

① 成槽过程中，槽段边应根据槽壁稳定的要求控制施工荷载；

② 成槽机、起重机外露传动系统应有防护罩，转盘方向轴应设有安全警告牌；

③ 成槽机、起重机工作时，回转半径内不应有障碍物，吊臂下严禁站人；

④ 在保护设施不齐全、监管人不到位的情况下，严禁人员下槽内清理障碍物。

（6）吊装钢筋笼时应符合下列规定：

① 钢筋笼吊装所选用的吊车应满足吊装高度及起重量的要求，主吊和副

吊应根据计算确定，钢筋笼吊点布置应根据吊装工艺和计算确定，并进行整体起吊安全验算，按计算结果配置吊具、吊点加固钢筋、吊筋等；

② 起重机械进场前进行检验，施工前进行调试，施工中应定期检验和维护；

③ 钢筋笼采用双机抬吊作业时，应统一指挥，动作应配合协调，载荷分配应合理；

④ 履带吊起重钢筋笼时应先稍离地面试吊，确认钢筋笼已挂牢，钢筋笼刚度、焊接强度等满足要求时，再继续起吊；

⑤ 履带吊机在吊钢筋笼行走时，载荷不得超过允许起重量的70%，钢筋笼离地不得大于500 mm，并应栓紧拉绳，缓慢行驶；

⑥ 风力大于6级时，应停止钢筋笼及预制地下连续墙板的起吊工作。

（7）应经常检查各种卷扬机、成槽机、起重机钢丝绳的磨损程度，并按规定及时更新。

2. 钻孔灌注桩施工安全

钻孔灌注桩施工安全管理的重点在于钢筋笼的焊接、吊装，接长过程中防触电、防火灾、防人员坠入桩孔，钻机拼装、钻进过程中和钻孔完成后防倾覆、防塌孔、防物体打击、防人员坠入桩孔，混凝土灌注过程中防人员摔倒、防人员坠入桩孔。作业过程中的安全措施如下。

（1）围护结构的灌注桩施工，当采用泥浆护壁的冲、钻、挖孔方法、工艺时，应按有关规范要求控制桩底沉渣厚度与泥皮厚度。

（2）灌注桩施工时应保证钻孔内泥浆液面高出地下水位0.5 m，受水位涨落影响时，应高出最高水位1.5 m。

（3）钻机施工应符合下列要求：

① 作业前应对钻机进行检查，各部件验收合格后才能使用；

② 钻头和钻杆连接螺纹应良好，钻头焊接牢固，不得有裂纹；

③ 钻机钻架基础应夯实、整平，并满足地基承载能力，作业范围内地下无管线等地下障碍物，作业现场与架空输电线路的安全距离符合规定；

④ 钻进过程中，应随时观察钻机的运转情况，当发生异响、吊索具破损、漏气、漏渣以及其他不正常情况时，应立即停机检查，排除故障后，方可继续开工；

⑤ 桩孔净间距过小或采用多台钻机同时施工时，相邻桩应间隔施工，完

成浇筑混凝土的桩与邻桩间距不应小于4倍桩径，或间隔施工时间宜大于36 h；

⑥ 泥浆护壁成孔时发生斜孔、塌孔或沿护筒周围冒浆以及地面沉陷等情况应停止钻进，采取措施后方可继续施工；

⑦ 采用气举反循环时，其喷浆口应遮拦，并应固定管端。

（4）混凝土灌注完毕后，应及时在桩孔位置回填土方或加盖盖板。

（5）遇有湿陷性土层，地下水位较低，既有建筑物距离基坑较近时，应避免采用泥浆护壁的工艺进行灌注桩施工。

7.1.2 深基坑施工安全

1. 深基坑土石方开挖安全

根据支护形式分别采用无围护结构放坡开挖、有围护结构无内支撑基坑开挖以及有围护结构有内支撑基坑开挖等开挖方式。深基坑土石方开挖前，施工单位应确定深基坑土石方开挖安全施工方案。

（1）一般安全规定。

① 基坑开挖必须遵循先设计后施工的原则，应按照分层、分段、分块、对称、均衡、限时的方法，确定开挖顺序。土石方开挖应防止碰撞支护结构。基坑开挖前，支护结构、基坑土体加固、降水等应达到设计和施工要求。

② 挖土机械、运输车辆等直接进入基坑进行施工作业时，应采取保证坡道稳定的措施，坡道坡度宜不大于1∶8，坡道的宽度应满足车辆行驶的安全要求。

③ 基坑开挖应符合下列安全要求。第一，基坑周边、放坡平台的施工荷载应按照设计要求进行控制。基坑开挖的土方不应在邻近建筑及基坑周边影响范围内堆放，并应及时外运。若需要临时堆放的，必须在边坡2 m外堆放，堆土高度不得超过1.5 m。第二，基坑开挖应采用全面分层开挖或台阶式分层开挖的方式，分层厚度按土层确定，开挖过程中的临时边坡坡度按计算确定。第三，机械挖土时，坑底以上200～300 mm范围内的土方应采用人工修底的方法挖除，放坡开挖的基坑边坡应采用人工修坡方法挖除，严禁超挖。基坑开挖至坑底标高应及时进行垫层施工，垫层应浇筑到基坑围护墙边或放坡开挖的基坑坡脚。

④ 基坑周边必须安装防护栏杆，防护栏杆高度不应低于1.2 m。防护栏杆

应安装牢固,材料应有足够的强度。

⑤ 施工作业人员上下基坑不能使用任何机械作为乘坐工具,禁止在坡壁开挖楼梯,必须在基坑底部搭建供施工人员上下的专用梯道,爬梯的材质、功能性、数量必须满足现场要求,牢固稳定。同时,梯道作为基坑发生异常情况时的应急逃生通道。

(2) 放坡开挖安全要点。

放坡开挖坡度应根据土层性质、开挖深度确定,各级边坡坡度宜不大于1:1.5,淤泥质土层中宜不大于1:2.0;多级放坡开挖的基坑,坡间放坡平台宽度宜不小于3.0 m,且应不小于1.5 m。

放坡开挖的基坑应采取降水等固结边坡土体的措施。单级放坡基坑的降水井宜设置在坡顶,多级放坡基坑的降水井宜设置在坡顶、放坡平台。降水对周边环境有影响时,应设置隔水帷幕。基坑边坡位于淤泥、暗浜、暗塘等较软弱的土层时,应进行土体加固。

放坡开挖的基坑,边坡表面应按下列要求采取护坡措施:护坡宜采用现浇钢筋混凝土面层,也可采用钢丝网水泥砂浆或钢丝网喷射混凝土等;护坡面层宜扩展至距坡顶和坡脚一定距离处,坡顶可与施工道路相连,坡脚可与垫层相连;现浇钢筋混凝土和钢丝网水泥砂浆或钢丝网喷射混凝土护坡面层的厚度、强度等级及配筋情况根据设计确定;放坡开挖的基坑,坡顶应设置截水明沟,明沟可采用铁栅盖板或水泥预制盖板。

2. 内支撑施工安全

地铁车站深基坑的内支撑常采用钢筋混凝土支撑和钢管支撑两种形式,支撑系统的施工与拆除顺序,应与支护结构的设计工况相一致,应严格遵守先撑后挖的原则。

(1) 支撑结构上不应堆放材料和运行施工机械,当需要支撑结构兼作施工平台或栈桥时,应进行专门设计。

(2) 基坑开挖过程中应对基坑回弹引起的立柱上浮进行监测,施工单位根据监测数据调整施工参数,必要时采取相应的整改措施。

(3) 钢支撑的施工应符合下列安全要求:

① 钢支撑吊装就位时,吊车及钢支撑下方禁止有人员站立,现场做好防下坠措施;

② 支撑与冠梁、腰梁的连接应牢固,钢腰梁与围护墙体之间的空隙应填

充密实;

③ 采用无腰梁的钢支撑系统时,钢支撑与围护墙体的连接应满足受力要求。

(4) 施工中若发现支撑松动、滑移、变形,及时查找原因,采取核正、加固措施,重新施加预应力;施工时加强监测,支撑竖向挠曲变形在接近允许值时,必须及时采取措施,防止支撑挠曲变形过大,保证钢支撑受力稳定,确保基坑安全。

(5) 除专门安全检查人员外,其余人员严禁在混凝土支撑梁、钢支撑梁上行走、停留、作业。

(6) 支撑拆除应符合下列要求。

① 施工单位必须依据拆除工程安全施工组织设计或安全专项施工方案,在拆除施工现场划定危险区域,并设置警戒线和相关的安全标志,应派专人监管。作业区下方安全警戒区域内严禁所有施工作业。

② 进行拆除施工前,必须对施工作业人员进行书面安全技术交底。

③ 进行人工拆除作业时,作业人员应站在稳定的结构或脚手架上操作。拆卸下来的各种材料应及时清理,分类堆放在指定场所,严禁向下抛掷。

④ 钢支撑拆除作业时,应将起重机的钢丝绳先系在钢支撑两端,系完后检查是否安全可靠。拆除时应分级释放轴力,避免瞬间预加应力释放过大导致结构局部变形、开裂,同时对围护结构顶位移、墙侧压力进行监测。预加应力释放完成后拆除活动端的钢板楔块,拆下的钢板楔块应集中放置在特制的容器内及时吊出,避免坠物伤人。

7.1.3 主体结构施工安全

地铁车站主体结构施工主要涉及钢筋工程、模板工程、混凝土工程、结构防水等作业,其安全管理的要点各不相同。

1. 钢筋工程作业安全

钢筋工程的安全管理重点在于:钢筋加工时,防止违章操作而导致机械伤害;防止带电检修钢筋加工机械而导致触电伤害;钢筋成品码放时,防止码放过高或不稳而导致倾覆风险;防止钢筋弯钩朝上等违规作业而导致施工人员摔伤或受到刺入式伤害;通过施工便道向基坑内(或盖板下)运输钢筋时,防止钢筋未捆绑牢固向前窜出而导致司机受到刺入式伤害;高处绑扎钢筋时,防止发生高处坠落,防止违规抛扔钢筋而造成物体打击;基坑内或盖板下焊接(或机械连接)钢筋时,防止因照明不良而发生摔伤、触电事故。

(1) 钢筋加工安全要点。

进行钢筋切断作业时,操作前必须检查切断机刀口,确定安装正确、刀片无裂纹、刀架螺栓紧固、防护罩牢靠,空运转正常后再进行操作。操作时,手与刀口的距离不得小于15 cm。钢筋切断机在切断短料时,如手握端小于40 cm,应用套管或夹具将钢筋短头压住或夹住,严禁用手直接送料。

机械运转中,严禁用手直接清除刀口附近的断头和杂物,在钢筋摆动范围内和刀口附近,非操作人员不得停留。发现机械运转异常、刀片歪斜等,应立即停机检修。实施作业过程中,严禁进行机械检修、加油、更换部件,维修或停机时,必须切断电源,锁好箱门。

进行钢筋弯曲作业时,工作台和弯曲机台面应保持水平,操作前应检查芯轴、挡铁轴、转盘等有无裂纹或损坏,防护罩牢固可靠,经空运转确认正常后,方可作业。操作时,必须使用点控开关控制(不得使用倒顺开关控制)弯曲机台面旋转的方向,钢筋放置要和弯曲机台面旋转方向相配合,不得放反。如需改变弯曲机台面旋转方向,必须在停机后进行,即从正转停到反转,不得直接从正转到反转或从反转到正转。此外,弯曲钢筋旋转半径内不得站人。

(2) 钢筋成品码放安全要点。

严禁在配电箱、消防设施周围码放钢筋。

加工好的成品钢筋必须按规格尺寸和形状码放整齐,高度不超过150 cm,并且下面要垫枕木,标识清楚。钢筋码放场地必须平整坚实,不积水。材料分堆分垛码放,不可分层叠压。

弯曲好的钢筋码放时,弯钩不得朝上。调直过的钢筋必须整理平直,不得相互乱压和单头挑出,未拉盘筋的引头应盘住。直条钢筋要按捆成行叠放,端头一致平齐,应控制在三层以内,并且设置防倾覆、滑坡设施。

(3) 钢筋运输安全要点。

作业前应检查运输道路和工具,确认安全。运输较长钢筋时,必须事先观察清楚周围的情况,严防发生碰撞。

搬运钢筋人员应协调配合,互相呼应。搬运时必须按顺序逐层从上往下取运,严禁从下抽拿。用吊车吊运时,吊索具必须符合起重机械安全规程要求,短料和零散材料必须要用容器吊运。

使用手推车运输时，应平稳推行，不得抢跑，空车应让重车。卸料时，应采取挡掩措施，不得撒把倒料。使用汽车运输，现场道路应平整坚实，必须设专人指挥。

（4）钢筋绑扎安全要点。

绑扎基础钢筋，应按规定安放钢筋支架、马凳，铺设走道板（脚手板）。

在高处（2 m或2 m以上）、基坑内施工时，侧墙钢筋、中板、顶板、立柱钢筋必须搭设脚手架或操作平台，临边应搭设防护栏杆，作业人员劳动防护用品佩戴齐全。脚手架或操作平台上不得集中码放钢筋，应随使用随运送，不得将工具、箍筋或短钢筋随意放在脚手架上。

严禁从高处（基坑边）向下方抛扔或从低处向高处投掷物料。

（5）钢筋焊接安全要点。

① 焊工必须持有效焊工操作证件上岗，严格执行安全操作规范。焊工必须穿戴防护衣具。接触焊焊工要戴无色玻璃眼镜，电弧焊焊工要戴防护面罩。施焊时，焊工应站在干木垫或其他绝缘垫上。

② 焊机必须接地，以保证操作人员安全；对于焊接导线及焊钳接导线处，都应靠地绝缘。为了避免影响三相电路中其他三相用电设备的正常运转，焊机要设有单独的供电系统。

③ 大量焊接时，焊接变压器不得超负荷，变压器升温不得超过60 ℃。因此，要特别注意遵守焊机暂载率规定，以免过分发热而损坏。

④ 点焊、对焊时，必须开放冷却水；焊机出水温度不得超过40 ℃，排水量应符合要求。

⑤ 焊机闪光区域内，须设铁皮隔挡，焊接时禁止其他人员停留在闪光范围内，以防火花烫伤，焊机工作范围内严禁堆放易燃物品，以免引起火灾。

⑥ 焊接过程中，如焊机发出不正常响声，冷却系统堵塞或漏水，变压器绝缘电阻过小，导线破裂、漏电等，应立即进行检修。

2. 模板工程作业安全

模板工程的安全管理重点在于防止模板的支撑系统未经设计而造成模板爆裂或倾覆，吊装模板时防止违章作业而导致起重伤害，高处安装模板时防止高处坠落事故，拆模时防止抛扔模板、配件而造成物体打击，拆模间隙防止未固定的模板、支撑等掉落倒塌伤人。

（1）模板存放安全要点。

① 模板放置时不得压有电线、气焊管线等。

② 平模立放满足75°~80°自稳角要求，采用2块大模板板面对板面相对放置，中间留出50 cm宽作业通道，模板上方用拉杆固定。存放于施工层上的大模板必须有可靠的防倾倒措施，不得沿建筑物周边放置，要垂直于建筑物外边线存放。大模板拆除后在涂刷隔离剂时要临时固定，且大模板堆放处严禁人员逗留。

③ 没有支撑或自稳角不足的大模板（阴阳角模、异形角模）存放于专用的堆放架内，存放地点硬化，平稳且下垫100 mm×100 mm方木。

④ 平模叠放时，垫木必须上下对齐，绑扎牢固。

（2）模板安装安全要点。

预拼装模板的安装，边就位、边校正、边安设连接件，并加设临时支撑稳固。安装整块柱模板，不得用柱钢筋代替临时支撑。安装墙柱模板时，随时支撑固定，防止倾覆。基础施工及地下工程模板安装时，先检查基坑土壁、壁边坡的稳定情况，如发现有滑坡、塌方危险，必须采取有效加固措施后方可施工。

模板安装时，采取触电保护措施，操作人员戴绝缘手套、穿绝缘鞋。模板安装就位后由专人将大模板串联起来，并与避雷网连接，防止漏电伤人。

吊装模板时，必须在模板就位并连接固定后，方可脱钩。严格遵守吊装机械使用安全有关规定。

（3）模板拆除安全要点。

拆模施工时，由专人指挥且制订切实可靠的安全措施，并在下面标出作业区，严禁非操作人员进入作业区。操作人员系好安全带，禁止站在模板的横杆上操作。严禁使用重锤敲击。拆除承重模板，设临时支撑，防止突然整块塌落。上下有人接应，随拆随运转，并把活动部件固定牢靠，严禁堆放在脚手板上或抛掷。

拆模起吊前，复查拆墙螺栓是否拆净，再确定无遗漏且模板与墙体完全脱离方可吊起。

拆除后的模板及时清理混凝土渣块。由专人负责校对模板几何尺寸，偏差过大及时修理。拆下的模板集中吊运并多点捆牢，不准向下乱扔。拆模间隙将活动的模板栏杆、支撑等固定牢固，严防突然掉落、倒塌伤人。

（4）其他安全要点。

① 模板上架设电线和使用电动工具采用36V的低压电源。

② 登高作业时，各种配件放在工具箱内或工具袋内，严禁放在模板或脚手架上。

③ 雨、雪及五级大风等天气情况下禁止露天进行模板施工。

④ 操作人员上下基坑要设扶梯或马道。基坑上口边缘 1 m 以内不允许堆放模板构件和材料，模板支在护壁上时，必须在支点上加垫板。

⑤ 清扫模板和涂刷大模板脱模剂时，必须使模板支撑牢固，两板中间保持不小于 60 cm 的走道。

3. 混凝土工程作业安全

混凝土工程的安全管理重点在于：浇筑中板、侧墙混凝土时，防止无操作平台而发生高处坠落；使用溜槽、串桶时，防止作业人员站在溜槽上操作而导致跌落；混凝土振捣时，防止因未穿戴绝缘用品而受到触电伤害；泵机运转时，防止作业人员把手伸入料斗或用手抓握分配阀而受到机械伤害；泵车布料时，防止臂架下方站人而发生物体打击事故；夜间利用道路进行混凝土的灌注而在临时疏解道路时，防止过往车辆伤害。

（1）泵送混凝土灌注时，输送管道头应紧固可靠、不漏浆、安全阀完好，管道支架要牢固，检修时必须卸压。

（2）中板、侧墙混凝土灌注属于高处作业，应搭设操作平台，铺满绑牢跳板，严禁直接站在模板或支架上操作；作业人员必须佩戴好劳动防护用品。

（3）使用溜槽、串桶时必须固定牢固，操作部位应设护身栏，严禁站在溜槽上操作。

（4）用料斗吊运混凝土时，要与信号工密切配合，缓慢升降，防止料斗碰撞伤人。

（5）混凝土振捣时，操作人员必须戴绝缘手套，穿绝缘鞋，防止触电。

（6）夜间施工照明行灯电压不得大于 36V，流动闸箱不得放在墙模平台或顶板钢筋上，露天浇筑混凝土遇大风、雨、雪、大雾等恶劣天气应停止作业。

（7）雨期露天施工要注意电气设备的防雨、防潮、防触电。

（8）底板混凝土灌注时，必须在钢筋上面设置人行通道，避免人员踩空。

（9）作业转移时，电机电缆线要保持足够的长度和高度，严禁用电缆线拖、拉振捣器。

（10）使用平板振捣器时，拉线必须绝缘干燥，移动或转向时，不得蹚踩电机，电源闸箱与操作点距离不得超过3 m，专人看管，检修时必须拉闸断电。

（11）若夜间利用道路进行混凝土的灌注，在临时疏解道路时，临时交通疏解人员必须配备齐全的夜间交通指挥工具，确保安全。临时交通疏解人员要懂交通规则及指挥手势，确保车辆畅通。

4. 结构防水作业安全

结构防水的安全管理重点在于防水作业中防毒、防火、防烫，基坑边作业时，防止高处坠落，防止作业人员向坑内抛掷物品而导致的物体打击伤害；采用脚手架铺防水板时，防止发生高处坠落；钉射防水板时，防止射钉弹出伤人；安装钉时，防止钢筋头对作业人员造成刺入式伤害。

（1）施工现场严禁明火，施工人员在防水施工时严禁穿带钉鞋、硬底鞋进入防水施工现场。防水施工现场严禁吸烟和烟头杂物乱置现象。

（2）由于卷材中某些组成材料和胶黏剂具有一定的毒性和易燃性，在材料保管、运输、施工过程中，注意防火和预防职业中毒事故发生。因地制宜地采取相应材料存放措施，并配备足够的消防设备。施工现场内严禁吸烟，周围10 m范围内严禁明火作业。

（3）防水板焊接时产生的刺激性气体应及时排走，保持工作面附近的工作环境整洁，保证人体的健康。

（4）使用电器设备时，应首先检查电源开关，使用机具设备前应先试行运转，确定无误后方可进行作业。

（5）材料吊装运输，必须设置专业信号指挥，基坑上下密切配合，相互照应，统一行动，其他人员必须协同作业，听从指挥，避免发生意外事故。

（6）施工过程中做好基坑的邻边防护，防止出现坠落事故。严禁向基坑内抛掷任何物品。

（7）铺防水板需要搭设脚手架时，脚手架上的垫板必须铺设平稳，不得悬空，支撑必须牢固，经安检人员确认后方可使用。

（8）根据防水板的重量，安排足够的施工人员进行作业，底板以上防水板的质量不得超过200 kg。

（9）施工人员高处作业时，应佩戴合格的安全带，同时有一名安检人员监护施工。

（10）射钉枪应由经过培训的专人使用。

(11) 钉设防水板时，每位施工人员间距大于 1.5 m，防止混凝土射钉弹出伤人。

(12) 严格按照射钉枪作业方法施工，严禁枪口对人，严禁双人同时操作或将其放置在工作现场，使用后必须做空枪检查。

(13) 铺设防水板时注意结构钢筋对作业面的影响，避免钢筋头伤人。

7.2 隧道施工安全管理

7.2.1 隧道施工安全的特殊性

(1) 隧洞围岩的稳定性会受影响。

爆破后，对围岩的支护和衬砌的及时性是直接影响围岩稳定性的一个方面。另外，由于围岩类别的不同，往往采用不同的施工方法，在遇到特殊地质（如膨胀性围岩、黄土、流砂、断层破碎带、岩溶、岩爆等）时，围岩的稳定性很难保证，在强大的地压作用下，可能导致冒顶、片帮、底鼓和支护、衬砌变形，甚至塌方。

(2) 施工机械化程度较低。

危险源控制是利用工程技术和管理手段消除、控制危险源，防止危险源导致事故、造成人员伤害和财产损失的工作。危险源控制的基本理论依据是能量意外释放论。

控制危险源主要通过工程技术手段来实现。危险源控制技术包括防止事故发生的安全技术和减少或避免事故损失的安全技术。前者在于约束、限制系统中的能量，防止发生意外的能量释放；后者在于避免或减轻意外释放的能量对人或物的作用。显然，在采取危险源控制措施时，我们应该着眼于前者，做到防患于未然。同时也应做好充分准备，一旦发生事故，应防止事故扩大或引起其他事故，把事故造成的损失限制在尽可能小的范围内。

管理也是控制危险源的重要手段。管理的基本功能是计划、组织、指挥、协调、控制。通过一系列有计划、有组织的系统安全管理活动，控制系统中人的因素、物的因素和环境因素，以有效地控制危险源。

(3) 施工环境条件恶劣。

随着施工的不断纵向深入，作业场所在时间和空间上经常发生变化，隧洞的环境条件也随之不断改变和恶化,主要表现在:工作空间狭小(不但施工设备和机械占用空间,而且各种施工活动还要在这样的空间内进行交叉作业);工作照明不足造成视觉环境差;灰尘和噪声污染严重。有些隧道还存在着温度过高和湿度过大等问题,不但易发生事故,而且易导致职业病。另外,隧道内存在的一些多发性事故(如物体打击、坠落伤害、车辆伤害等)也会给作业人员带来压抑感。而且,隧道施工环境是一个恶劣多变的动态系统。因此,隧道施工中恶劣的环境条件以及多变的固有属性是引起隧道施工事故多发的潜在危险因素。

7.2.2 洞身开挖作业安全

1. 洞身开挖作业安全一般规定

(1) 洞身开挖作业应考虑下列主要危险源、危害因素:
① 开挖方法选择不当;
② 开挖循环进尺过大,支护不及时,安全防护距离不足;
③ 找顶不彻底;
④ 开挖作业台架防护措施不到位;
⑤ 民用爆炸物品使用和管理、爆破作业不符合相关规定。

(2) 隧道开挖前应根据地质条件、断面大小等因素选择开挖方法,编制专项施工方案。

(3) 隧道钻爆开挖应采用光面爆破技术,爆破作业前应进行钻爆设计并进行工艺性试验和优化。钻爆设计应根据围岩地质条件、周边环境等因素,重点控制循环进尺和同段位炸药用量,减少对围岩和周边环境的影响。

(4) 隧道采用机械开挖时,应根据其断面和作业环境合理选择机型,划定安全作业区域,并设置警示标志,非作业人员不得入内;隧道采用人工开挖时,作业人员应保持安全操作距离,并设专人指挥。

(5) 隧道开挖使用的作业台架应进行强度、刚度和稳定性检算,并设置相应防护措施,经验收合格后方可使用。

(6) 隧道找顶应进行安全确认,合格后其他人员方可进入开挖工作面。

(7) 隧道在开挖下一循环作业前,应检查初期支护施工情况,确保施工作业环境安全。

(8) 隧道双向开挖时,工作面距离小于5倍洞径时,应加强联系并统一指挥；工作面距离接近3倍洞径时，应采取一端掘进另一端停止作业并撤走人员和机具的措施，同时在安全距离处设置禁止入内的警示标志。

（9）平行小净距隧道开挖时，其同向开挖工作面应保持合理的纵向距离，并在钻爆设计、支护参数等方面采取措施，防止后行洞开挖对先行洞产生不良影响。

2. 全断面法开挖作业安全要点

采用全断面法开挖时，应控制同段位炸药用量和总装药量，减少爆破振动对围岩的影响，防止炮渣、飞石对初期支护、衬砌结构和施工机具造成损伤。

在软弱围岩地段采用全断面法开挖时，应对围岩进行超前支护或预加固，并控制开挖循环进尺。

3. 台阶法开挖作业安全要点

（1）采用台阶法开挖时，应根据围岩条件，合理确定台阶长度和高度。

（2）采用台阶法开挖时，初期支护应尽早封闭成环；仰拱单独开挖时，应严格控制仰拱一次开挖长度，并应及时施作初期支护。

（3）台阶法开挖的各台阶的循环进尺应根据围岩开挖后的自稳能力，并结合设计钢架间距合理确定。

（4）台阶法开挖上部钢架施工后应及时锁脚加固，台阶下部开挖后，应及时安装下部钢架，严禁拱脚长时间悬空。

（5）当围岩地质较差、开挖工作面不稳定时，应采用预留核心土法、短进尺环形开挖法，或采取在开挖工作面喷射混凝土、施作玻璃纤维锚杆等措施预加固后使用台阶法开挖。

（6）围岩变形较大地段应早封闭，钢架拱腰、拱脚、墙脚应根据变形情况采取锁脚锚杆（管）、扩大拱脚及临时仰拱等措施控制围岩及初期支护变形量。

4. 分部法开挖作业安全要点

（1）采用分部法开挖时应根据围岩自稳能力、断面大小及埋深等情况合理确定各分部的开挖断面大小，循环进尺。

（2）采用分部法开挖时，应优先选择机械开挖；采用爆破开挖时，应采用弱爆破，严格控制炸药用量。

（3）各分部开挖后应及时施作初期支护、临时支护，并尽早封闭成环。

(4) 各分部钢架基脚处应施作锁脚锚杆（管）或采用扩大拱脚等措施，减少拱脚下沉量。

(5) 采用中隔壁法、交叉中隔壁法开挖时，应符合下列规定：同侧上、下层开挖面沿纵向应错开3~5 m；同层左、右侧开挖面沿纵向应错开10~15 m。

(6) 采取双侧壁导坑法开挖时，应符合下列规定：侧壁导坑形状应近似椭圆形，导坑宽度宜不大于40%隧道洞径；侧壁导坑、中槽部位开挖应采用短台阶，台阶长度3~5 m，必要时采取掌子面加固措施；侧壁导坑开挖应超前中槽部位10~15 m。

(7) 采用分部法开挖的临时支护应根据监控量测结果逐段拆除，每段拆除长度不得大于15 m。

5. 钻爆作业安全要点

(1) 钻孔作业应符合下列规定：

① 钻孔前，应由专人对开挖作业面安全状况和作业人员安全防护情况进行检查，及时消除各种安全隐患；

② 钻孔作业应采用湿式钻孔，不得在残孔中钻孔；

③ 钻孔作业中，若开挖时出现地下水突出、气体逸出、异常声响和围岩突变等情况，应立即停止钻孔作业，撤离洞内人员；

④ 凿岩台车行走前，操作人员应查看并确认台车周边无人和障碍物，按照引导人员的指示信号操作；

⑤ 凿岩台车钻孔完成后应停放在不影响通行的安全场所。

(2) 装药作业应符合下列规定：

① 装药作业前，应对钻孔情况逐一检查，并检查开挖工作面的安全状况；

② 装药时，作业人员应穿戴防静电衣物，使用不产生静电的专用炮棍装药，无关人员与机具等应撤至安全地点；

③ 使用电雷管时，装药前电灯及电线应撤离开挖工作面，装药时应用投光灯、矿灯照明，开挖工作面不得有杂散电流；

④ 严禁钻孔与装药平行作业；

⑤ 装药作业完成后，应及时清理现场、清点民用爆炸物品数量，剩余的炸药和雷管应由领取炸药、雷管的人员退回库房。

(3) 爆破作业除应符合现行国家标准《爆破安全规程》（GB 6722—2014）的相关规定外，还应符合下列规定：

① 洞内爆破作业前，应确定指挥人员、警戒人员、爆破人员，并确保统一指挥；

② 洞内爆破作业时，指挥人员应指挥所有人员、设备撤离至安全地点，警戒人员负责警戒工作并设置警示标志；

③ 爆破时，爆破人员应随身携带带有绝缘装置的手电筒；

④ 若爆破后发现盲炮、残余炸药及雷管，应由爆破人员按规定处理。

6. 找顶作业安全要点

（1）找顶作业应在洞内爆破后采取通风排烟、洒水降尘等措施，确认作业环境符合要求后进行。

（2）有瓦斯或其他具有有毒有害气体的隧道，应在浓度检测达标后进行找顶作业。

（3）应先用挖掘机等机械设备找顶，经安全员检查确认后，方可进行人工找顶作业。

（4）应确认找顶作业区无其他人员，并在专职安全员现场指导下进行。

（5）应检查有无盲炮、残余炸药及雷管，清除开挖工作面松动的岩块，对已开挖支护地段的支护结构变形或开裂进行处理。

7.2.3 装渣、弃渣与运输作业安全

装渣运输过程中的事故（包括运输设备引起的事故）一般占隧道施工总事故的25%。因隧道洞内工作面狭窄，空气污浊，能见度不高，装渣过程中车辆的调度和衔接不当等都可能造成事故。一般来说，隧道装渣运输过程中发生的事故可以分成两类：一类是施工人员被自卸汽车、电机车或其他运输车辆碰撞；另一类是施工人员与岩块或其他障碍物相撞而受伤。

1. 装渣、弃渣与运输作业安全一般规定

装渣、弃渣与运输作业应考虑下列主要危险源、危害因素：

① 通风不足，粉尘及有毒有害气体含量超标；

② 光照度不足；

③ 找顶不彻底，围岩失稳、坍塌或掉块；

④ 设备管理混乱，车辆超限、超载、人货混装、失控、溜车、挂碰、倾翻；

⑤ 斜井未设置防溜措施，警示标志、联络信号等设置不当；

⑥ 弃渣场溜坍造成事故。

弃渣场设置应按照国家相关规定采取保护措施，施工弃渣应符合设计规定。

2. 装渣作业安全要点

（1）隧道爆破后应及时进行通风、照明、找顶和初喷混凝土等工作，确认工作面满足要求后，方可进行装渣作业，并应有专人指挥。

（2）装渣作业过程中，应检查围岩的稳定情况，发现安全隐患时，应暂停装渣作业，采取措施消除隐患。

（3）装渣作业时，应加强通风和降尘，作业人员应按规定佩戴防尘护具。

（4）装渣作业应遵守下列规定：

① 装渣作业应规定作业区域，机械作业时，其回转范围内不得有人通过或停留；

② 装渣过程中，发现渣堆中有残留的炸药、雷管时，应通知专业人员立即处理；

③ 用扒渣设备装渣时，若遇岩块卡堵，严禁用手直接搬动岩块，身体任何部位不得接触传送带；

④ 装渣时应避免偏载、超载；

⑤ 机械装渣时，辅助人员应随时观察运输机械的运行情况，防止挤碰；

⑥ 装渣铲斗不得经过运输车辆驾驶室上方；

⑦ 装渣设备不得碰撞初期支护钢架。

3. 弃渣作业安全要点

（1）弃渣前，应对设计文件指定弃渣场的地质条件、周边环境、弃渣范围、支挡结构等进行核对，应按设计要求修筑支挡结构和排水工程。

（2）运输通道上方存在架空管线、构筑物等，应设置限高架。

（3）有轨运输弃渣场线路应设安全线并设置坡率为 $1‰\sim3‰$ 的上坡道，弃渣码头应搭设牢固，并设有挂钩、栏杆及车挡等防溜车装置。

（4）弃渣时，应派专人指挥，严格控制弃渣区域和起斗范围；不得在坑洼、松软、倾斜的地面弃渣；不得采用石渣或木条代替有轨运输渣车的车轮铁鞋。

（5）弃渣后应将车厢复位后方可行驶。

（6）施工过程中，弃渣场应有专人巡查，发现渣堆中有炸药、雷管、导爆索等疑似残留爆炸物品时，应立即通知专业人员赴现场处理。

（7）弃渣高度、坡率和平台等应符合设计要求。

（8）弃渣结束后应按设计要求及时完成配套环保工程。

4. 运输作业安全要点

（1）施工机械安全装置应齐全有效，使用前及作业过程中应加强机况检查，按规定进行维修保养。

（2）运输路线的净空应满足最小行车限界要求，并根据不同的运输方式，在洞口、台架、设备、设施、岔路口等位置设置警示标志。

（3）运输道路应保持平整、畅通，并设专人按要求进行维修和养护。

（4）运渣车辆不得超载、超宽、超高、超速运输，厢斗严禁载人。

（5）有轨运输作业应符合下列规定：

① 运输轨道应按方案进行铺设和维护；

② 车辆行驶时，应与信号、指挥人员协调配合并加强通信联络；

③ 列车连接应良好，机车摘挂调车、编组和停留时，应有防溜车措施；

④ 两组列车在同方向行驶时，其间隔距离不得小于100 m；

⑤ 机动车牵引的列车，在洞内施工地段、视线不良的弯道、铺设道岔区域和平交道等处，其行驶速度不得大于10 km/h，其他地段在采取有效的安全措施后，行驶速度不得大于20 km/h；

⑥ 车辆运行时应加强瞭望，不应在行驶中进行摘挂作业；

⑦ 运渣车辆严禁载人。

（6）有轨运输作业中，电瓶车的使用应符合下列规定：

① 电瓶车作业前，应对车辆的制动器、喇叭、连接装置等进行安全检查，确认完好后方可行车；

② 电瓶车司机应服从信号指挥，当信号不明确时不得擅自行车；

③ 电瓶车作业结束后，应将机车制动，切断电源，拔出启动钥匙，临时停车应采取可靠的防溜车措施；

④ 电瓶车牵引渣车的车辆编组应根据线路坡度、轨道状态、载重量等因

素设计，确保电瓶车的安全制动距离。

（7）无轨运输作业应符合下列规定：

① 施工作业地段的行车速度不得大于 15 km/h，成洞地段不得大于 25 km/h；

② 隧道洞口、平交道口、狭窄的施工场地应设置慢行标志，必要时设专人指挥交通；

③ 车辆接近或通过洞口、台架下、施工作业地段以及前方有障碍物时，司机应减速瞭望并鸣笛示警；

④ 在隧道内倒车或转向应开灯鸣笛或有专人指挥。

7.2.4 支护与加固作业安全

1. 支护与加固作业安全一般规定

（1）支护与加固作业应考虑下列主要危险源、危害因素：

① 临时用电不符合要求，照明光照度不足；

② 找顶不彻底；

③ 围岩变形超限失稳，工作面坍塌，支护强度不足；

④ 作业台（支）架失稳，无安全防护或安全防护失效；

⑤ 施工机械倾覆或误操作。

（2）隧道支护作业前，应对作业面进行检查，清除松动的岩石并喷射混凝土块。作业面用电应符合临时用电的要求，光照度满足安全作业的需要，且不低于 50 lx。

（3）围岩较差地段，爆破找顶后应立即初喷混凝土封闭围岩，必要时封闭掌子面。

（4）隧道超前支护、初期支护应按设计施工，并重点检查下列工作：

① 管棚、超前小导管、超前锚杆的施工质量；

② 预注浆加固围岩与止水的效果；

③ 锚杆数量、长度与施工质量（砂浆饱满度等）；

④ 喷射混凝土厚度、密实度、钢架垂直度、间距，钢架纵向连接质量，钢筋网网格大小、搭接长度，以及初期支护背后是否存在空洞。

（5）施工作业台架应牢固可靠，防护设施齐全，并应进行结构受力和稳定性检算。使用前应组织检查验收，验收合格方可使用。

（6）岩石隧道钻孔应采用湿式钻孔。

2. 管棚、超前小导管作业安全要点

（1）管棚、超前小导管施工应符合以下规定：

① 作业前应检验作业台架安全性能，施工过程中应保持稳定；应检查钻机、注浆机及配套设备、风水管等施工机具的安全性能；施工过程中应确保钻机稳定牢靠，注浆管接头及高压风水管连接牢固；

② 应指定专人负责对开挖工作面进行安全观测；

③ 应按作业程序和技术要求进行钻进、安装、注浆作业；

④ 管棚作业换钻杆及超前小导管作业顶进钢管时，应防止钻杆、钢管掉落伤人；

⑤ 管棚作业起吊钻杆及其他物件时，应指定专人指挥，起吊范围内任何人不得进入。

（2）高水压隧道管棚施工，应选择具有防突水、突泥功能的钻孔设备，孔口管应安装满足水压要求的止水阀门；作业时人员不应站在孔口正面。

（3）管棚钻孔过程中，应记录钻进各项技术参数，观察钻渣排出和孔内出水的情况，出现异常应及时报告和处理。

（4）管棚、超前小导管在作业平台上临时存放时，应控制存放数量和高度，并采取防坠落措施。在洞内空地堆放时除应采取防止其滚落的措施外，还应设置醒目的安全警示标志。

3. 预注浆作业安全要点

（1）预注浆前，应在后方已开挖地段一定范围内采取锚喷或混凝土加固措施，并检查止浆墙或止水岩盘及已开挖段的抗渗情况。

（2）预注浆应有专项方案，明确注浆孔布置、注浆材料、注浆顺序、注浆方式、注浆压力、注浆量、预留止水岩盘厚度等参数，并检算止浆墙或止水岩盘的抗压能力。

（3）预注浆应安装流量计和压力表，注浆压力不得超过注浆管和止浆设施的最大额定值。注浆管接头应连接牢固，防止爆管伤人。

（4）预注浆过程中应安排专人对其影响范围内的围岩和结构进行观察和量测，防止因注浆压力过大而引起围岩失稳和结构损坏。

（5）注浆每循环结束后应采取超前探孔或取芯等手段进行注浆效果检查评

定，达到要求后方可进入下道工序。

4. 喷射混凝土作业安全要点

（1）喷射作业前，应清除作业区松动的岩石。

（2）喷射混凝土应采用湿喷工艺。喷射混凝土作业人员应按规定佩戴防尘口罩、防护眼罩等防护用品，避免直接接触液体速凝剂，不慎接触后应立即用清水冲洗。

（3）喷射混凝土设备开机前，应确认喷射作业范围内无人员活动；非施工人员不得进入正在进行喷射混凝土的作业区。

（4）喷射混凝土作业中，发生堵管或爆管时，应按操作规程正确处置，依次停止投料、送水和供风。

（5）喷射混凝土施工中应检查输料管、接头的使用情况，当有破损或松脱时应及时处理。

（6）喷射混凝土设备应按相关规定维护和保养，在非作业时间应停放于安全且不影响通行的位置。

5. 锚杆作业安全要点

（1）锚杆作业前，应清除工作面松动的岩石，确认作业区无掉块、坍塌等安全风险。

（2）锚杆孔钻进作业时，应保持钻机及作业平台稳定牢靠，严禁站在钻机及不稳定作业平台钻孔。

（3）锚杆台车退出钻杆脱离孔口前，应停止钻杆旋转。

（4）清孔作业时，作业人员应位于孔口侧面，不得正对孔口。

（5）注浆作业人员应佩戴护目镜等防护用品。

（6）各种锚杆应安装垫板、螺帽并及时紧固，垫板与锚杆间不应采用焊接，垫板应紧贴基面。

（7）锚杆钻孔设备应停放于安全且不影响通行的位置。

6. 钢架作业安全要点

（1）隧道内搬运钢架应装载牢固，固定可靠，防止发生碰撞和掉落。

（2）钢架提升安装过程中，人员应避让；架设钢架时应采取安全防护措施。

（3）钢架之间纵、环向连接以及钢架节段连接应及时、牢固。

（4）每榀钢架安装完成后应及时施作锁脚锚杆（管），并与之连接牢固，钢架底脚不得悬空或置于虚渣上。

（5）当钢架需要拆换时，应先采取加固措施，逐榀拆换。

7.2.5 衬砌作业安全

1. 衬砌作业安全一般规定

（1）衬砌作业应考虑下列主要危险源、危害因素：

① 作业台架失稳，无安全防护或安全防护失效导致高处坠落和物体打击；

② 结构钢筋安装失稳坍塌；

③ 火灾或引发防水材料燃烧中毒；

④ 混凝土泵送作业操作不当，堵管处理不当。

（2）衬砌施工作业面用电应符合临时用电的要求，照明应满足安全作业的需要，衬砌作业面及前后30 m范围照度不得低于30 lx。

（3）二次衬砌施作时机应符合设计要求。高地应力软岩大变形隧道二次衬砌应在围岩变形速率趋缓后施作。

（4）隧道仰拱应随开挖及时施作，尽快形成封闭环，施作时机应符合设计和有关规定要求。

（5）运输机械应按规定线路及速度行驶，通过台车、栈桥时应加强瞭望，并应有专人指挥，驻停时应设置防溜装置及安全警示标志。

（6）动火作业应设挡板，防止引燃防水板导致的火灾、中毒事故。

（7）衬砌作业完毕后应及时清理，消除安全隐患。

2. 衬砌台车、钢筋防水板作业台车安全要点

（1）台车的强度、刚度及稳定性应符合有关标准规定。

（2）台车现场组装完毕后，应组织验收调试，合格后方可使用。

（3）台车应预留满足作业人员、施工车辆通行以及安设风、水、电线路或管道的净空，其净空尺寸应满足安全通行相关要求。

（4）台车应设置防护栏杆、警示标志，配足消防器材。

（5）衬砌台车、作业平台上的用电线路敷设及用电设施设置应符合洞内临时用电要求，并应有绝缘保护装置。

(6) 衬砌台车、钢筋防水板作业台车在洞内组装、拆卸时，应选择在成洞地段或围岩条件较好的地段进行。衬砌台车、钢筋防水板作业台车就位后，应配置防溜车装置，液压支撑应有锁定装置。

(7) 洞内安装、拆除衬砌台车、钢筋防水板作业台车时，埋设各类吊点、吊具应牢固可靠；组装拆卸、吊装作业应符合起重吊装作业要求。

(8) 混凝土浇筑过程中应检查衬砌台车支撑系统，防止爆模和台车变形。

3. 防水板作业安全要点

防水板作业区域应设置消防器材及防火安全警示标志。防水板作业面的照明灯具不得烘烤防水板，与防水板距离不得小于50 cm。防水板作业后应确认作业面无火灾隐患。

4. 钢筋安装安全要点

隧道内运输钢筋应根据各类作业台架通行净空、洞内设施情况进行装载并捆绑牢固，固定可靠，防止发生碰撞和掉落。

钢筋安装应设置临时支撑防倾倒和防碰撞措施，临时支撑和整体结构应牢固可靠，临时支撑应有警示标志。

仰拱钢筋绑扎时，施工栈桥下的作业人员应提前避让通行车辆。

5. 混凝土浇筑安全要点

(1) 泵送混凝土管道安设及连接应符合规定，施工过程中应检查其连接的可靠性、安全性及管道的稳定性。泵送混凝土管道堵塞时，应及时停止泵送并逐节检查确定堵塞部位。堵管处理应按操作程序进行，不得违规作业。

(2) 衬砌混凝土浇筑时应控制浇筑速度，并保证两侧基本对称浇筑。

(3) 衬砌台车端头挡板与防水板、台车间接触面应紧密，挡板支撑应稳固。混凝土浇筑过程中应检查挡板及支撑的安全状况。

(4) 混凝土浇筑过程中衬砌台车出现变形等异常情况时，作业人员应及时撤离作业平台，隐患消除后方可恢复作业。

(5) 仰拱应分段一次整体浇筑，并根据围岩情况严格限制一次施工长度；浇筑仰拱、填充混凝土时，施工栈桥下的作业人员应提前避让通行车辆。仰拱施工时车辆通过速度不得超过5 km/h，并应有专人指挥。

(6) 二次衬砌脱模强度应符合设计及技术规程要求。

7.3 盾构法施工安全管理

7.3.1 盾构机始发、接收作业安全

1. 盾构法施工安全一般规定

(1) 盾构机施工作业应考虑下列主要危险源、危害因素：

① 始发或接收工作井端头地层未加固或加固失效、加固验证后处置不当，钢套筒失稳或密封失效；

② 地层冻结失效或建（构）筑物加固失效；

③ 掘进参数选择不当，开挖面失稳、地表下沉；

④ 盾构机刀具刀盘主轴承、密封等失效；

⑤ 通过浅覆土地层不良地质小净距、小半径曲线、大坡度、下穿地表水系，下穿（邻近）既有建（构）筑物、地下管线、障碍物等特殊地段；

⑥ 常压检查换刀、带压检查换刀或仓内动火作业；

⑦ 泥水盾构机渣土分离；

⑧ 盾尾未设置防冲撞装置。

(2) 盾构机组装、拆卸，始发、到达、穿越重要建（构）筑物、穿越特殊地层、穿越江河湖海，换刀，联络通道开挖，调头，过站等应编制专项施工方案，经审批后实施。

(3) 施工单位应建立健全安全生产保障体系和规章制度，对施工人员进行安全教育和培训。盾构机作业人员必须经过专业培训考核合格并取得相应操作证后持证上岗。

(4) 盾构机施工各工序作业前，应编制安全作业规程和作业指导书，关键工序还应编制专项安全技术措施，经监理单位审批后实施。应对作业人员进行安全技术交底。

(5) 盾构机施工中应建立健全机械设备管理制度，定期对设备进行安全检查、维护。

(6) 盾构机施工中应结合工程施工环境、地质和水文条件编制完善的施工监控量测方案。当出现变形异常情况时必须加强监测频率。建设单位应选择具有专业资质的第三方进行量测复核工作。

2. 盾构机组装、施工准备安全要点

（1）盾构机始发前，应对工作井端头土体进行加固，并检测加固土体的强度、抗渗性能等，合格后方可始发掘进。

（2）工作井应设置高度不低于历史最高洪水位50 cm的挡水墙，井下和洞内应设置抽排水设备设施。

（3）盾构机及后配套设备吊装除应符合起重吊装作业基本规程外，还应对工作井结构、吊装场地空洞探测、地基承载力等进行校核验算，对吊耳进行探伤检测。

（4）盾构机组装完成后，应分别对各系统进行空载调试，再进行整机空载调试，经动态验收合格后方可正式交付使用。

（5）隧道内各个配套系统应布置合理，运输系统、人行系统、配套管线等布置应保持安全间距，避免交叉干扰。

（6）运输机车车辆距离人行通道栏杆、隧道壁及隧道内其他设施不得小于20 cm，人行走道宽度不得小于70 cm。

（7）盾构机泥水处理系统，应符合下列规定：

① 盾构机泥水处理系统应编制专项方案，方案应包括安全保障措施；

② 系统安装涉及的分离设备、压滤设备等大件吊装应符合相应的吊装规定；

③ 在各单机设备调试完毕后，应进行系统的联合调试，验收合格后方可投入使用；

④ 泥水处理系统的主要设备应进行隔离，同时应设置监控系统。

3. 盾构机始发作业安全要点

（1）盾构机始发前应进行施工条件验收，验收内容包括人员资质、机械设备、物资材料、专项施工方案、土体加固及洞门密封等准备情况。

（2）采用钢套筒始发时，应按照设计对钢套筒进行安装验收并测试密封性能。钢套筒内进行洞门围护结构凿除时，钢套筒应设置可靠的通风及逃生装置。

（3）采用冻结法加固时，应保证冻结设备运转正常。

（4）盾构机始发前，应验算后支撑体系的强度、刚度和稳定性，其安装精度、加固质量等应满足始发要求；应对刀盘不能直接破除的洞门围护结构进行拆除。拆除前应先检查确认洞门土体加固与止水效果良好，方可从上往下分层分块拆除；应安装洞门止水装置，并确保密封止水效果。盾尾通过后，应立即进行二次补充注浆等，尽早封堵稳定洞口。

（5）洞门围护结构拆除后，刀盘应及时靠近开挖面。

（6）盾构机始发时，应采取防止盾体扭转和始发基座位移变形的措施。

（7）盾构机始发时，推进千斤顶分区推力应分布合理且不超过后支撑体系承载力。

（8）负环管片脱出盾尾后，应立即对管片进行有效加固和限位，防止管片变形和位移。

（9）盾构机始发段应增加监测布点和频次，及时掌握地表环境沉降变形等情况。

（10）拆除负环管片时，应对洞口段10～15环管片设置纵向拉紧装置。

4.盾构机接收作业安全要点

（1）盾构机接收前应进行施工条件验收，验收内容包括人员资质、机械设备、物资材料、专项施工方案、土体加固及洞门密封等准备情况。

（2）采用钢套筒接收时，应对钢套筒进行安装验收并测试密封性能。钢套筒内进行洞门围护结构凿除时，钢套筒应设置可靠的通风及逃生装置。

（3）采用冻结法加固接收时，应保证冻结设备运转正常。

（4）盾构机到达前，应拆除刀盘不能直接破除的洞门围护结构。拆除前应先检查确认洞门土体加固与止水效果已达到设计要求，方可从上往下分层分块拆除；应安装洞门止水装置，并确保密封止水效果。

（5）盾构机距离接收井50～80 m时，应调整盾构机姿态，确保安全顺利接收；盾构机距离接收井15 m左右时，应调整掘进参数，确保洞门和接收井安全。

（6）盾构机接收时应保证足够的推力压紧管片，并应对最后10～15环管片设置纵向拉紧装置，保证管片间止水效果。

（7）隧道贯通后应及时按要求封堵洞门，确保密封止水效果，并及时对最后10～15环管片进行二次注浆加固封堵。

（8）盾构机接收段应增加监测布点和频次，及时掌握地表环境沉降变形情况。

（9）盾构机到达掘进期间应保持接收井和隧道内通信畅通。

7.3.2 盾构机掘进作业安全

1. 掘进作业安全要点

(1) 盾构机操作人员必须经过有关部门安全技术培训，考核合格并领证后方可上岗。盾构机操作人员作业前必须检查控制仪器、仪表及其他装置，确认处于安全状态。启动前必须与拼装手、注浆人员、电瓶车司机等有关人员联系，确认安全后方可操作。

(2) 盾构机应在始发段50~100 m进行试掘进，分析和掌握盾构机性能，优化掘进参数等。应根据水位地质、施工监测、试掘进经验等分析总结，确定合理的掘进参数。

(3) 出渣异常时，应立即停机，关闭螺旋输送机仓门，采取措施处理后恢复掘进。

(4) 泥水平衡盾构机掘进时，应保持泥浆压力与开挖面的水土压力相平衡及排土量与开挖量相平衡。

(5) 土压平衡盾构机开挖土体应保证良好的渣土改良效果和渣土流动机制，防止螺旋输送机喷涌，保证开挖面稳定。

(6) 盾构机掘进时应控制姿态和轴线偏差，减少纠偏。纠偏应逐环、少量进行，不得过量纠偏扰动周围地层。应防止盾构机长时间停机。

(7) 两台盾构机同向掘进时，应根据不同地质错开50~100 m的安全距离，避免掘进过程中相互扰动。

(8) 盾构机掘进过程中，应根据地层和掘进参数情况及时检查刀盘和刀具，发现过度磨损应及时更换和维修。

(9) 盾构机设备维修时应符合下列规定：

① 设备保养和检修工作应在机器停止运转后进行，保养检修期间应挂设相应标识标牌，并设专人监护，防止意外重启。

② 供水系统和液压系统进行维修作业前，应关闭相关阀门并降压；液压系统应防止液压油缸意外缩回和电机意外运转。

③ 现场应配备消防设备，动火作业应有专人监控。

2. 注浆作业安全要点

(1) 作业前应检查管路，确认管路连接正确、牢固。

(2) 必须服从操作员指挥,及时、正确地开关阀门。

(3) 严格按照设定的注浆压力和注浆量进行浆液压注,避免注浆量不足或过大,出现管片上浮或下沉的情况。

(4) 拆卸注浆混合器时,各注浆管路和冲洗管路阀门必须全部关闭后方可进行作业。

(5) 停机前需要冲洗管路,冲洗作业必须两人操作,在接到注浆操作手发出的可以冲洗管路的指令前,不得启动冲洗泵。

(6) 发现管路堵塞时,应及时通知专业人员修理,不得进行无浆、少浆盾构机推进。

(7) 注浆过程中要观察前几环管片上下浮动情况及漏浆情况,及时上报领班工程师或盾构机司机,以便及时做出调整决定,采取相应措施。

(8) 电瓶车行驶区域、双轨梁吊运区域属于危险区域,要时刻注意注浆人员自身安全及他人安全。

(9) 严格交接班制度,要向接班人交代清楚注浆情况及存在的问题。

(10) 盾尾冒浆、漏浆,需加大盾尾密封油脂的压注量。

3. 管片拼装安全要点

管片拼装是盾构法施工的重要工序之一,包括管片的运输吊装就位、举重臂的旋转拼装、管片连接件的安装、千斤顶的靠拢、管片螺栓的紧固等。

管片拼装机操作人员和拼装工高频率配合,当施工进度不断加快但安全措施不到位,仅靠施工人员的反应来降低危险程度时,管理就会比较被动。拼装机械的不安全状态以及操作人员的不安全行为,可能导致管片从高处坠落伤人、人员从拼装平台坠落、人员受到千斤顶的挤压伤害。管片拼装一般安全要求如下。

(1) 管片拼装必须落实专人负责指挥,拼装机操作人员必须按照指挥人员的指令操作,严禁擅自转动拼装机,以免发生伤亡事故。

(2) 启动拼装机前,拼装机操作人员应对旋转范围内的空间进行观察,在确认没有人员及障碍物时,应先进行试运转,确认安全后方可作业。

(3) 举重臂旋转时,必须鸣号警示,严禁施工人员进入举重臂活动半径内。在施工人员未能撤离施工区域时,严禁启动拼装机。

(4) 拼装管片时,拼装工必须站在安全可靠的位置,严禁将手脚放在环缝和千斤顶的顶部,以防受到意外伤害。同时,所有的螺栓必须穿连到位,否则不得松动千斤顶。拼装工必须始终在拼装机操作人员的视线范围内。

（5）举重臂在管片固定就位后方可复位，封顶拼装就位未完毕时，严禁施工人员位于封顶块的下方。

（6）管片吊装头必须拧紧到位，不得松动，发现磨损情况，及时更换，不得冒险吊运。

（7）管片旋转上升之前，必须用举重臂小脚将管片固定，以防管片在旋转过程中晃动。

（8）根据管片拼装顺序，将需拼装管片的千斤顶缩回到位，空出管片拼装位置，每次只能缩回一个管片的位置，保证盾构机姿态稳定。

（9）每块管片微调到位后，应先将连接螺栓插入预留孔内，然后将推进油缸伸出顶紧管片，且除封顶块外，顶紧油缸不得少于3个；先顶中间，后顶两边。

（10）安装管片吊装螺栓时一定要拧紧；管片拼装机抓紧管片后，方可进行下一步操作；管片拼装过程中严禁松管片拼装机抓紧装置。只有连接管片的螺栓全部拧紧后，才可将抓取装置与管片分离。

（11）拼装上部管片时，必须使用专用的移动式防护栏，以防高空坠落。人员穿越防护栏杆作业时，必须佩戴安全带。

（12）单轨梁（双轨梁）运送管片就位拼装时，人员严禁站立在管片的前方，以防管片溜滑伤人。

（13）管片吊运时要检查吊装头是否完好，管片吊装头拧紧，挂钩一定要挂好，并插上插销，在管片吊运时，禁止他人在吊运区行走或逗留。

4. 开仓检查及换刀安全要点

（1）盾构机开仓检查换刀和刀盘维修时，应选择在地质条件好、地层稳定地段进行。在不稳定的地层检查换刀时，应采取地层加固或气压辅助等措施，确保开挖面稳定后方可进仓作业。施工人员必须遵守安全规定，防止工作材料的滚动和下落，以保证刀具的安全运输。全部人员都佩戴安全索，特别是在刀盘上工作时，必须把它固定在固定点上。

（2）必须编制专项施工方案，经评审后方可组织实施，开仓换刀应严格按照安全技术交底要求的程序作业。前仓作业人员必须听从统一指挥，并保持与后方人员的联系。

（3）开仓前，应在换刀位置的地面布设监控量测点并取得初始值，开仓换刀期间监控数据变化情况,并及时调整换刀方案。应对盾构机土仓内氧气含量、有害气体含量进行检测,合格后方可进场实施换刀作业;换刀作业期间,应设置专人监护,定时检测土仓内氧气含量和有害气体含量,发现异常应立即撤出仓内人员并采取有效应对措施。

(4) 带压换刀还应执行以下规定:

① 带压换刀人员应身体健康且经过专业培训方可上岗作业;

② 带压换刀作业前,应对盾构机空压机呼吸器等相关气体设备进行检修;

③ 带压换刀期间,仓内外人员应保持有效联系;

④ 在开仓之前必须排渣加气保压稳定掌子面,当气体压力无法保证时,应采取适当的加固措施,方可进仓;

⑤ 开仓之前必须断开刀盘控制开关,切断电源,关闭螺旋输送机,如果螺旋输送机闸阀没有关闭,就会造成压缩空气从螺旋输送机猛烈喷出的危险,这会导致开挖面稳定性降低。

(5) 打开人孔之前,必须从隔壁板上的球阀对前仓进行观察,确认前方无水,掌子面稳定时方可进仓。

(6) 开仓检查时必须按照预定的方案进行。开仓后必须先认真仔细地观察刀盘周围的情况,确认安全后方可进入。由于土仓非常危险,随时可能会出现开挖面部分倒塌的情况,在整个进仓过程中都必须非常仔细地观察开挖面和水位。

(7) 所有需要的起重工具都要固定在预定的支架上并经过检查,保证安全操作。

(8) 检修人员在刀盘进行检修和抢险时,应有专人监护并配备对讲机等通信设备。一旦发现险情应迅速撤离,关闭仓门。

(9) 出仓减压时必须严格按照交底操作,不得减压过快;避免进仓人员患减压病。

5. 其他安全规定

(1) 盾构机上必须配备足够的消防器材,并制定责任人看护检查制度。

(2) 盾构机发生故障后必须由专业机修人员进行维修,特别是电气设备、控制系统等关键部位,严禁非专业人员乱动,以免发生危险。

(3) 从管片车上吊运管片进行拼装时,管片下方严禁站人。

(4) 作业人员用运浆车注浆时,如运浆车发生故障,应先切断电源后才允许检修。严禁在浆液搅拌时用棍棒等其他工具对浆液进行搅拌。

（5）对盾构机进行清扫时，严禁直接用水冲洗电气设备，避免发生漏电等危险。

（6）台车尾部的高压变压器应屏蔽上锁，严禁施工人员靠近和乱动。

（7）收放高压电缆时，应先切断电源，严禁带电作业；在高压电缆需要连接时，必须设置保护箱。

（8）对盾构机维修需动用明火时，必须到安全质量部开动火证明，经批准后方可进行作业，作业时必须设专人看护，并配备足够的灭火器材。作业人员进行抽水作业时，严禁带电移动抽水机，以免发生触电伤人事故。

（9）洞内应保证有足够的新鲜空气流动，确保通风设备完好。

（10）注意全站仪、棱镜及其线缆安全，严禁水冲，非测量人员不得触碰测量仪器。

7.3.3　盾构机后配套设备作业安全

1. 电瓶车水平运输作业安全要点

（1）电瓶车司机必须经过专业培训，经考核合格取证后方可上岗。上岗前必须接受安全教育、培训以及安全技术交底。在开展作业前，必须认真仔细地检查蓄电池电压、制动装置气压、车灯、喇叭等，并全面检查各类物件放置稳妥、捆绑安全，运输不得超载、超宽和超长，轨道附近严禁堆放杂物。

（2）电瓶车司机必须服从信号工指挥，在没有得到信号工指令时严禁动车。在开展作业时，必须严格遵守安全操作规程，不得违章作业。严禁酒后操作，严禁操作时有看手机、打电话等分心行为，严禁非司机操作。

（3）行驶前应鸣笛，特别是在行驶中遇施工人员、进入弯道前必须鸣笛并减速，行驶中如遇到轨道中有障碍物、施工人员作业、进入道岔，必须迅速减速鸣笛或采取制动措施。发生故障时必须立即停车处理。

（4）司机开车时必须坐在司机座位上，严禁探身车外，驾驶室内严禁搭载闲杂人员。机车行驶速度不得大于10 km/h；经过转弯处或接近岔道时，应限速5 km/h；在靠近工作面100 m距离内应限速3 km/h，并鸣笛警示；车尾接近盾构机台车时，限速3 km/h并减速慢行，上坡段应限速6 km/h，并在限速地段张贴醒目的限速标志。隧道中能见度下降时，司机必须打开前灯照明，并减速行驶，速度不能超过5 km/h。行驶中，严禁用反向操作代替制动。

（5）电瓶车行驶重点区域采取隔离措施，严禁非作业人员进入，隔离措施应牢固、可靠。电瓶车脱轨时，必须立即断电停车进行处理。电瓶车司机在行驶时，若发现轨道螺丝松动或轨距变化，应请专业修理工进行调整。电瓶车发生故障后，必须由专业机修人员进行维修。

（6）进出隧道人员应走人行通道，严禁电瓶车搭乘施工人员，发现有人登车、扒车时，必须停车制止。

（7）电瓶车控制手柄必须停放在电瓶车串、并联的最后位置，严禁将控制手柄停放在两速度位置中间。加速时应依次推动手把，不得推动过快，严禁跳挡操作。

（8）电瓶车司机离开座位时必须切断电源，收起转向手柄，制动车辆，但不得关闭车灯。电瓶车司机交接班时，应做好交接班记录和运转记录。

（9）电瓶车司机应经常检查制动系统，发现制动块磨损超标时，应及时请专职机修工进行更换。对电瓶车、运浆车进行日常保养时，严禁用水直接冲洗电气设备。

（10）管片车运输时不得超宽、超高。

（11）运浆车进行清理作业时应切断电源，并设专人看护。

（12）电瓶车驶入井口开口环区域，机车司机必须离开驾驶室，进入隧道，严禁站在重物的下方。

（13）机车停驶时，应拉紧手刹，并在行驶轨道上设置防溜车装置；平板车前后连接应安全可靠，应设有保险链。

2. 浆液搅拌站作业安全要点

（1）浆液搅拌站在作业前应先进行检查，确认安全：
① 拌站台结构部分连接必须紧固可靠，限位装置及制动器灵敏可靠；
② 电气、气动称量装置的控制系统安全有效，保险装置可靠；
③ 站台保护接零、避雷装置完好；
④ 输料装置的提升斗、拉铲钢丝绳和输送皮带无损伤；
⑤ 进出料闸门开关灵活、到位；
⑥ 空气压缩机和供气系统应运行正常，无异响和漏气现象，压力应保持在规定范围内；
⑦ 操作区、储料区和作业区必须设明显标志。

（2）启动搅拌系统后，应先进行空运转，检查机械运转情况。确认搅拌系统正常后，方可自动循环生产。严禁带负荷停机或启动。

（3）作业时应精神集中，注意观察各个仪表、指示器、皮带机、配料器等供料系统，发现有大块石料和异物时应及时清除，发现异常情况应立即停止生产，遇紧急情况时应立即切断电源，并向有关人员报告。操作人员必须按规定的程序操作，微机出现故障时，必须由专业人员维修。

（4）作业时，严禁非作业人员进入生产区域。严禁打开安全罩和搅拌盖检查、润滑，严禁将工具、棍棒伸入搅拌桶内扒料或清理。料斗提升时，严禁在其下方作业或穿行。

（5）在高空维护保养时，必须两人以上作业，并系安全带，采取必要的安全保护措施。遇大风、下雨、下雪等天气，不得进行高空维护保养作业。

（6）在操作台下作业的人员必须戴安全帽。

（7）维护、修理搅拌机顶层转料桶，清理搅拌桶和叶片时，必须切断电源，并在电闸箱处设明显"禁止合闸"标志，设专人监护。在搅拌机内清理作业时，机门必须打开，并在门外设专人监护。

（8）清除上料斗底部的物料时，必须把料斗提升到适当位置，将安全销插入轨道内；清除上料斗内部的残料时，必须切断电源并设专人监护。

（9）交接班时，必须交清当班情况，并做记录。

（10）作业后应切断电源，锁上操作室，将钥匙交专人保管。

3. 浆液搅拌机作业安全要点

（1）浆液搅拌机操作工，岗前应接受安全教育和专业技术培训，经考核合格后方可上岗。接受安全员的安全技术交底和安全教育。

（2）开机前必须认真检查有关部件，特别是要检查搅拌桶内有无杂物，确认无故障后方可开机进行搅拌作业。

（3）对浆液搅拌机进行清理作业时应切断电源，并安排专人看护。

（4）浆液搅拌机操作工平时应做好日常维修保养工作。搅拌机发生故障时，必须由专业机修人员进行维修。

（5）操作工平时应做好交接班记录和运转记录。

4. 隧道通风作业安全要点

隧道风机应设专门的责任人进行操作。确保风机正常运转，给隧道内输送足够的新鲜空气。要经常对风管进行检查，发现破损和漏风时，应及时更换。风机发生故障后，应请专业电工和机修人员进行修理。

5. 高压电缆布设安全要点

（1）应使用有生产资质的正规厂家生产的高压电缆，有合格证、检验报告的合格电缆。必须使用有"三火一地"（三根火线和一根地线）的四芯电缆。

（2）高压电缆从箱变引出到下井前端部分应穿管埋设，深度不得小于 0.5 m，并在埋设处设"高压危险，注意保护"的警示标志。

（3）在下井处应设专用绝缘卡子对高压电缆进行固定。

（4）高压电缆进洞后应设置在盾构机用冷却水管上侧，与隧道底部距离应超过 1.5 m，并用专用绝缘卡子固定。每隔 50 m 应设置一块"高压危险，注意保护"的警示标志和一个灭火器。

（5）高压电缆的连接应由持高压电工证的专业电工进行操作，在连接头位置设置保护箱，并设"高压危险，注意保护"的警示标志。

7.3.4 地面作业安全

1. 地面作业安全一般规定

（1）进入现场必须戴安全帽，系好帽带，并正确使用个人劳动防护用品。穿拖鞋、高跟鞋，赤脚或赤膊的人，不准进入现场。

（2）各种电动机械设备，必须有漏电保护装置和可靠安全接地，方可使用。

（3）在龙门吊工作时，严禁一切人员在吊物下操作、站立、行走；严禁一切人员在龙门吊运行轨道上站立或堆放材料、工具等物体。

（4）严禁非专业人员私自开动吊机及任何机械设备；严禁在施工现场（车间）玩耍、吵闹；严禁在未设安全措施的部位同时进行上、下交叉作业；严禁在高压电源的危险区域进行冒险作业；严禁在有危险品、易燃品的现场、仓库吸烟生火。

2. 管片堆放作业安全要点

地面管片堆放是为隧道井下盾构机推进所做的重要准备工序，其中包括管片卸车、管片吊装堆放、涂料制作等工序。地面管片堆场施工主要涉及运输车辆进出工地,可能发生车辆伤人事故。同时,重点防范的是管片在吊运过程中对施工人员的伤害。在管片通道中,若吊运不规范,起重人员和制作人员站位不正确,极易发生挤压伤害事故。管片堆放必须遵守以下安全规定。

(1) 施工单位进场施工后,必须确保地基平整,地基承载力满足管片堆放的要求(可采用混凝土浇捣,也可采取铺设碎石料的方法)。

(2) 对进出施工现场的管片运输车辆,必须设专人进行指挥,在工地出入口设置"车辆慢行"的警示标志,防止车辆伤害事故的发生。

(3) 管片存放区应设置隔离防护,并与龙门吊底横梁保持不小于1 m的安全距离,行车轨道的内外两侧设置全封闭的隔离栏杆,防止人机交错受到伤害。

(4) 对行车司机和起重指挥工进行严格安全交底,对管片运输车辆的装卸人员进行安全教育,确保卸车的安全施工。严格要求行车司机在吊运管片的过程中,避开施工作业人员,不得吊运管片从施工人员的上方经过。

(5) 严禁将管片堆放在井口临边一侧。管片堆放纵横间距不小于500 mm,安全通道内不得堆放杂物,保持畅通。管片储存堆放高度不超过3层,呈宝塔形,层间垫木必须结实可靠。

(6) 吊运管片,吊点必须两点以上,吊运管节的绳索与管节刃角受力点必须用衬垫保护。

3. 垂直运输作业安全要点

垂直运输是盾构法施工的重要工序。行车垂直运输主要包括运用行车将盾构机推进所需的施工材料吊运至井下、将井下的出土箱等重物吊运至地面。

行车垂直运输是隧道盾构机施工的重要部分,行车设备及吊运索具的损坏和不规范使用都会引起重大伤亡事故。同时,该部位是施工中运作最为频繁的区域,是人机交错高风险事故发生的重点部位。

(1) 龙门吊作业安全一般规定。

① 龙门吊大梁的两边应设1 m高的防护栏杆或挡板。操作人员应从专用梯上下,不准走轨道。

② 两机同时作业,相邻间距应保持3~5 m。

③ 龙门吊驶近限位端时,应减速停车。

④ 作业中若遇突然停电,各控制器应放于零位,切断电源开关,吊物下

面禁止人员接近。

⑤ 龙门吊司机应认真操作,注意观察基坑情况和信号工的指挥,严禁出现思想不集中的行为。

⑥ 工作完毕后,应将吊钩提升到小车与地面中间。

(2) 龙门吊操作安全要求。

① 龙门吊工上班前,必须检查起重机,试验限位开关、制动器和其他安全装置,主开关接电前,应将所有控制手柄置于零位。

② 龙门吊工必须与指挥人员配合,听从指挥,在起重运行之前,必须发出警铃。启动应缓慢,起吊高度必须超过障碍物 20~50 cm,所吊物件不能摆动太大。

③ 起吊重物时小车必须在垂直的位置,不允许起重机牵引和拖动重物;所吊重物必须避开人群。

④ 龙门吊发生问题时,应立即停车,关掉电源,将所有控制器置于零位,及时告知维修人员,并配合维修。当风力超过6级时,应停止使用龙门吊,并用两侧夹轨钳同时夹住钢轨。

⑤ 龙门吊不负荷运行时,吊钩应升至超过障碍物。

⑥ 确保吊运物件遵守起重作业操作规程,钢丝绳捆绑符合规范,对零星物件的捆绑可靠,对边缘锋利的物件有用钢丝绳保护等措施。在捆扎不紧、歪拉斜吊时,龙门吊工必须发出警铃,告知安装没有做好,重新捆扎。

⑦ 龙门吊工在离开操作位置之前必须做到:龙门吊必须停在指定的位置;龙门吊上不带载荷;吊钩升到所有障碍物之上;所有控制器都置于零位。每班工作结束后,龙门吊工应将工作记录交给接班人,如果认为龙门吊工作状况不好,应将其故障报告主管部门和接班人。

4. 地面出土作业安全要点

(1) 根据出土速率、出土车高度选择相对应的挖掘机型号。

(2) 挖掘机作业前应认真检查油路、电路、转向、制动和动力输出等部位,确认各部位良好有效、灵敏可靠后才能作业。

(3) 铲斗未离开工作面时,禁止挖掘机转动,铲斗内严禁站人,不得用铲斗吊运物料。铲斗落下时,注意不要冲击车架和履带,铲斗接触地面时,禁止转动。

(4) 挖掘机回转制动时,应使用回转制动器,不得用专项离合器反转制动。满载时,禁止急剧回转猛刹车,作业时铲斗起落不得过猛。

(5)挖掘机作业时,必须注意作业范围内是否有人,必须服从现场技术负责人员和安全负责人员的指挥。作业结束后,应将挖掘机开到安全地带,落下铲斗制动回转机构,操纵杆放在空挡位置。

参 考 文 献

[1] 卫小伟，卢剑鸿，钱伟强.城市轨道交通概论[M].武汉：华中科技大学出版社，2021.

[2] 罗钦，陈菁菁.城市轨道交通概论[M].2版.成都：西南交通大学出版社，2021.

[3] 李璐.城市轨道交通概论[M].北京：北京理工大学出版社，2022.

[4] 束涵，戚颖璞.上海轨道交通运营里程突破800公里[N].解放日报，2021-12-29（005）.

[5] 深圳地铁.1998→2023，这本深圳轨道交通画卷未完待续……[EB/OL].(2023-07-31)[2023-10-27].https://mp.weixin.qq.com/s/NaiHJDlt6LUr76ZVT0HIBw.

[6] 牛文，黄日生，刘红伟.地铁土建工程施工技术及应用研究[M].长春：吉林科学技术出版社，2021.

[7] 陈克济.地铁工程施工技术[M].北京：中国铁道出版社，2014.

[8] 杨秀仁.我国预制装配式地铁车站建造技术发展现状与展望[J].隧道建设（中英文），2021，41（11）：1849-1870.

[9] 杨秀仁.明挖地铁车站预制装配结构理论与实践[D].北京：北京交通大学，2020.

[10] 姚金亚.预制装配式地铁车站关键施工技术分析[J].科技资讯，2023，21（1）：101-104.

[11] 罗旭，胡江民，刘龙秋.轨道交通规划设计与施工管理[M].武汉：华中科技大学出版社，2020.

[12] 陈建军，项斌，王云江.城市轨道交通工程盾构施工与管理[M].2版.北京：化学工业出版社，2023.

[13] 李晓敏.地铁隧道工程沉管法与盾构法施工技术的对比分析[J].科技创新导报，2015，12（19）：80.

[14] 张冰，于景臣，刘巧静.城市轨道交通工程施工[M].北京：中国铁道出版社，2014.

[15] 姜效光.轨道交通项目施工单位质量控制体系的构建与应用[D].成都：西南交通大学，2013.

[16] 沙涛.哈尔滨地铁2号线土建工程项目施工质量控制研究[D].哈尔滨：哈

尔滨理工大学，2019.
[17] 李昭晖.地下工程施工安全管理[M].西安：西安交通大学出版社，2021.
[18] 陈刚，张兆元，余浩.地铁工程施工技术与隧道安全管理[M].武汉：华中科技大学出版社，2022.
[19] 王华伟.地铁车站施工现场安全管理研究[D].成都：西南交通大学，2009.
[20] 陈思洁.城市轨道交通建设对城市发展的作用机制研究[J].城市轨道交通研究，2023，26（8）：286-287.
[21] 陈湘生.我国城市轨道交通高质量可持续发展的思考[J].城市轨道交通，2023（5）：28-31.
[22] 冯佳思，宇德忠.信息技术背景下城市轨道交通智慧化发展趋势研究[J].科技资讯，2023，21（16）：51-56.
[23] 李保虎.城市轨道交通盾构法隧道施工工艺研究[J].工程建设与设计，2022（2）：124-126.
[24] 单青红.城市轨道交通工程施工技术要点和管理[J].工程建设与设计，2023（11）：255-257.
[25] 高远.城市轨道交通工程中的浅埋暗挖机械化施工工艺[J].工程建设与设计，2022（12）：192-194.
[26] 王敏.城市轨道交通建设施工技术研究与发展分析[J].工程建设与设计，2021（2）：216-217.
[27] 北京城建设计研究总院有限责任公司.城市轨道交通工程项目建设标准：建标104—2008[S].北京：中国计划出版社，2008：3.
[28] 全国安全生产标准化技术委员会非煤矿山安全分技术委员会.爆破安全规程：GB 6722—2014[S].北京：中国标准出版社，2014：12.
[29] 电力行业高压试验技术标准化技术委员会.接地装置特性参数测量导则：DL/T 475—2017[S].北京：中国电力出版社，2017：8.
[30] 全国轻质与装饰装修建筑材料标准化技术委员会.水泥基渗透结晶型防水材料：GB 18445—2012[S].北京：中国标准出版社，2012：12.
[31] 交通部救捞与水下工程标准化技术委员会.空气潜水减压技术要求：GB/T 12521—2008[S].北京：中国标准出版社，2008：5.
[32] 北京城建集团有限责任公司.地下铁道工程施工质量验收标准：GB/T 50299—2018[S].北京：中国建筑工业出版社，2018：7.
[33] 苑凯.城市轨道交通地铁车站防水施工技术研究[J].运输经理世界，2022（6）：1-3.

- [34] 李解.城市轨道交通施工安全风险管理知识支持机制及方法研究[D].徐州:中国矿业大学,2018.
- [35] 张睿.重庆城市轨道交通工程项目施工安全管理研究[D].成都:西南交通大学,2018.
- [36] 谭慧军.地铁施工管理与施工技术的探讨[J].江苏建材,2023(4):156-157.
- [37] 杨建兴."双碳"背景下城市轨道交通绿色发展[J].电气化铁道,2023,34(5):48-51.
- [38] 王福文,冯爱军.2022年我国城市轨道交通数据统计与发展分析[J].隧道建设(中英文),2023,43(3):521-528.
- [39] 李济灵.城市轨道交通盾构施工中始发试掘进风险识别及应对措施[J].科技创新与应用,2023,13(4):146-149.
- [40] 曹亚莉,侯夏杰,吴艳丽,等.城市轨道交通盾构掘进施工技术的研究[J].四川水泥,2023(1):214-216.
- [41] 覃潇潇.城市轨道交通隧道盾构施工技术特点分析与应用[J].工程机械与维修,2022(2):218-220.

后 记

随着城市现代化进程的加快，城市人口爆炸式增长，我国城市道路交通超负荷运行，拥堵问题日益严重，社会运输成本、运输空间、运输安全的压力巨大。城市轨道交通给人们提供了便捷、灵活的出行方式，推动城市的可持续性发展，提升城市价值，积极作用不言而喻。

本书主要研究了城市轨道交通工程施工技术与管理方面的内容，但要使轨道交通充分发挥其潜在效能，还需要解决现阶段城市轨道交通行业发展中存在的问题。目前城市轨道交通发展面临三大挑战：一是城市轨道交通建设与运维的碳排放居高不下；二是难以满足居民对城市轨道交通安全、便捷、高效、舒适的需求；三是以往城市轨道交通模式经济压力大、土地资源紧张，难以实现可持续发展。

对此，政府层面要从制式、运量和速度目标转向从需求、安全、高效、便捷、城市空间、土地利用和现代技术（利用大数据、云技术、人工智能与5G技术等）等方面来思考城市轨道交通的未来；相关从业人员要在掌握现有施工技术的基础上，将施工装备与质量控制、安全控制技术等现代技术广泛应用到城市轨道交通建设中，使城市轨道交通走上一条持续、绿色、健康的发展道路，为人民、为城市、为国家带来优质服务和良好效益。